Piano / Canto / Guitarra

Héctor Lavoe
EL CANTANTE

THE ORIGINALS

ISBN 978-1-4234-4748-1

7777 W. Bluemound Rd. P.O. Box 13819 Milwaukee, WI 53213

Visit Hal Leonard Online at
www.halleonard.com

EL CANTANTE

Words and Music by
RUBEN BLADES

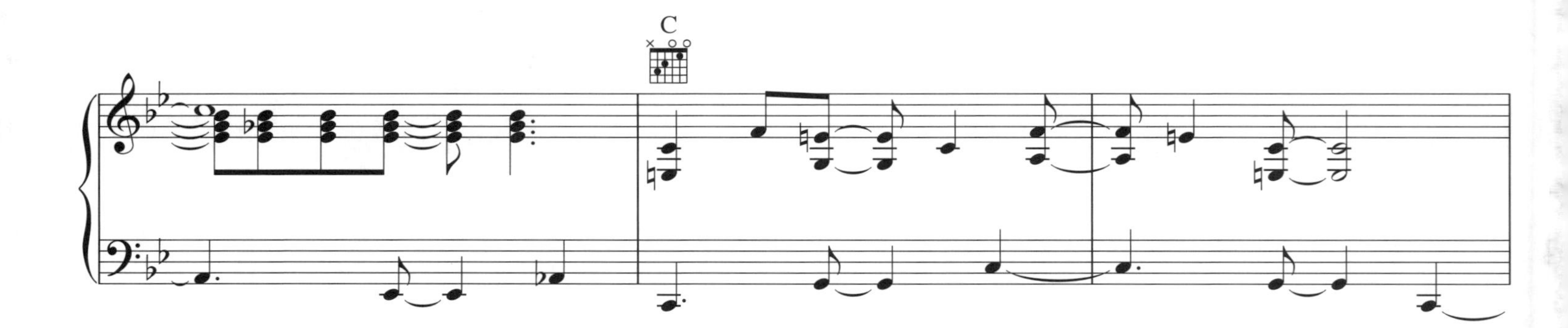

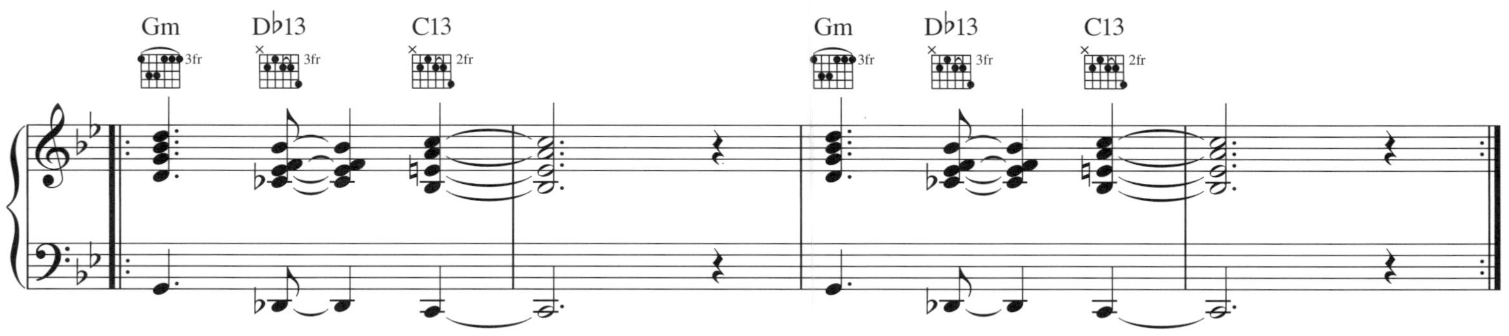
Gm
Db13
C13
Gm
Db13
C13
3fr
2fr

Gm
A7
3fr

Yo, soy el can - tan - te
pa - ran siem - pre en la ca - lle
Yo, soy el can - tan - te

Cm7
D7
3fr
que hoy han ve - ni - do a es - cu - char.
mu - cha gen - te que co - men - ta.
muy po - pu - lar don - de qui - e - ra.

Gm
3fr
Lo me - jor
¡Oye Héc - tor!
Pe - ro

A7
del re - pe - to - ri - o
tú es - tás he - cho
cuan - do el show se a - ca - ba
Cm7
3fr
D7
Gm
3fr
a us - te - des voy a brin - dar.
siem - pre con hem - bras y en fi - es - tas.
soy o - tro hu - ma - no cual - qui - e - ra.

Cm7
3fr
F7
Y can - to a la vi - da de
Y na - die pre - gun - ta si
Y si - go mi vi - da con

B♭maj7
E♭maj7
3fr
Am7♭5
ri - sas y pe - nas de mo - men - tos ma - los
su - fro si llo - ro si ten - go u - na pe - na
ri - sas y pe - nas con ra - tos a - mar - gos

D7
Gm7
G7
y de co - sas bue - nas. Vi -
que hie - re muy hon - do. Yo
y con co - sas bue - nas. Yo
Cm7
F7
B♭maj7
nie - ron a di - ver - tir - se y pa - ga - ron en la
soy el can - tan - te por - que lo mí - o es can -
soy el can - tan - te y mi ne - go - cio es can -
E♭maj7
Am7♭5
D7
puer - ta no hay tiem - po pa - ra tris - te - za va -
tar y el púb - li - co pa - ga pa - ra
tar y a los que me si - guen mi can -
Gm
D♭13
C13
To Coda
Gm
D♭13
C13
mos can - tan - te co - mien - za.
po - der - me es - cu - char.
ción voy a brin - dar.
3fr
2fr

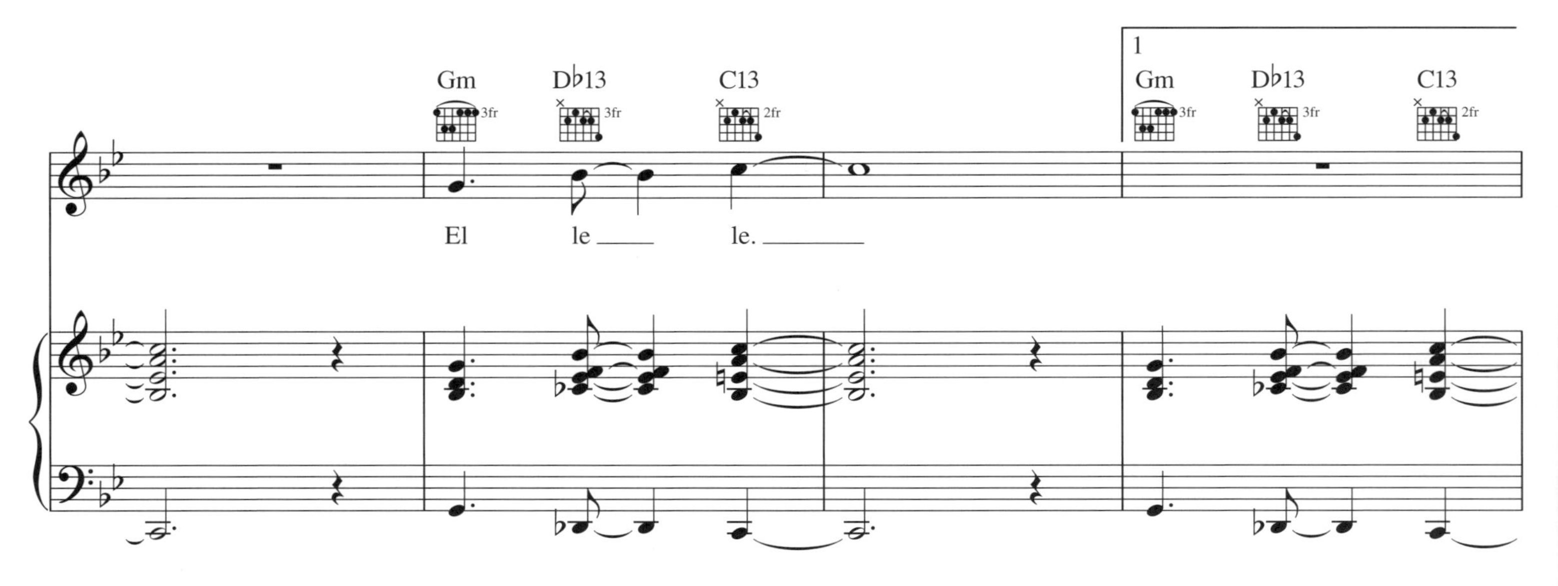
Gm
D♭13
C13
1
El
le
le.

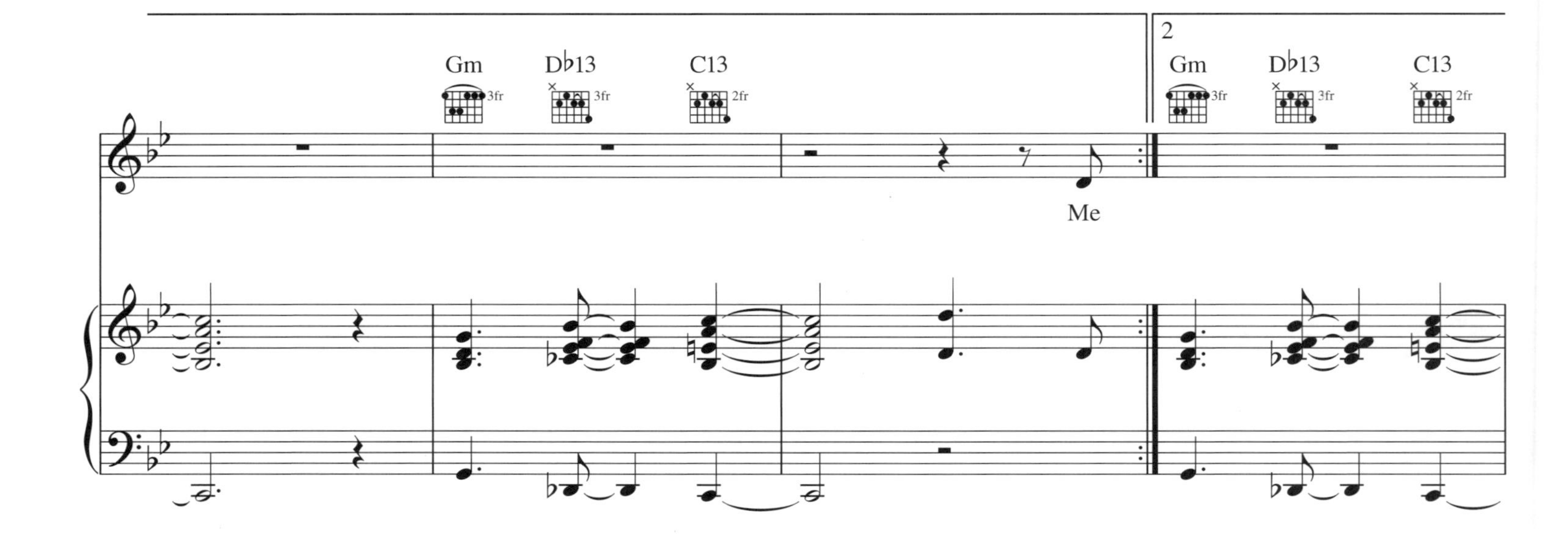
Gm
D♭13
C13
2
Me

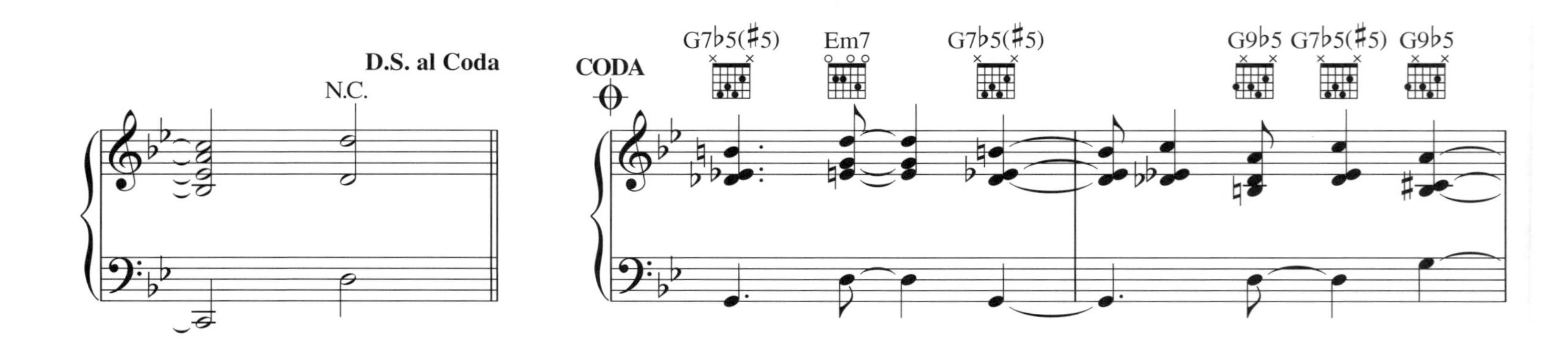
D.S. al Coda
N.C.
CODA
G7♭5(♯5)
Em7
G9♭5

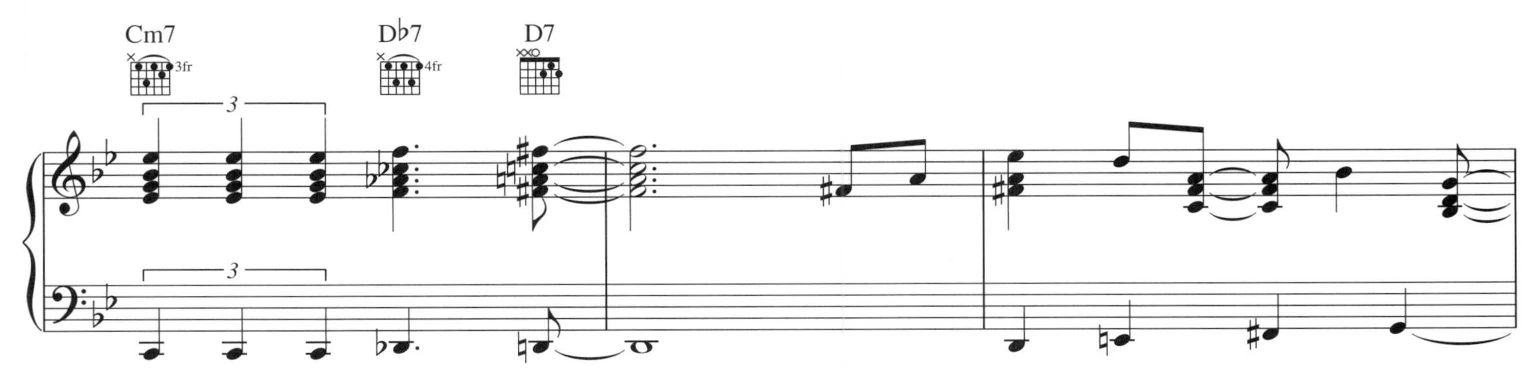
Cm7
Db7
D7
3fr
4fr

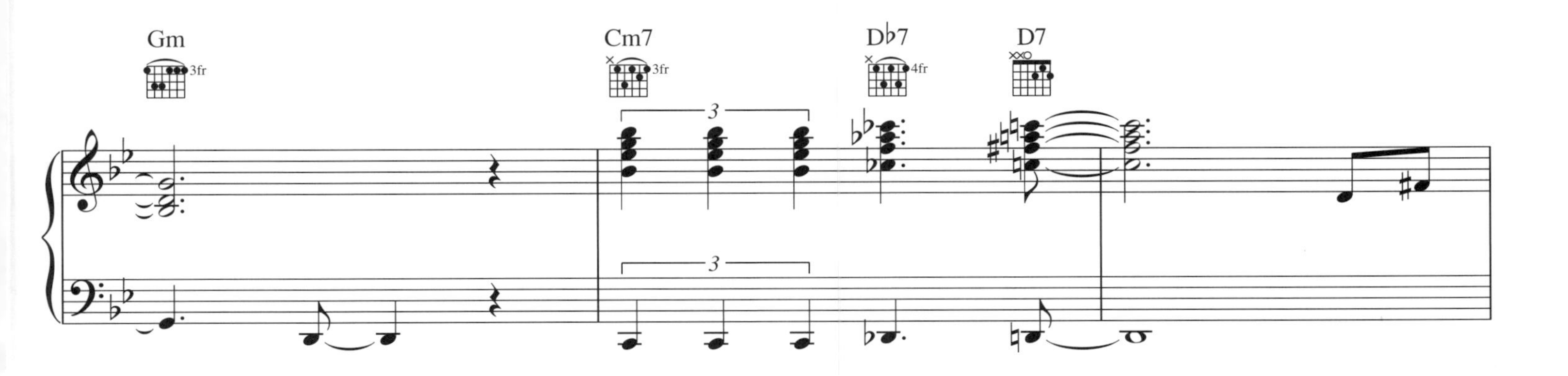
Gm
Cm7
Db7
D7
3fr
4fr

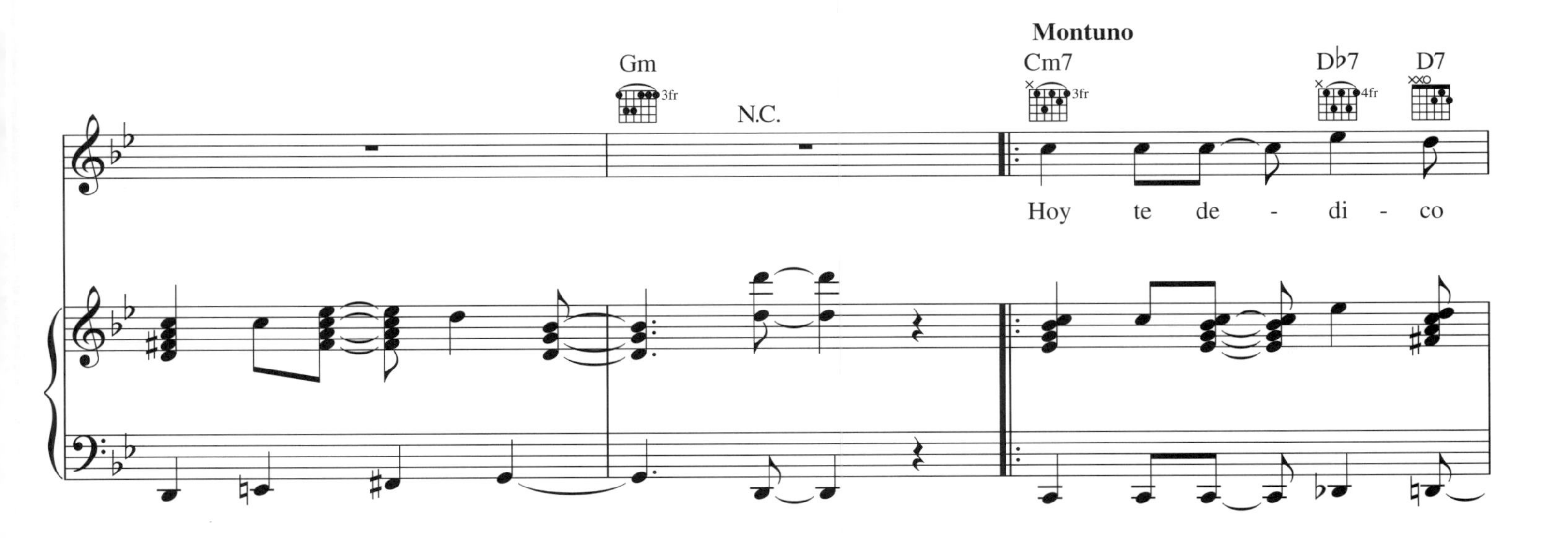
Montuno
Gm
N.C.
Cm7
Db7
D7
3fr
4fr
Hoy te de - di - co

Gm
3fr
mis me - jo - res pre - go - nes.

Cm7
3fr
D♭7
4fr
D7

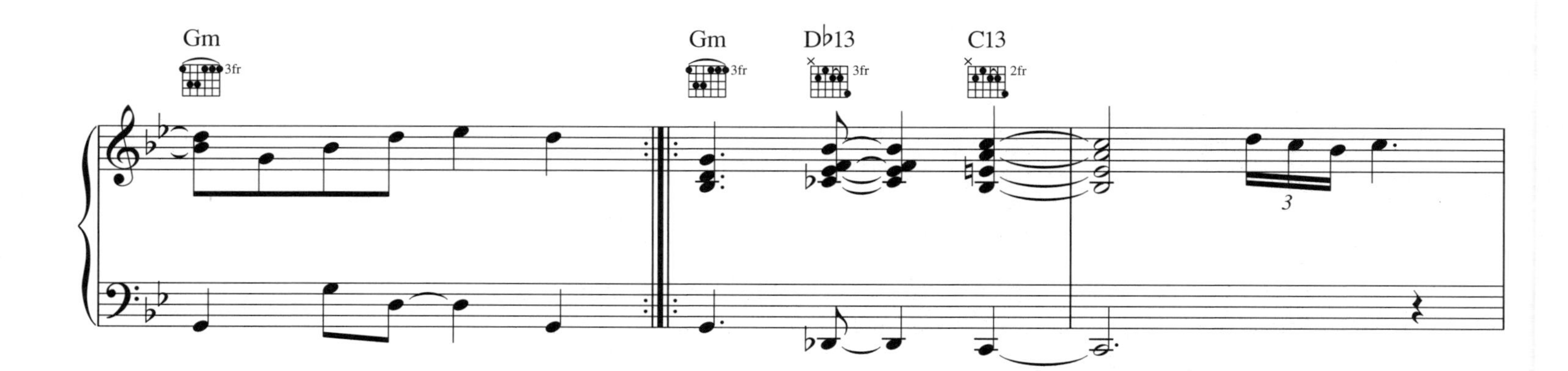

Gm
3fr
Gm
3fr
D♭13
3fr
C13
2fr
3

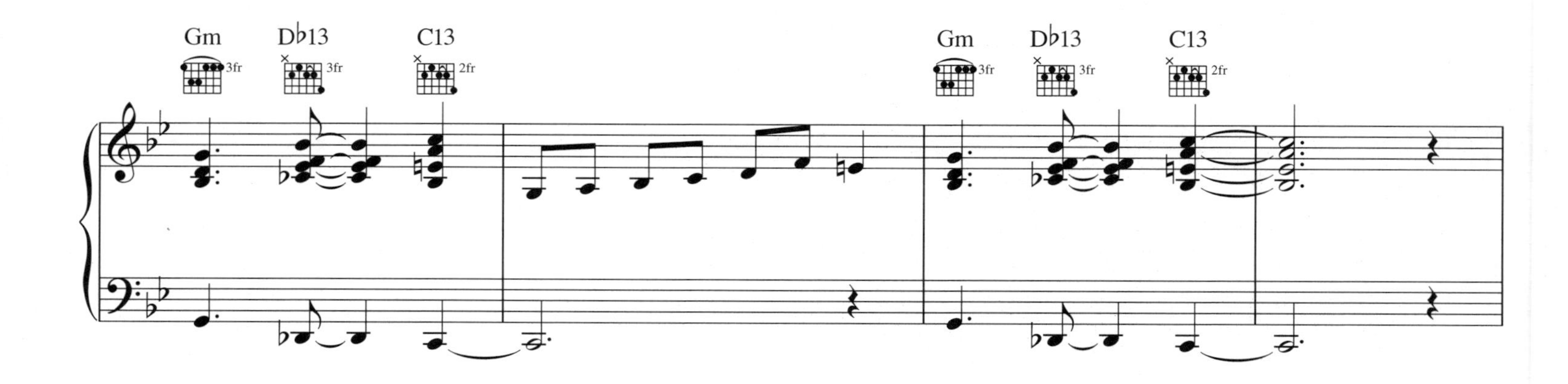

Gm
3fr
D♭13
3fr
C13
2fr
Gm
3fr
D♭13
3fr
C13
2fr

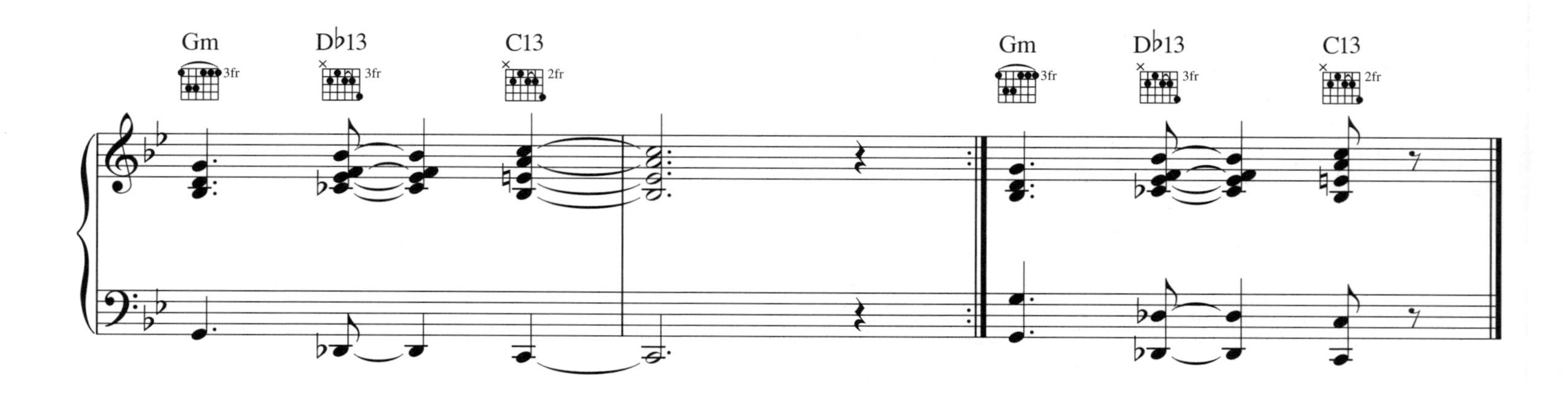

Gm
3fr
D♭13
3fr
C13
2fr
Gm
3fr
D♭13
3fr
C13
2fr

MI GENTE

Words and Music by
JOHN PACHECO

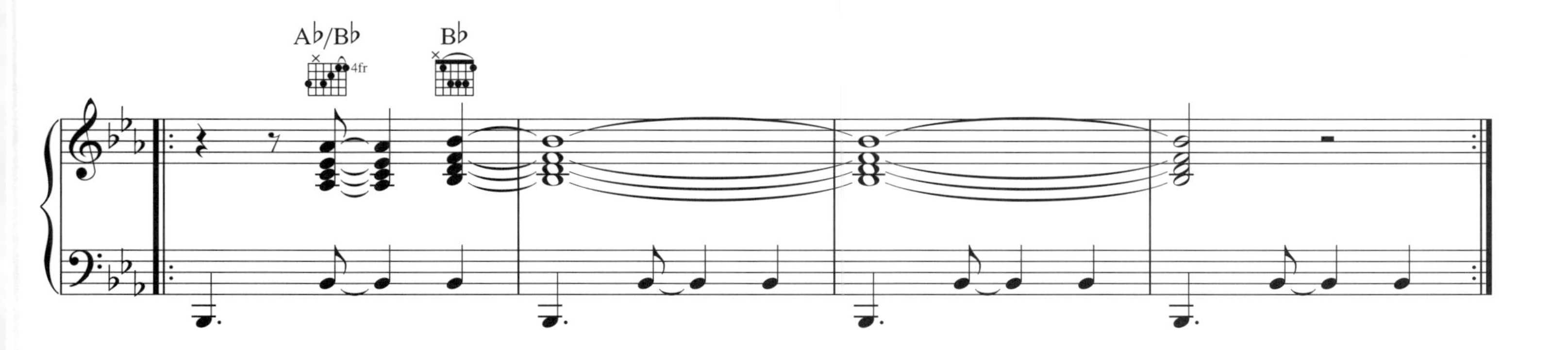

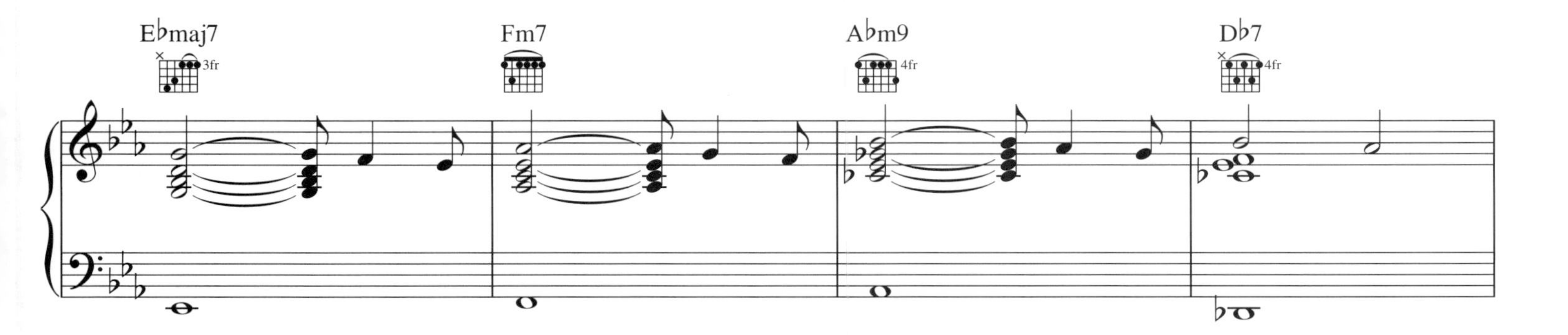

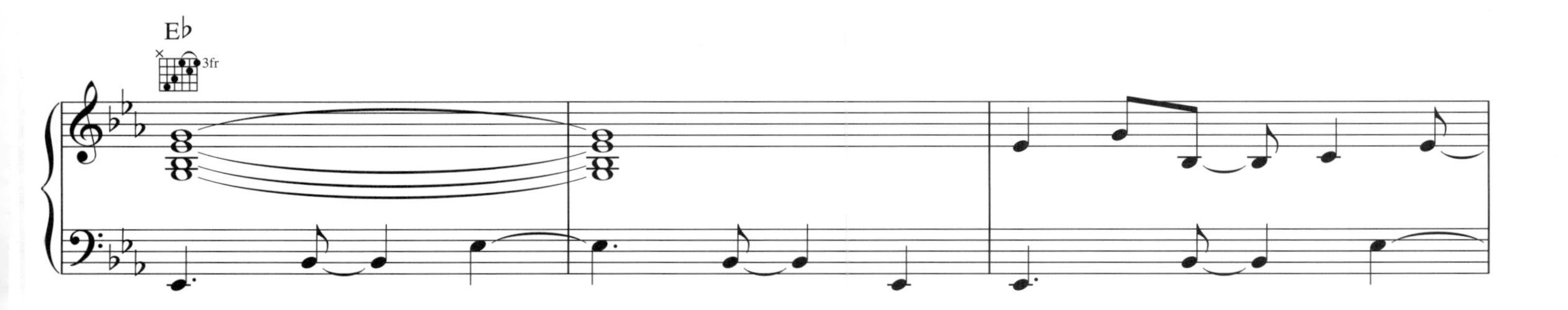

Oi - gan,

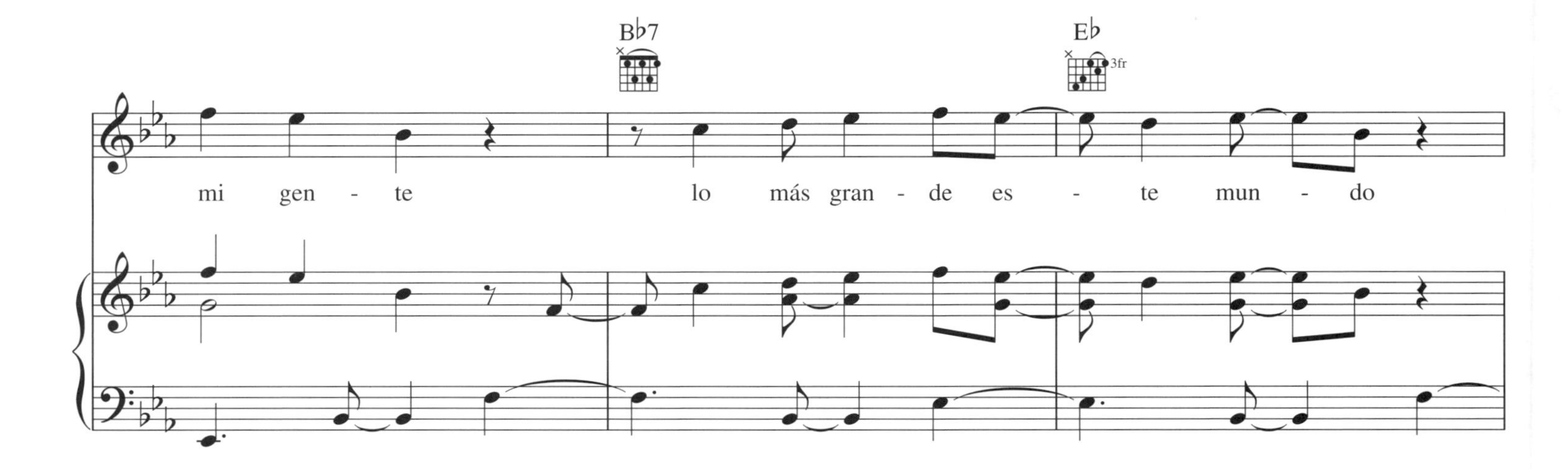
B♭7
E♭
3fr
mi gen - te lo más gran - de es - te mun - do

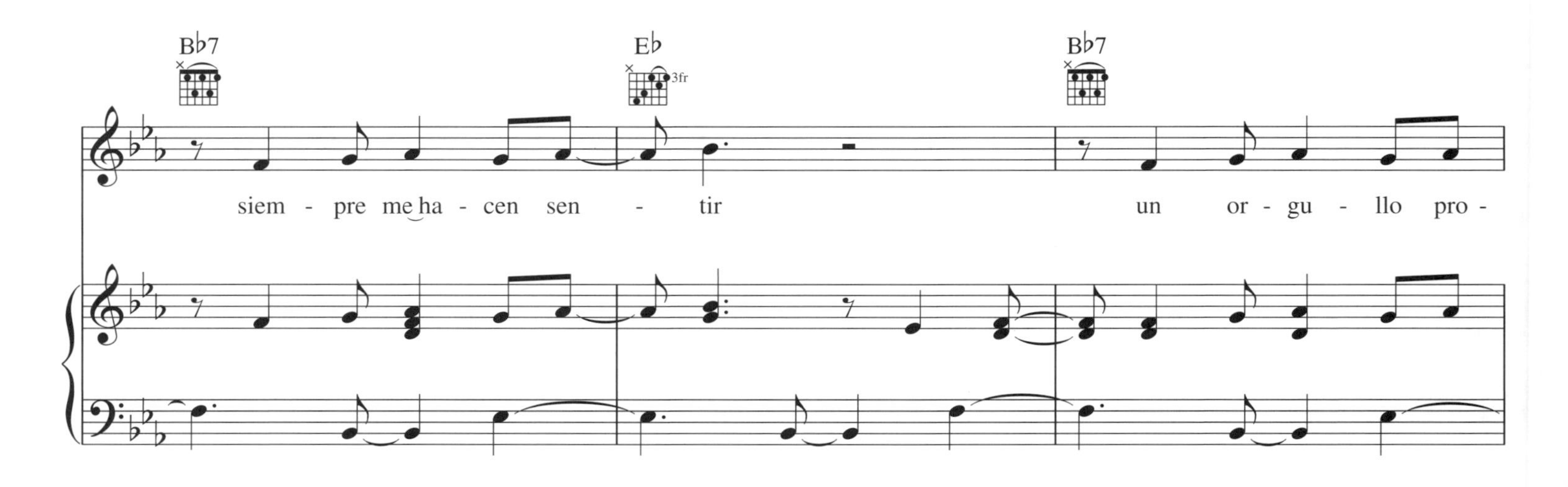
B♭7
E♭
3fr
B♭7
siem - pre me ha - cen sen - tir un or - gu - llo pro -

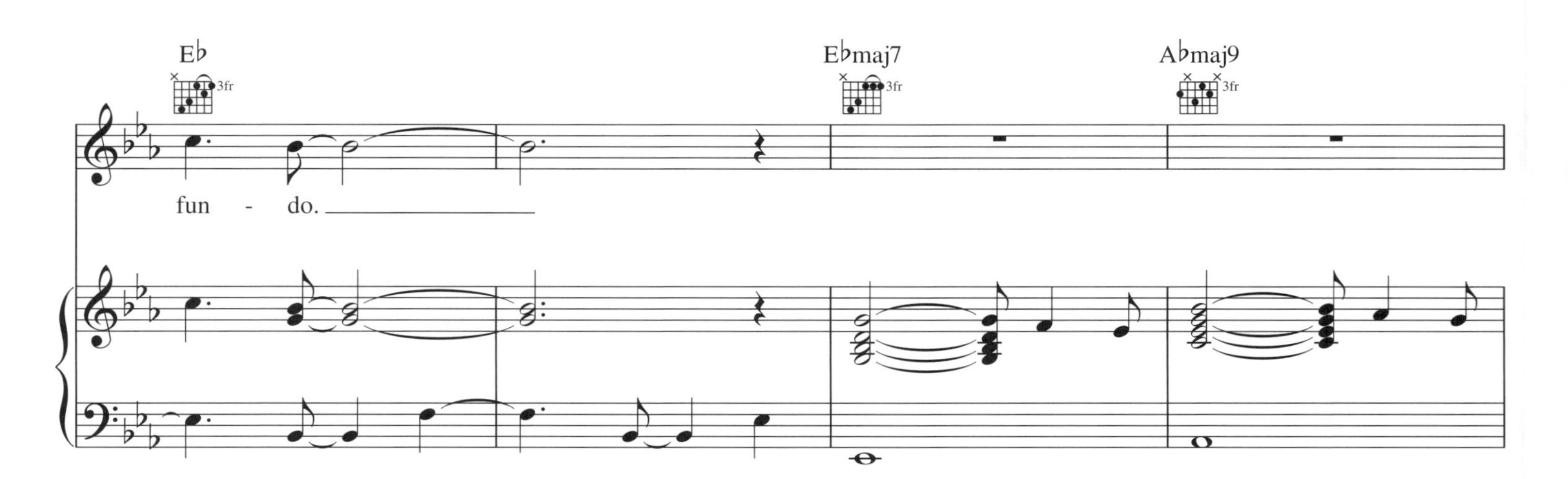
E♭
3fr
E♭maj7
3fr
A♭maj9
3fr
fun - do.

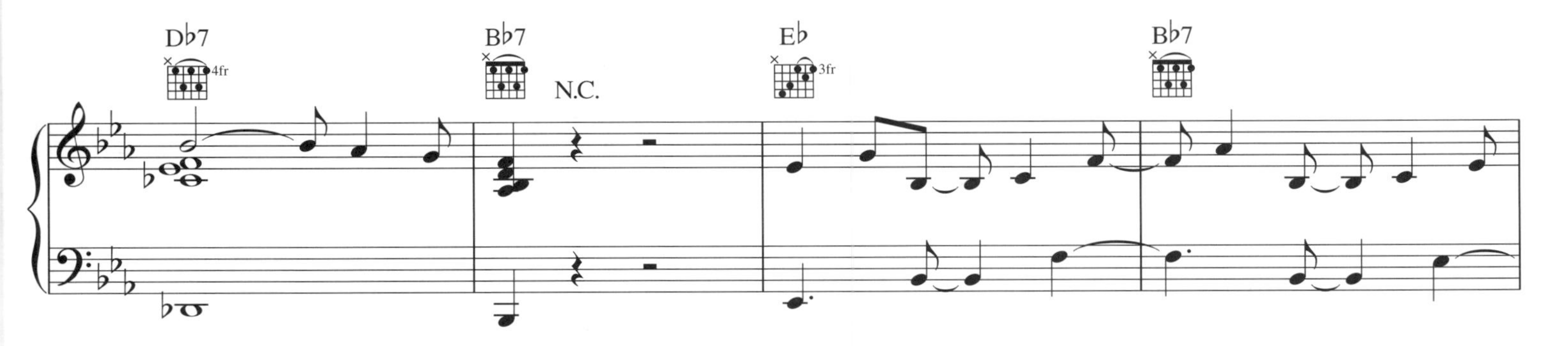

D♭7
4fr
B♭7
N.C.
E♭
3fr
B♭7

E♭
3fr
B♭7
E♭
3fr
Los lla - mé

B♭7
E♭
3fr
B♭7
no me pre - gun - ta - ron dón - de or - gu - llo ten - go

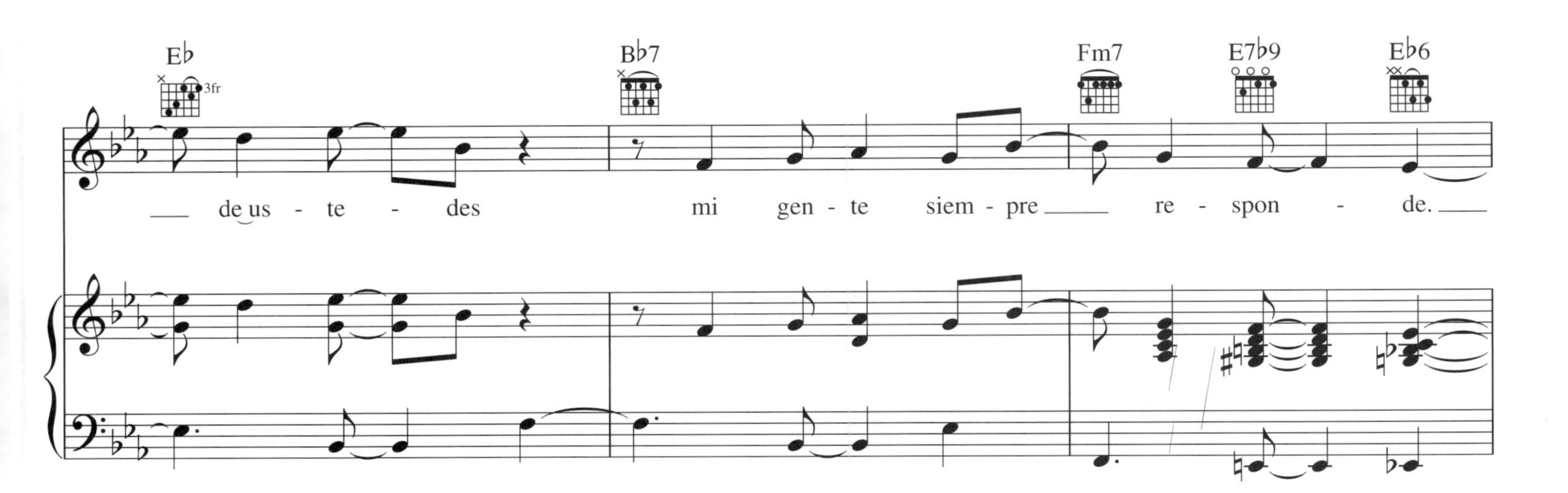

E♭
3fr
B♭7
Fm7
E7♭9
E♭6
de us - te - des mi gen - te siem - pre re - spon - de.

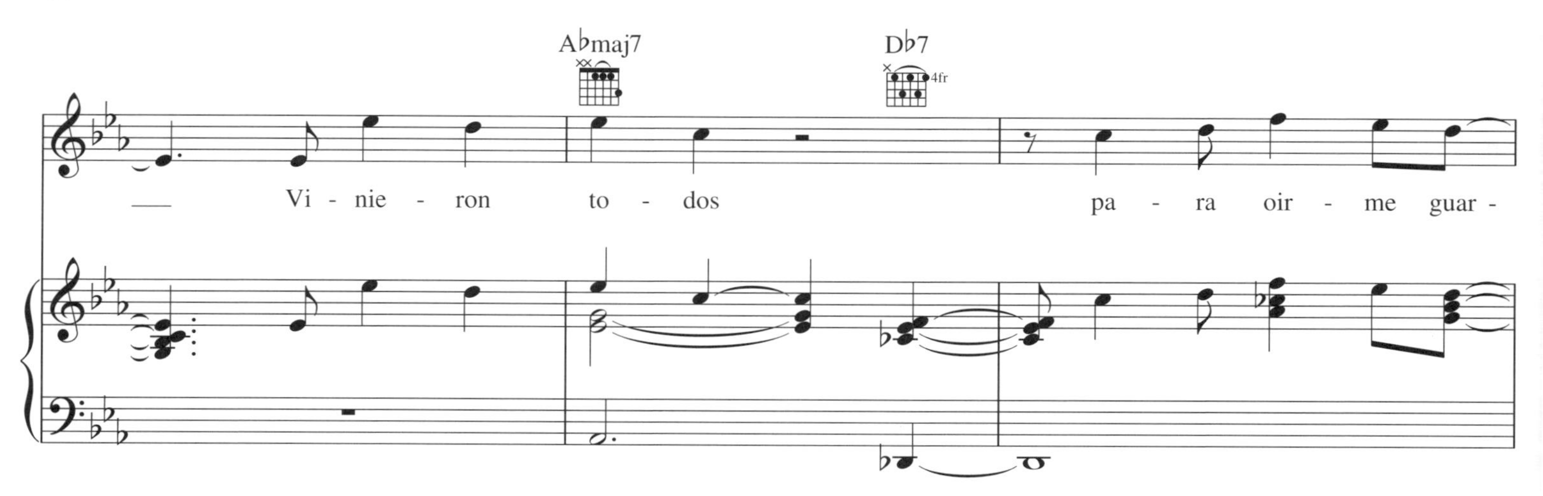
A♭maj7
D♭7
4fr
Vi - nie - ron to - dos pa - ra oir - me guar -

E♭maj7
3fr
C7♯9
B♭7
- a - char, pe - ro co - mo soy de us - te - des

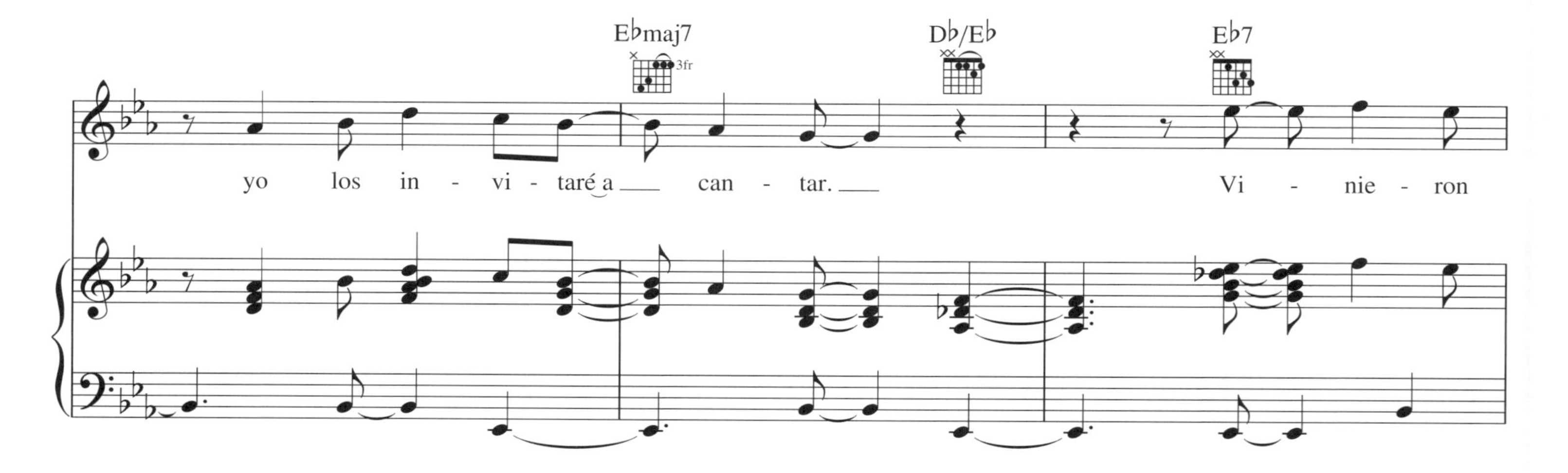
E♭maj7
3fr
D♭/E♭
E♭7
yo los in - vi - taré a can - tar. Vi - nie - ron

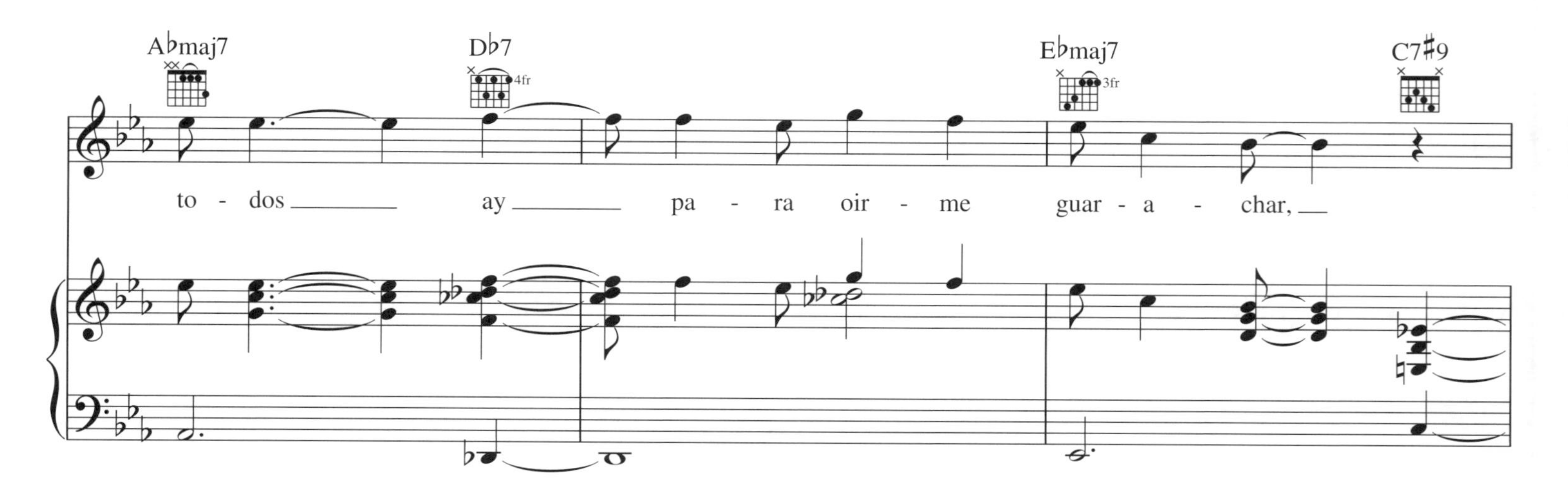
A♭maj7
D♭7
4fr
E♭maj7
3fr
C7♯9
to - dos ay pa - ra oir - me guar - a - char,

N.C.
pe - ro co - mo soy de us - te - des yo los in - vi - ta - ré a
go - zar. Con - mi - go si van a bai - lar,
yo los in - vi - taré a can - tar, con - mi - go sí.

E♭
3fr
B♭7
Qué can - te mi

E♭
Montuno
B♭7
gen - te!
Qué
can - te mi gen - te!
Repetir ad lib.
E♭
Vez última
La la

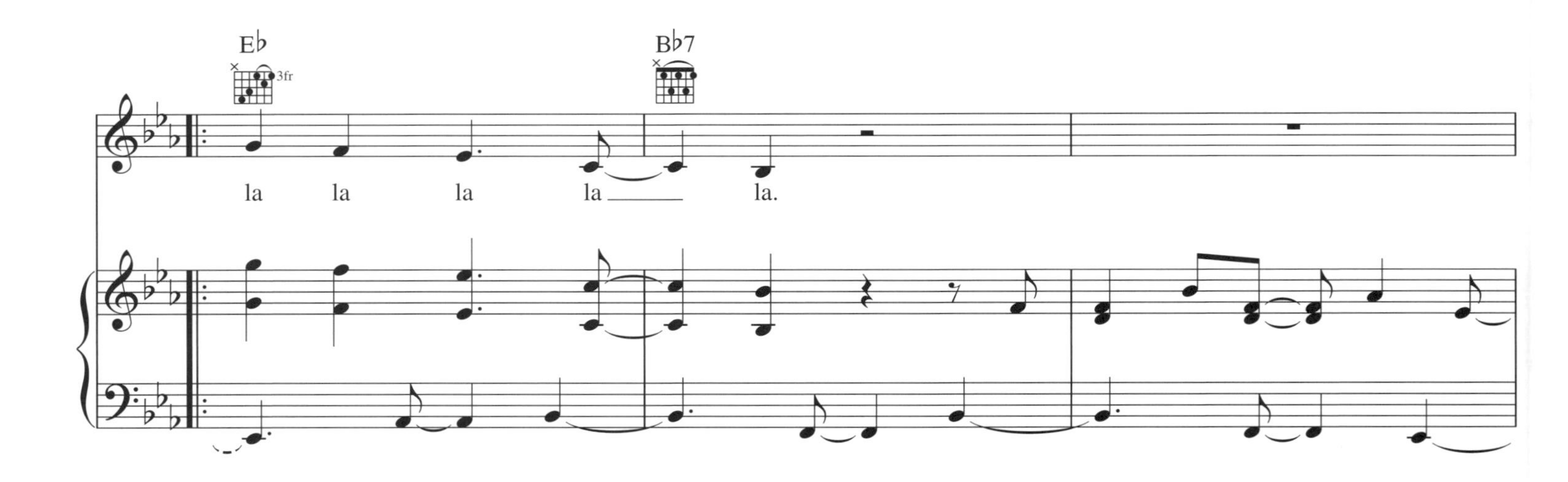
E♭
B♭7
la la la la la.

E♭
Repetir ad lib.
E♭
B♭7
La la

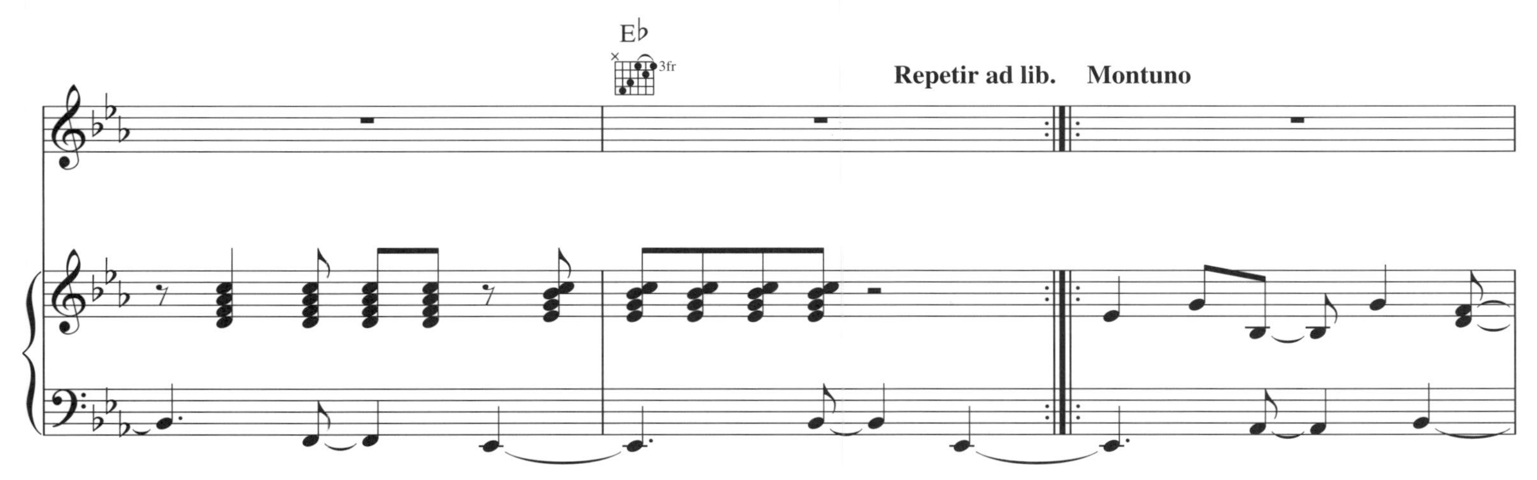
E♭
3fr
Repetir ad lib.
Montuno

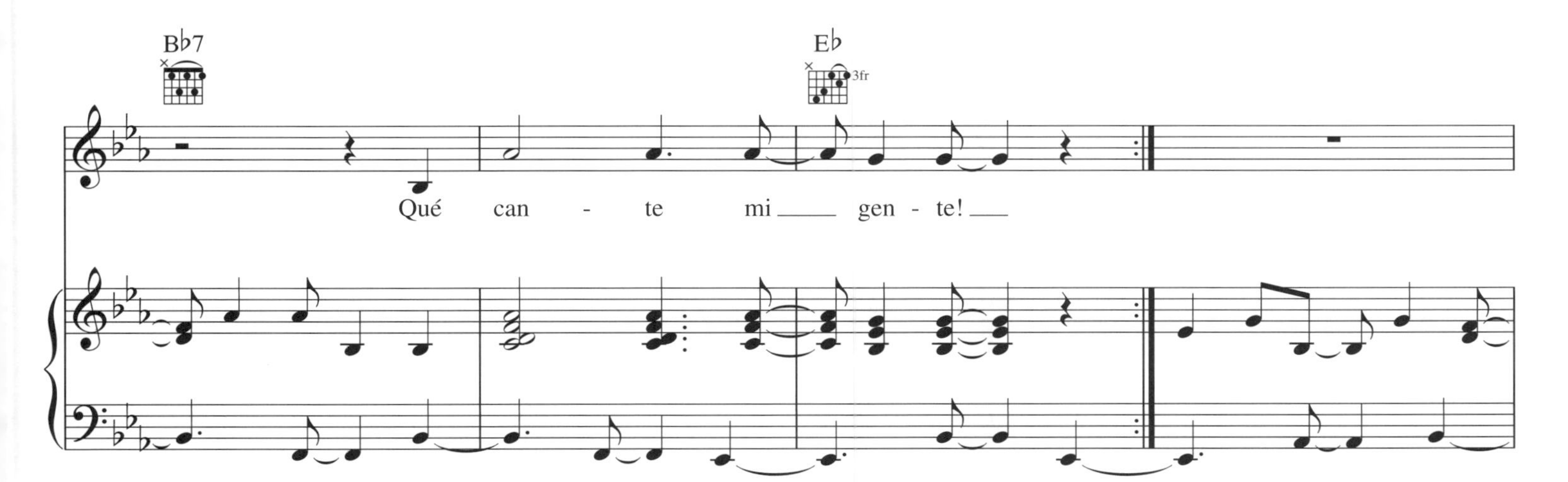
B♭7
E♭
3fr
Qué can - te mi gen - te!

B♭7
E♭
3fr
La la

B♭7
E♭
3fr
Repetir ad lib.
la la la la la.
La la

CHE CHE COLÉ

Words and Music by
WILLIE COLON

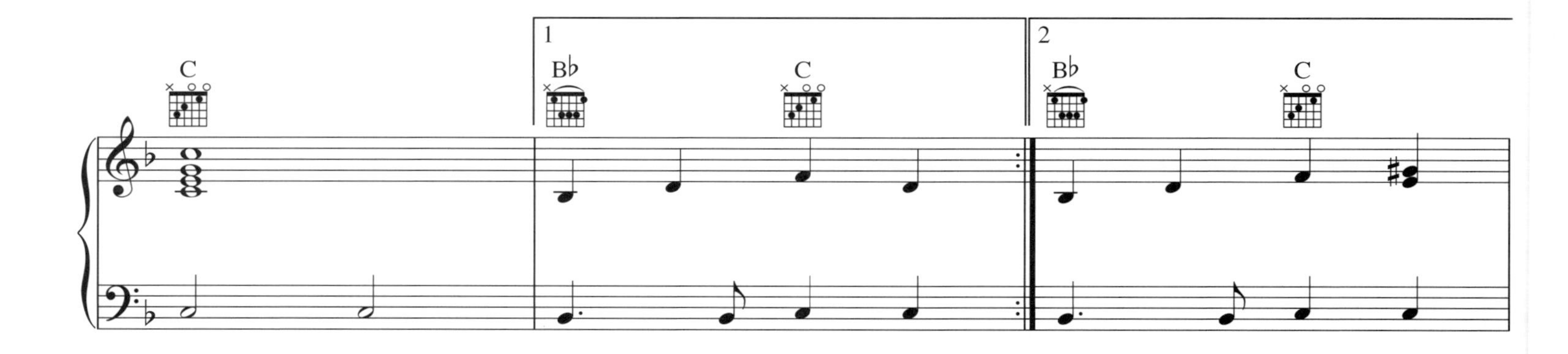

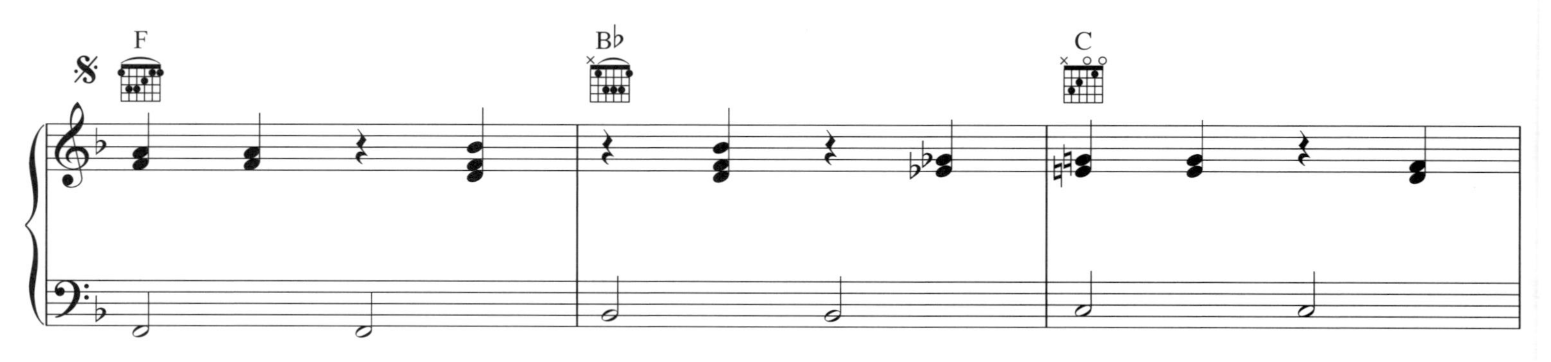

B♭ C F B♭

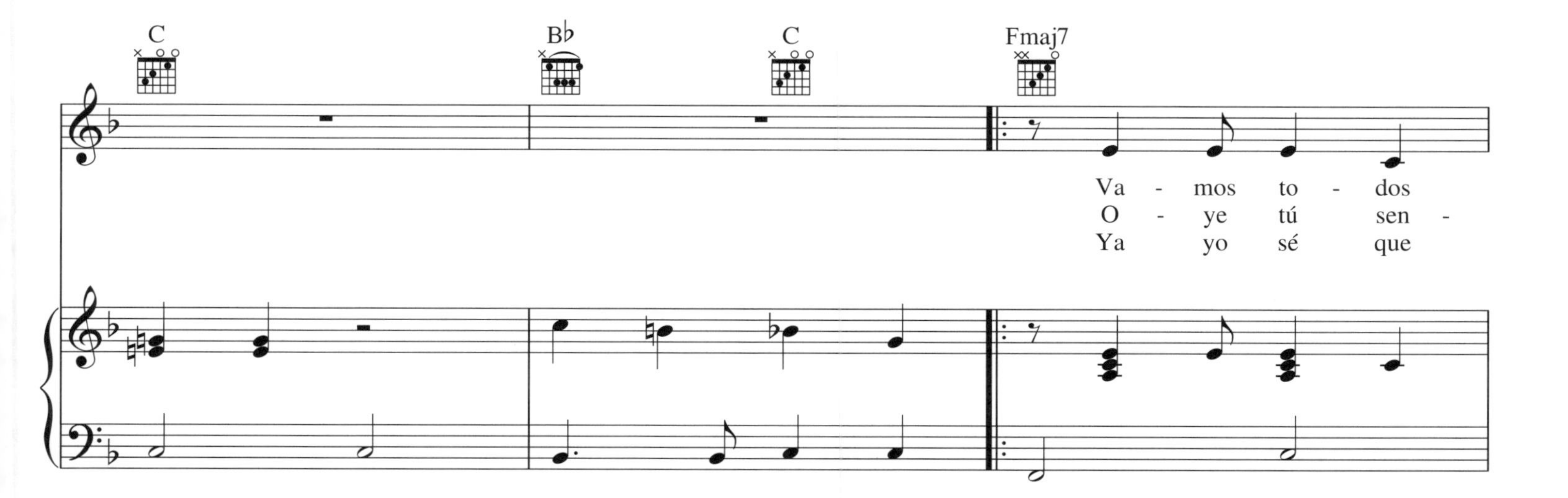
C B♭ C Fmaj7
Va - mos to - dos
O - ye tú sen -
Ya yo sé que

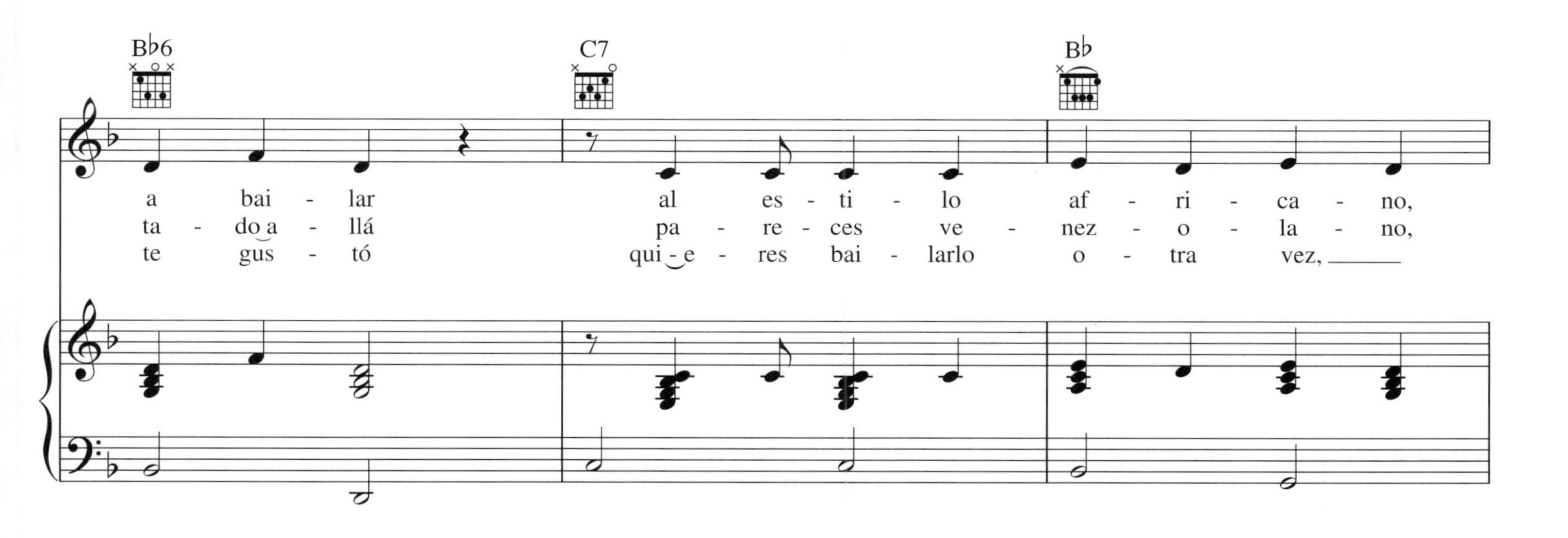
B♭6 C7 B♭
a bai - lar al es - ti - lo af - ri - ca - no,
ta - do‿a - llá pa - re - ces ve - nez - o - la - no,
te gus - tó qui‿e - res bai - larlo o - tra vez,

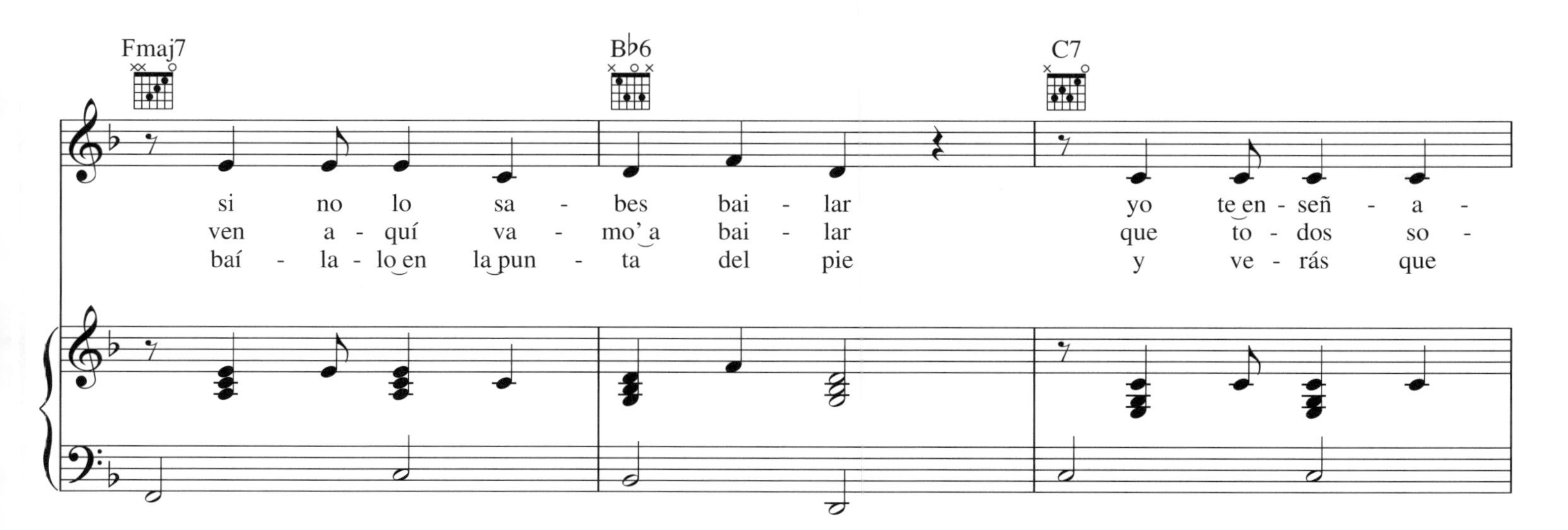
Fmaj7 B♭6 C7
si no lo sa - bes bai - lar yo te‿en - señ - a -
ven a - quí va - mo'‿a bai - lar que to - dos so -
baí - la - lo‿en la‿pun - ta del pie y ve - rás que

B♭ F B♭
ré mi her - ma - no. A ti te gus - ta la bom - ba
mos her - ma - nos. Lo bai - lan en Ve - ne - zue - la,
bue - no es. Ya yo sé que te gus - tó
3
3

C7 B♭ F
3
y te gus - ta el ba - qui - né, pa - ra que go -
lo bai - lan en Pa - na - má, es - te rit - mo es
qui - e - res bai - larlo o - tra vez, pues pon - te bien
3

B♭ C7
- ces a - ho - ra, af - ri - ca - no es el bem - bé.
af - ri - ca - no y don - de qui - e - ra va a - ca - bar. (Che
los za - pa - tos que los tie - nes al re - vés.

F C7
che co - lé) Que bue - no e'! (che che co - fri - za)

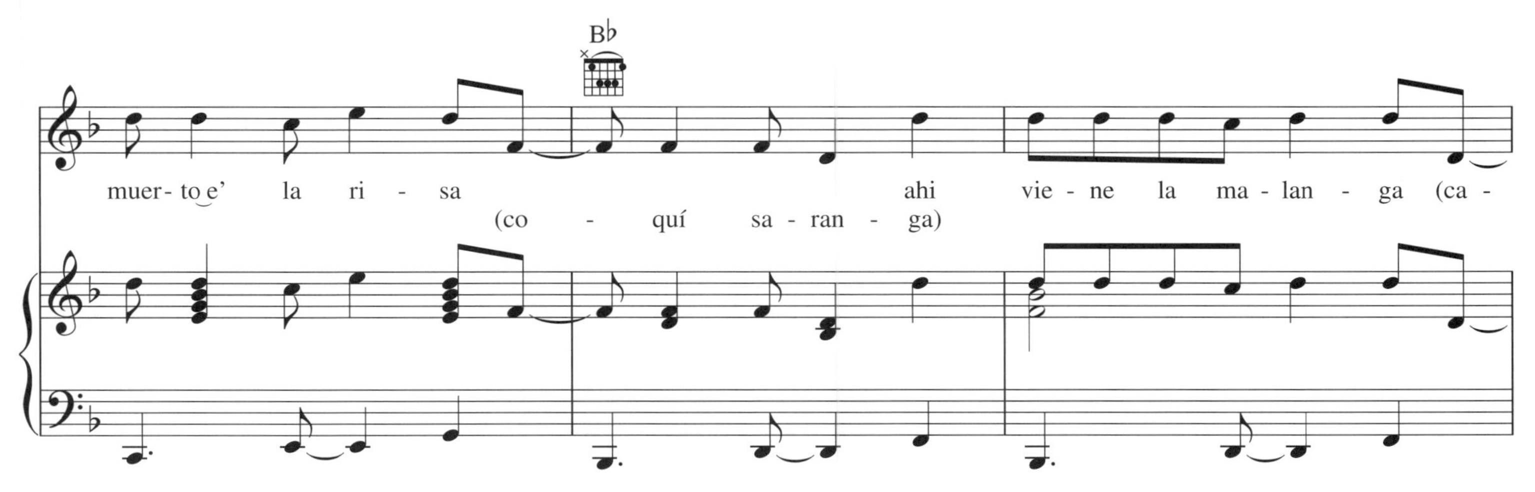
B♭
muer - to e' la ri - sa ahi vie - ne la ma - lan - ga (ca -
(co - quí sa - ran - ga)

C7
F
- ca chi - lan - ga,) vie - ne de ca - tan - ga (a ver e') a ver e'

tú lo ve. (Che che co - lé) Qué bue - no e'! (che

C7
B♭
che co - fri - za) muer - to e' la ri - sa (co - quí sa - ran - ga) co -

C7
- quí sa - ran - ga (ca - ca chi - lan - ga,) ca - ca chi - lan - ga
(a ver

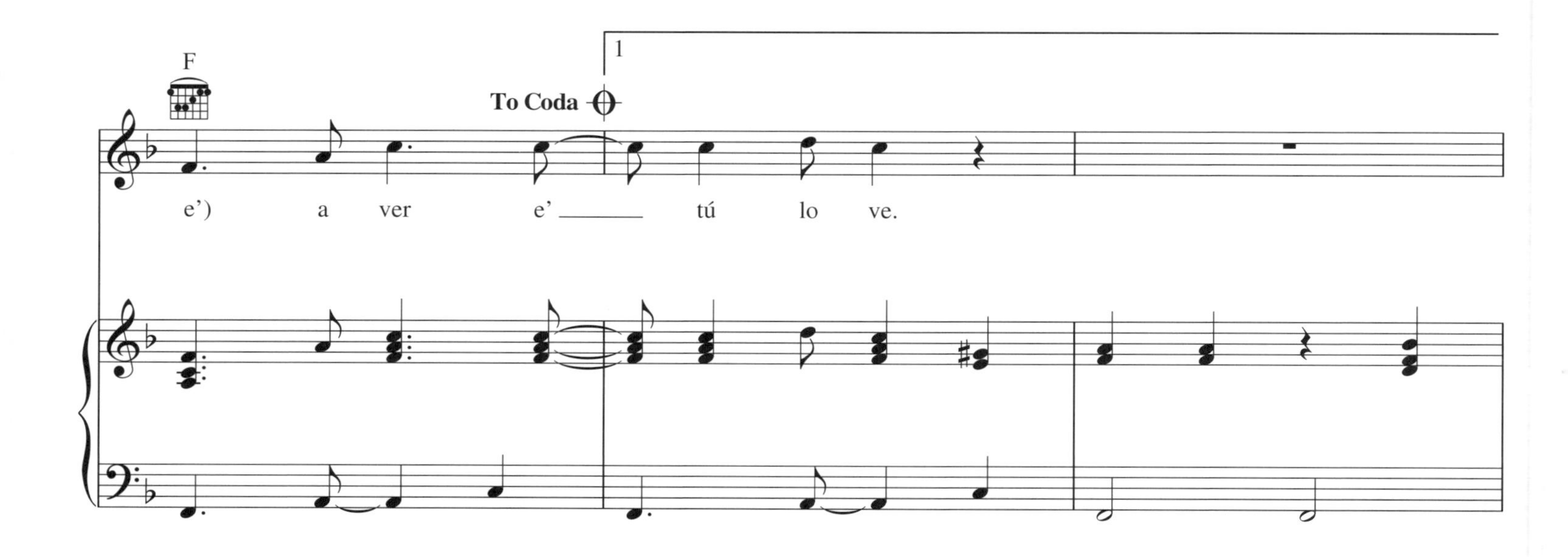
F
To Coda
1
e') a ver e' tú lo ve.

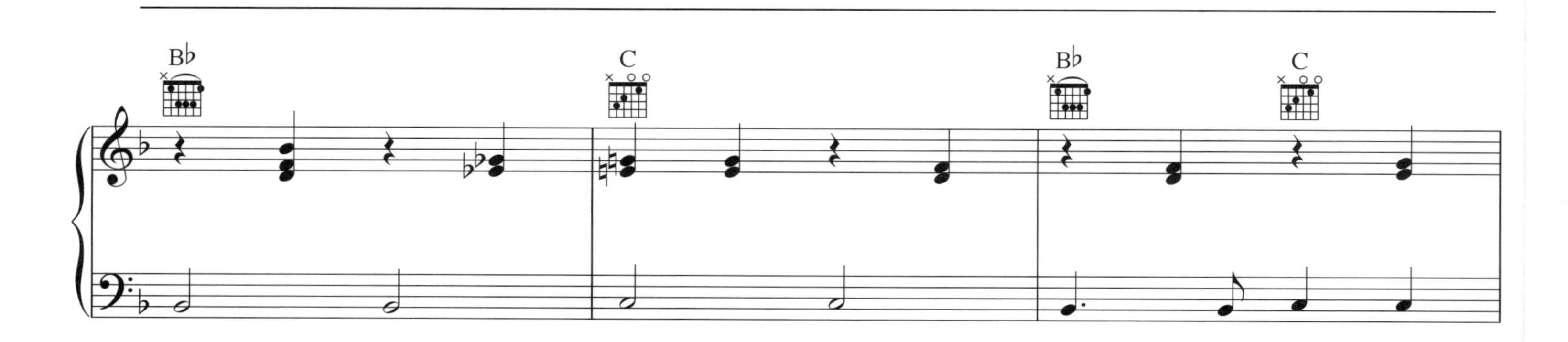
B♭
C
B♭
C

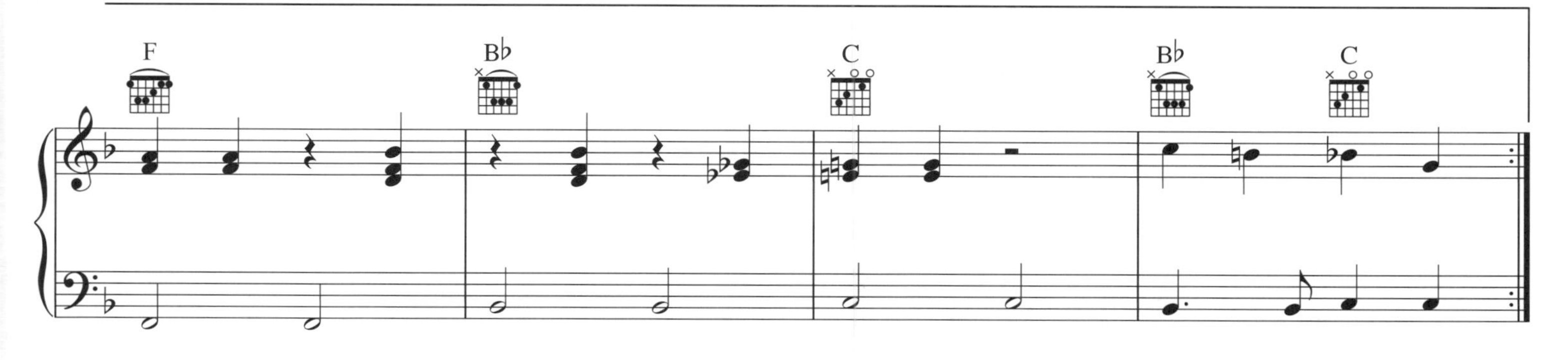
F
B♭
C
B♭
C

2
N.C.
tu lo ve.

1
2
D.S. al Coda

CODA
tú lo ve.

PERIÓDICO DE AYER

Words and Music by
CURET ALONSO CATALINO

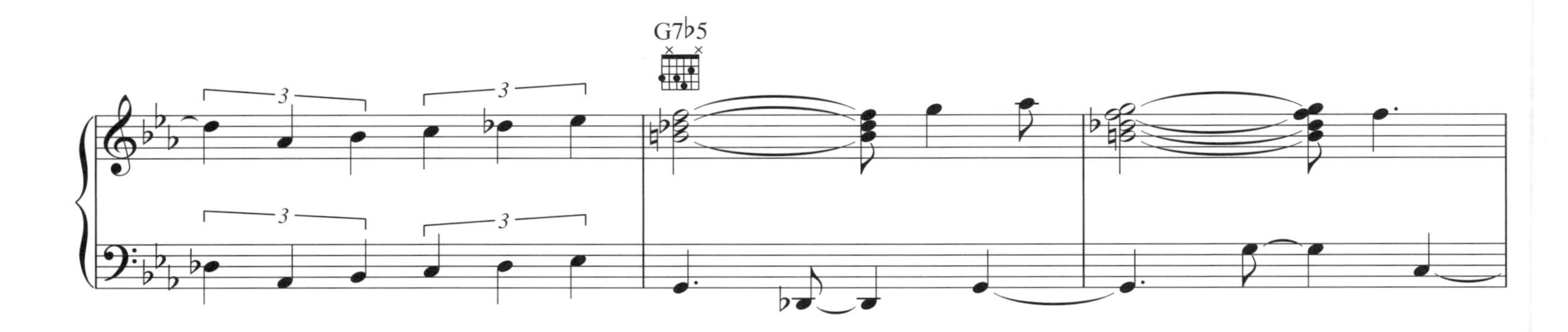

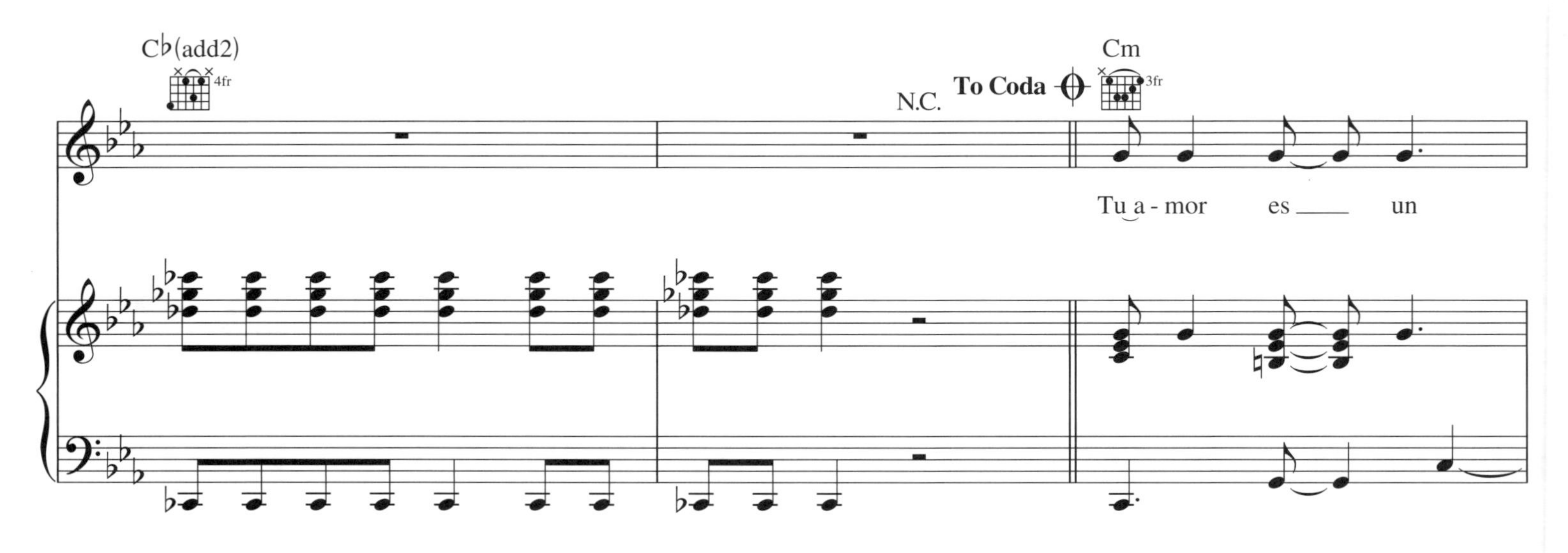

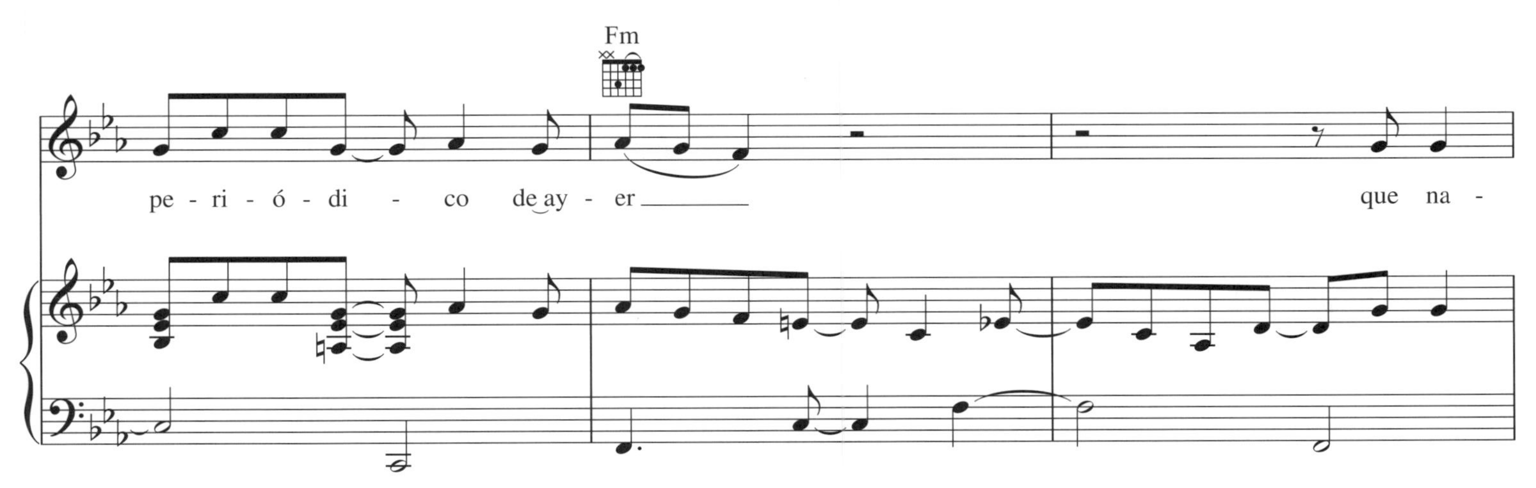
Fm
pe - ri - ó - di - co de ay - er
que na -

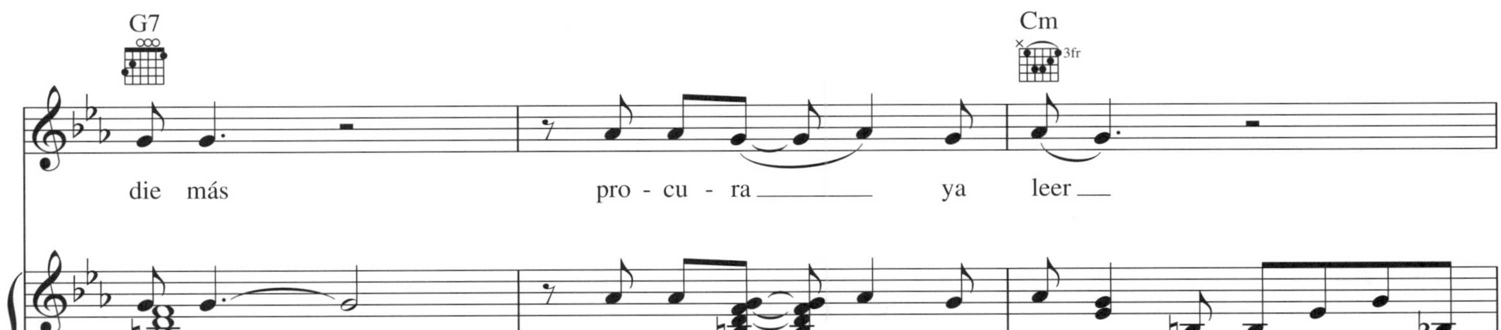
G7
Cm
die más
pro - cu - ra
ya leer

Fm7
B♭7
Sen - sa - cion - al cuan - do
sa - lió en la ma -

E♭maj7
Dm7♭5
dru - ga - da
al me - dio - dí - a
ya no -

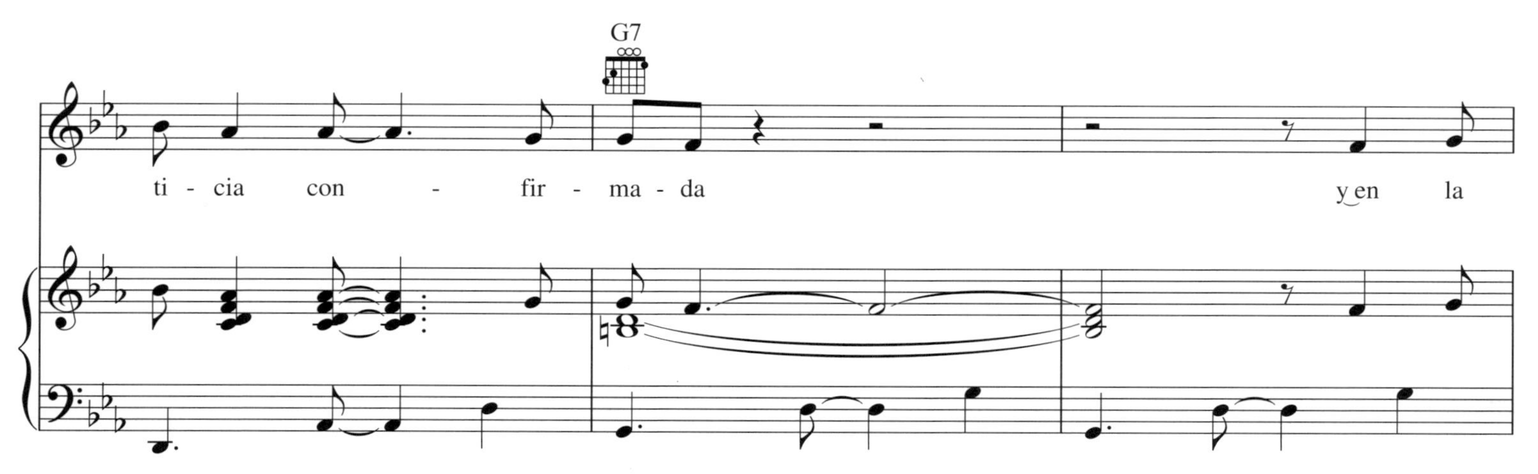
G7
ti - cia con - fir - ma - da
y en la

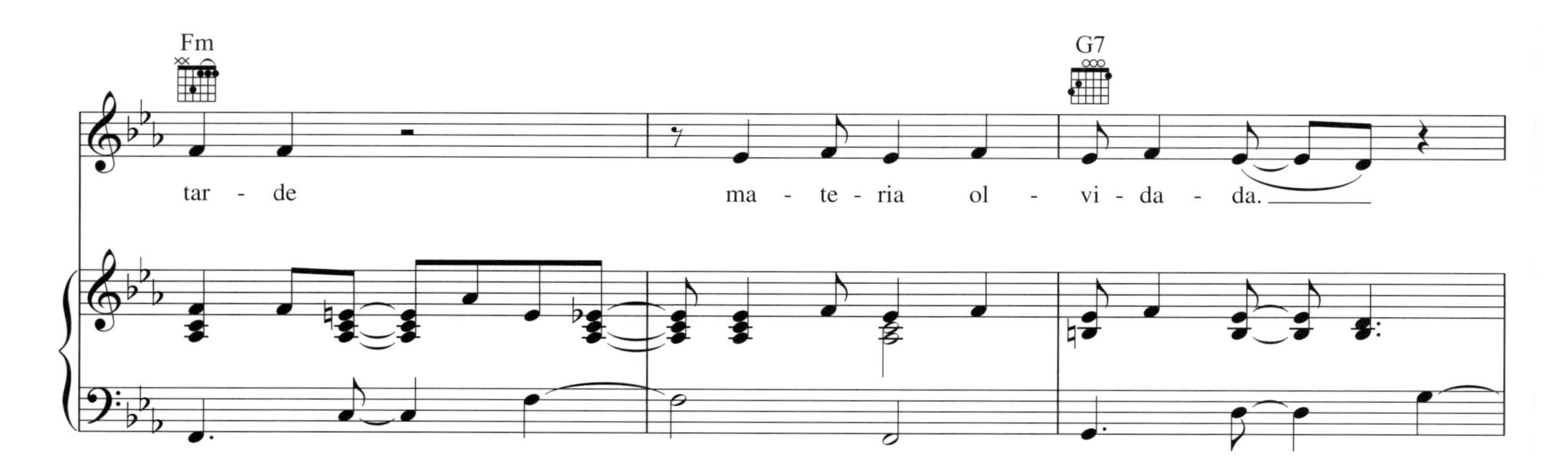
Fm
G7
tar - de
ma - te - ria ol - vi - da - da.

Cm
A♭
G7
3fr
4fr
Tu a - mor es un pe - rió - di - co de ay -

Cm
Fm7
3fr
er.
Fue ti - tu - lar que al - can - zó

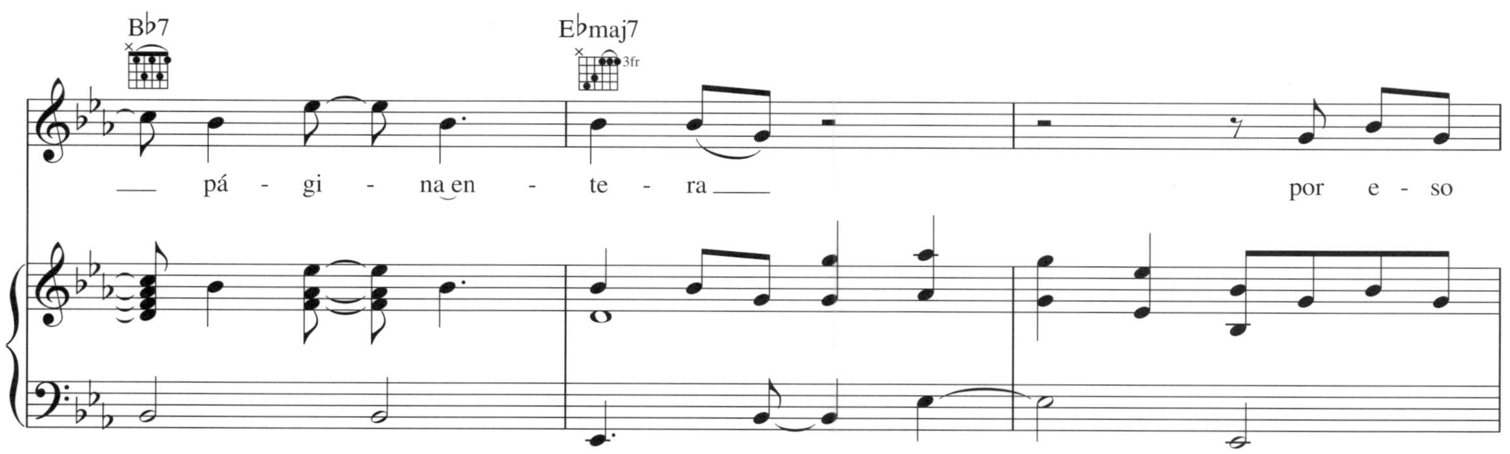
B♭7
E♭maj7
3fr
pá - gi - na en - te - ra
por e - so

Dm7♭5
G7
ya te co - no - cen don - de qui - e - ra.

Fm
Tu nom-bre ha - si - do un re - cor - te que guar -

E♭maj7
3fr
D7
dé en el ál - bum

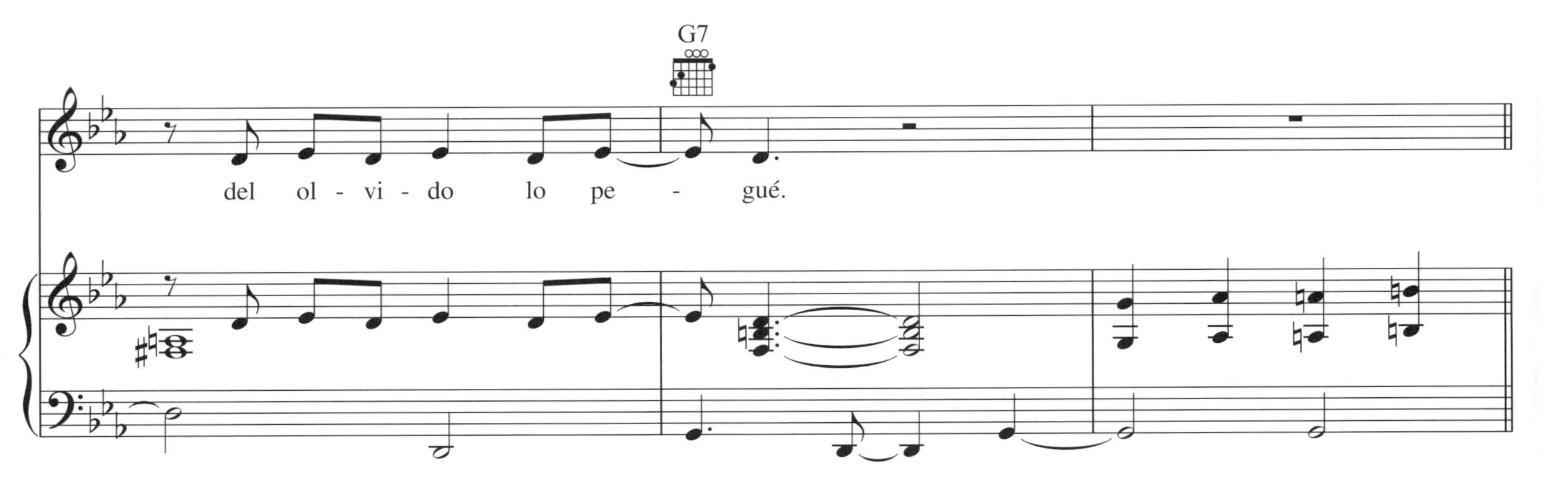
G7
del ol - vi - do lo pe - gué.

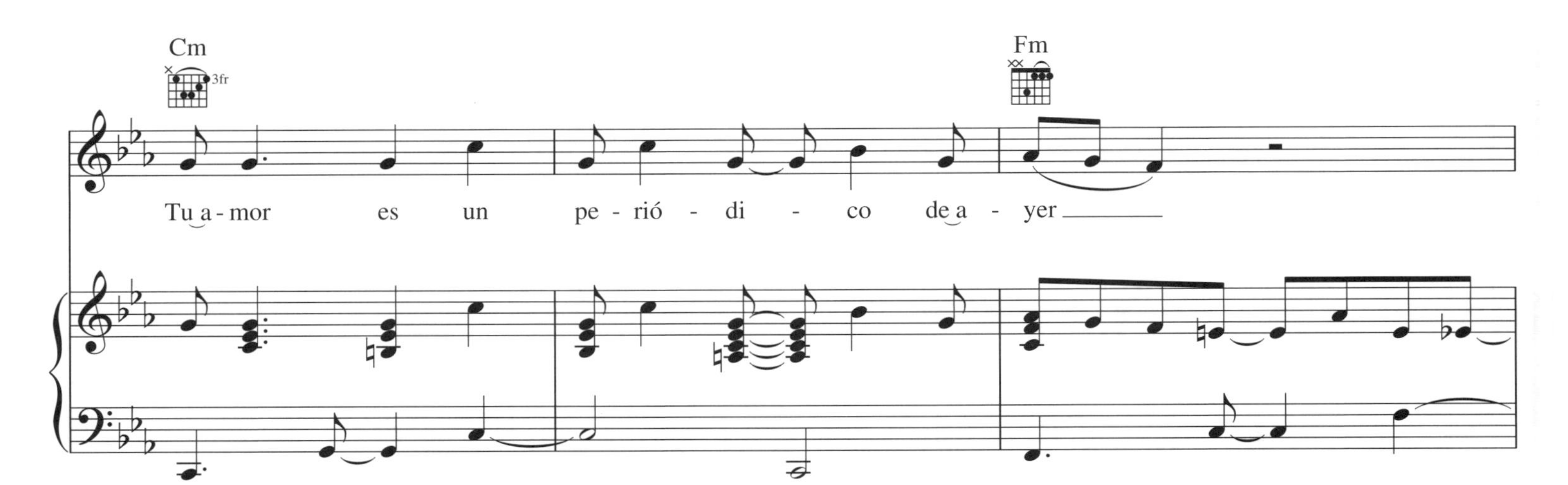
Cm
3fr
Fm
Tu a - mor es un pe - rió - di - co de a - yer

G7
que na - die más pro - cu - ra ya leer

Cm
3fr
Fm7
El co - men - ta - rio que na -

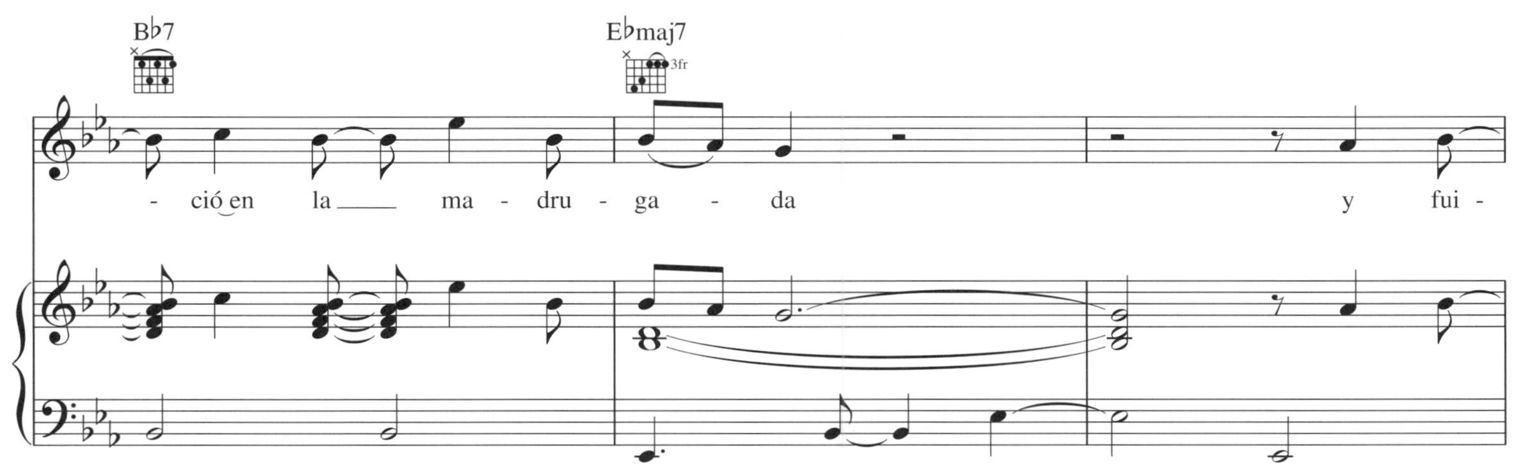
B♭7
E♭maj7
3fr
- ció en la ma - dru - ga - da y fui -

Dm7♭5
G7
- mos am - bos la no - ti - cia pro - pa - ga - da

Fm
y en la tar - de ma - te - ria ol - vi -

G7
Cm
3fr
da - da. Tu a - mor es un pe -

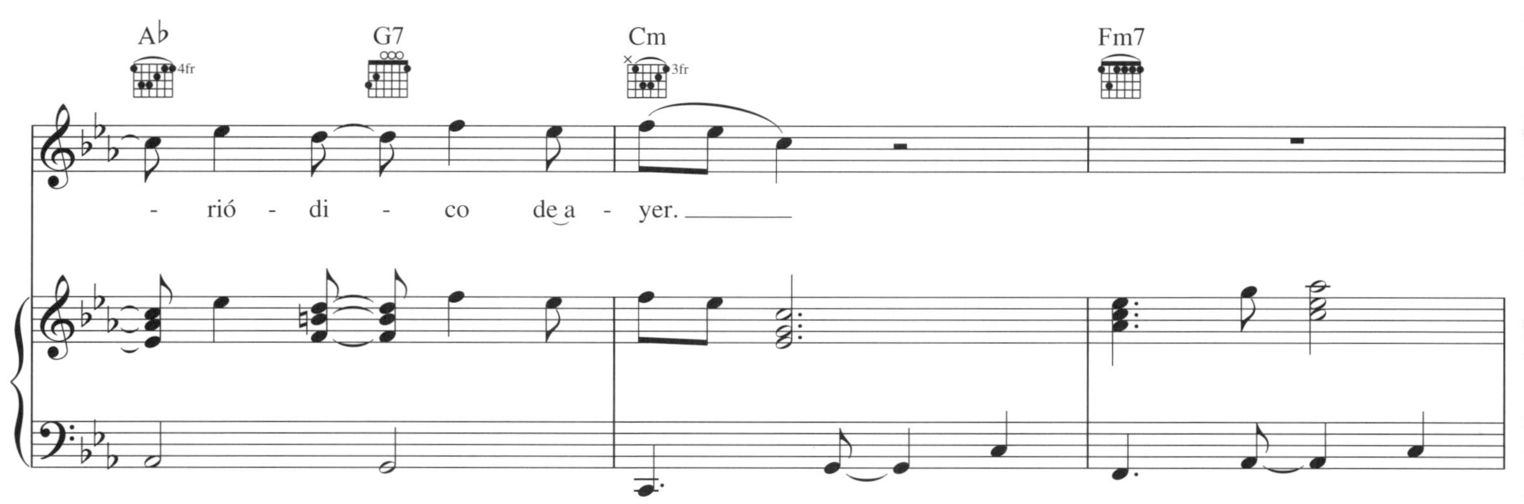
A♭
4fr
G7
Cm
3fr
Fm7
- rió - di - co de a - yer.

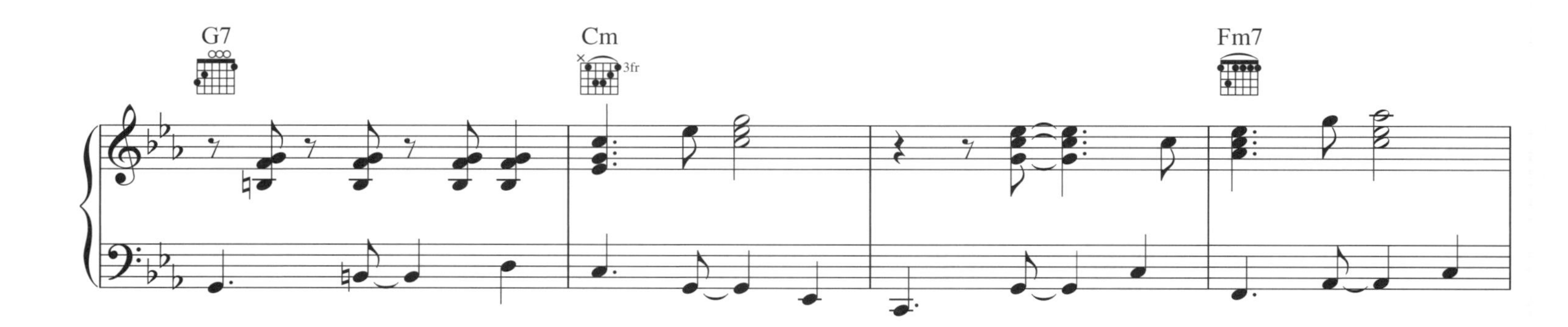
G7
Cm
3fr
Fm7

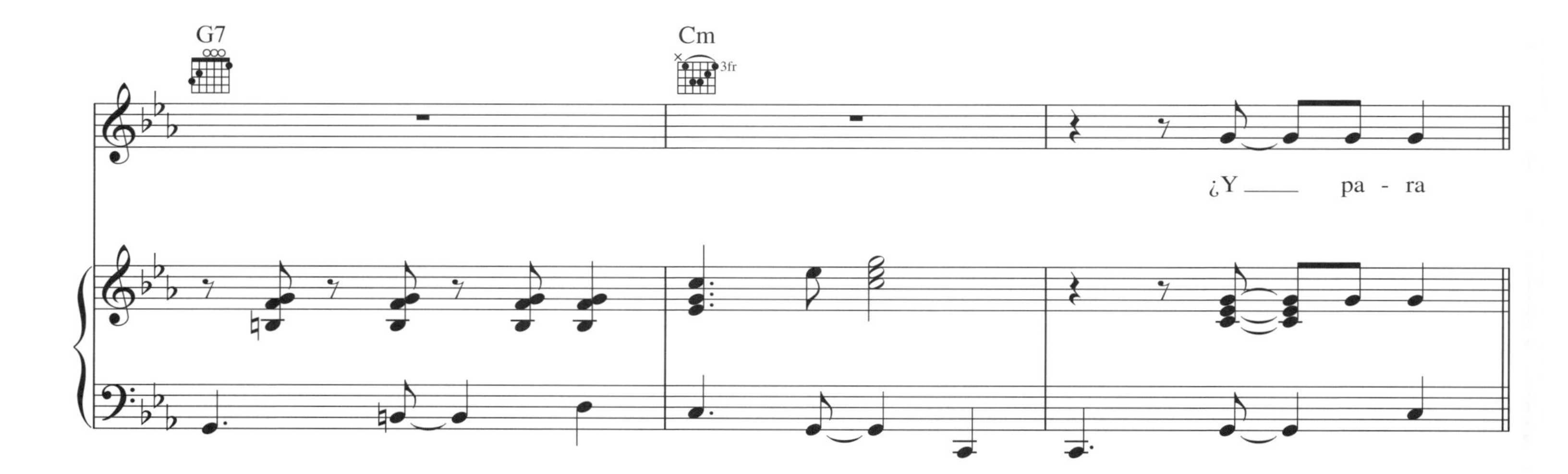
G7
Cm
3fr
¿Y pa - ra

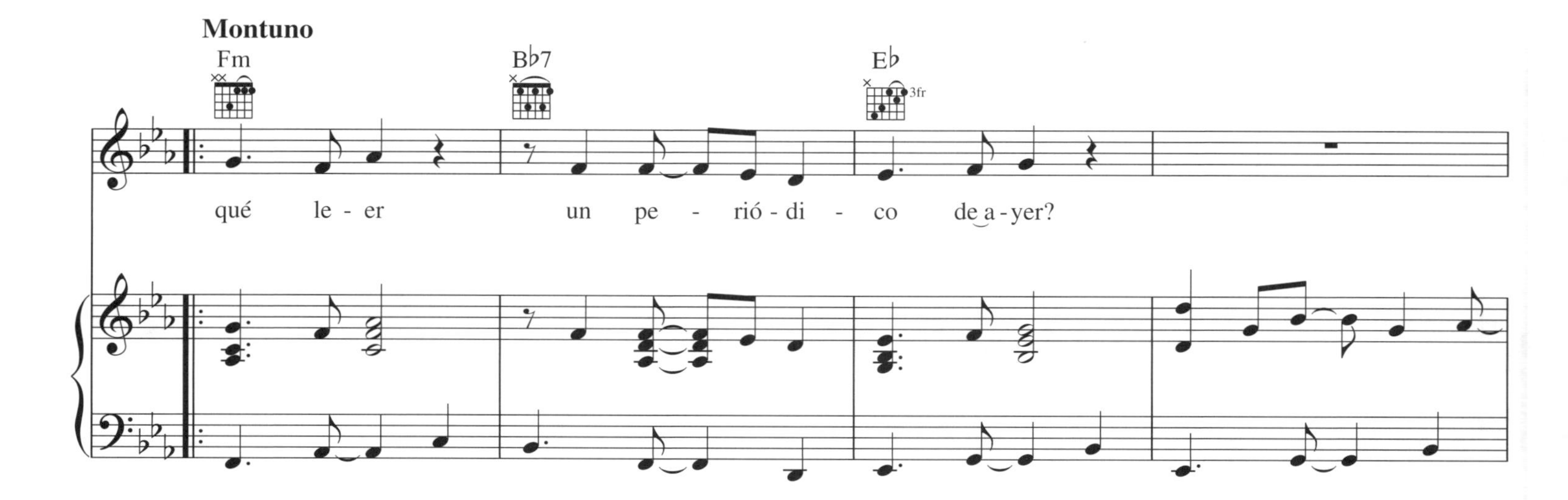
Montuno
Fm
B♭7
E♭
3fr
qué le - er un pe - rió - di - co de a - yer?

Dm7♭5
G7
Cm
3fr
¿Y ___ pa - ra

E♭
3fr

Fm

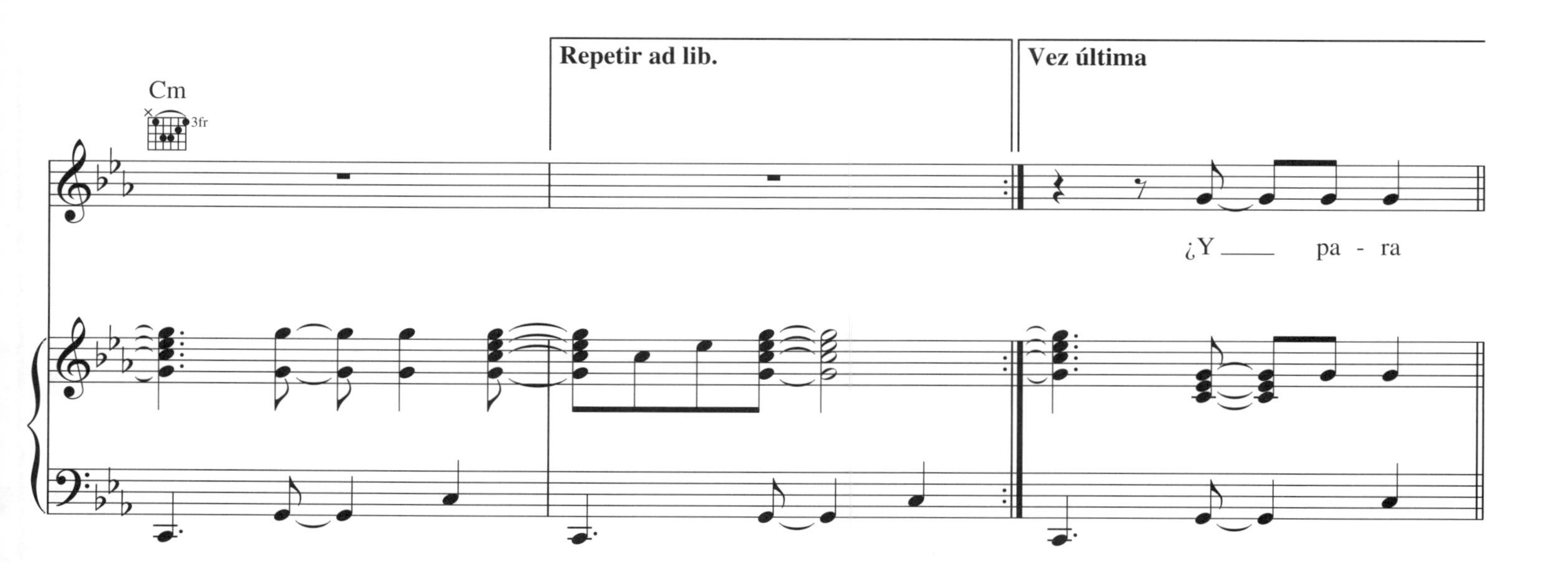
Repetir ad lib.
Vez última
Cm
3fr
¿Y ___ pa - ra

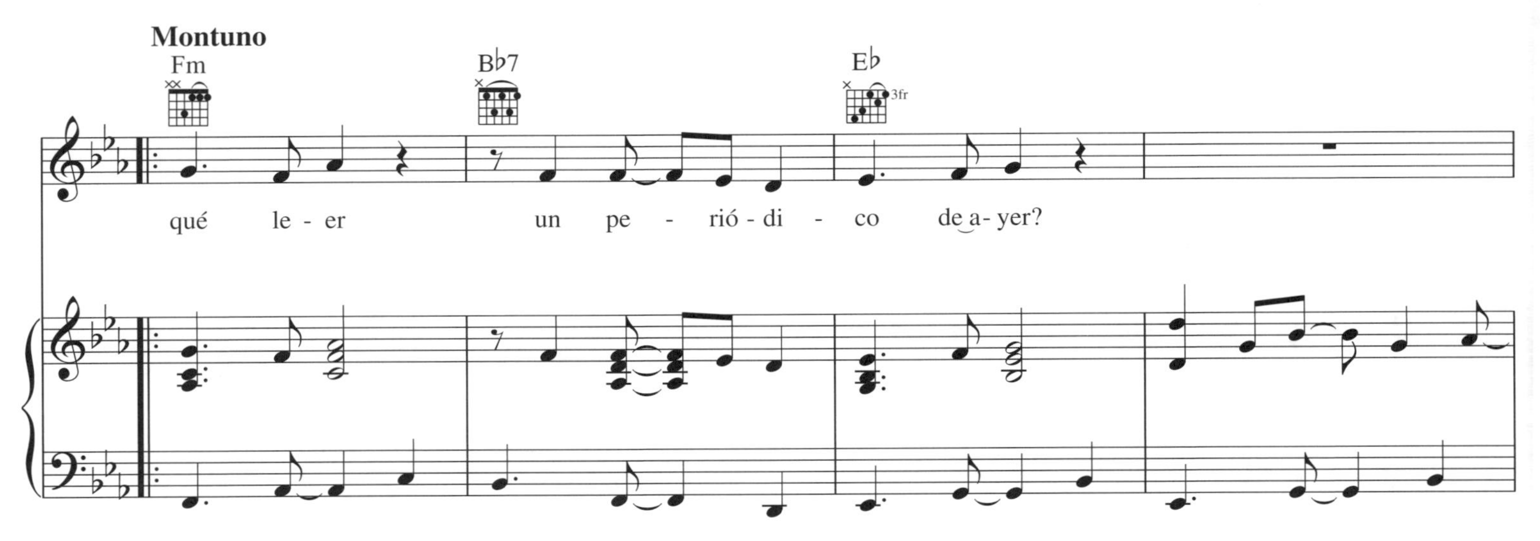
Montuno
Fm
B♭7
E♭
3fr
qué le - er un pe - rió - di - co de a - yer?

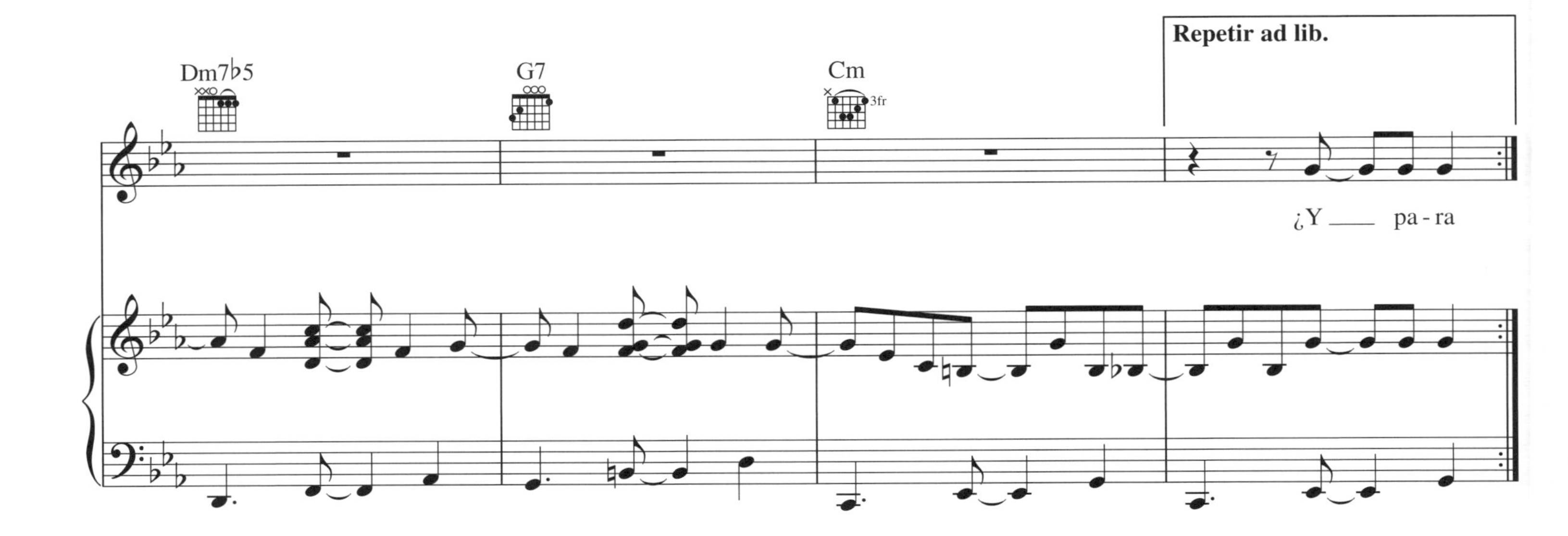
Repetir ad lib.
Dm7♭5
G7
Cm
3fr
¿Y pa - ra

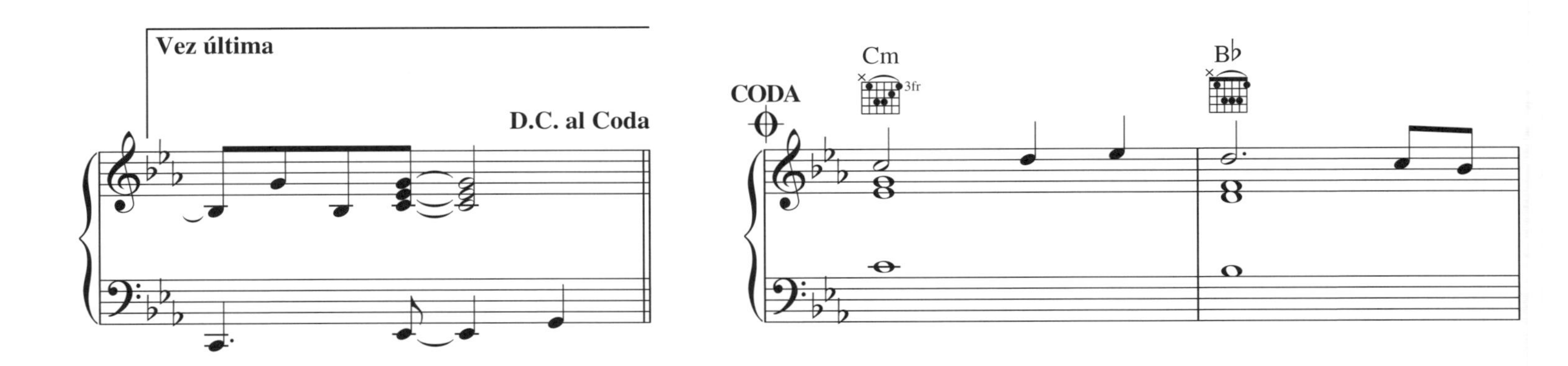
Vez última
D.C. al Coda
CODA
Cm
3fr
B♭

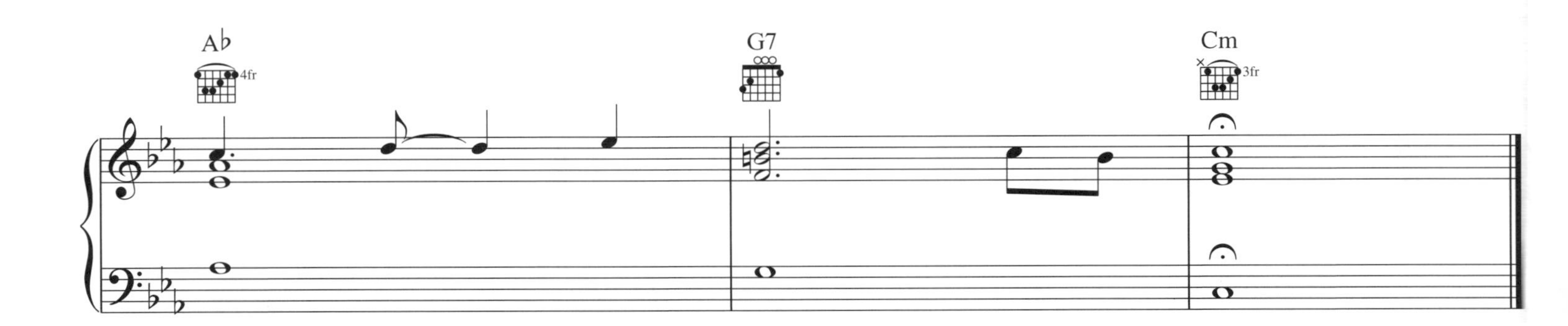
A♭
4fr
G7
Cm
3fr

EL DÍA DE SUERTE

Words and Music by WILLIE COLON
and HÉCTOR LAVOE

Rápido

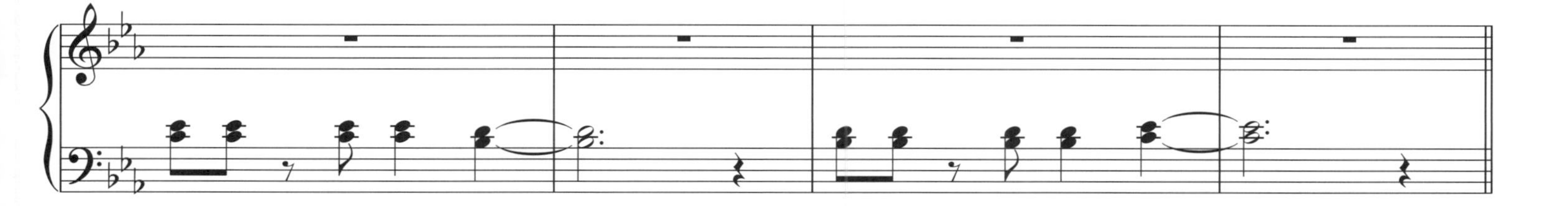

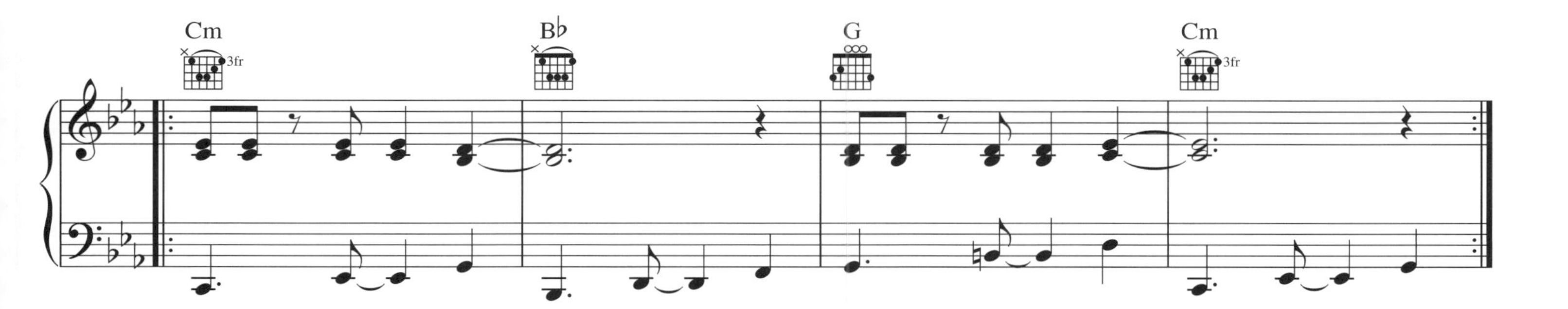

G7
te. Sé que an - tes de mi muer - te, se - gu - ro que mi

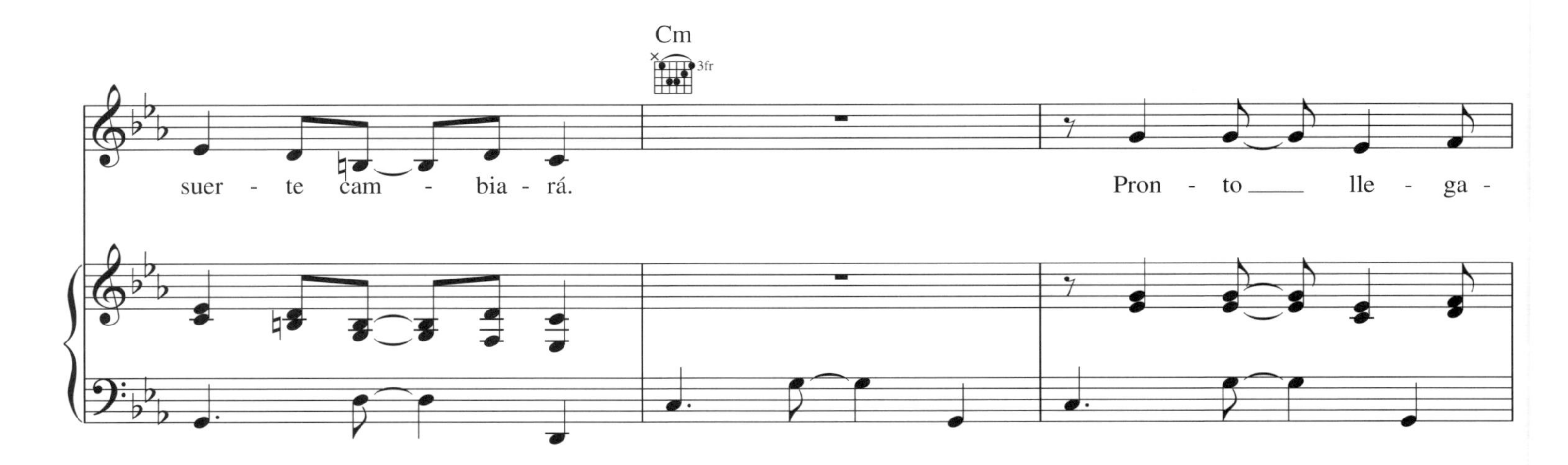
Cm
3fr
suer - te cam - bia - rá. Pron - to lle - ga -

G7
rá, el dí - a de mi suer - te. Sé que

an - tes de mi muer - te, se - gu - ro que mi suer - te cam - bia - rá.

Cm
3fr
Cuan - do ni - ño mi ma - má se mu - rió so - li - to con el
Es - pe - ran - do mi suer - te que - dé yo pe - ro mi vi - da
Aho - ra me encuen - tro a - quí en mi so - le - dad pen - san - do que de

G7
Cm
3fr
vie - jo me de - jó. Me di - jo só - lo nun - ca que - da - rás
o - tro rum - bo co - gi - ó. So - bre - vi - vien do en u - na real - i - dad
mi vi - da se - rá. No ten - go si - tio dón - de re - gre - sar

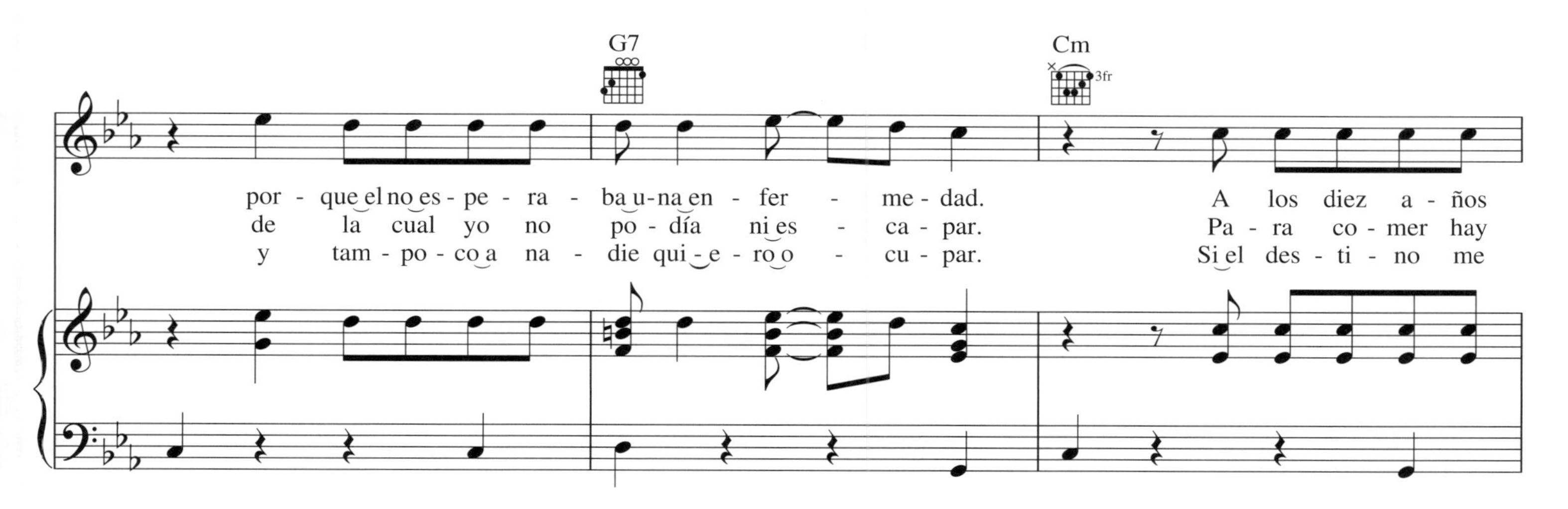
G7
Cm
3fr
por - que el no es - pe - ra - ba u - na en - fer - me - dad. A los diez a - ños
de la cual yo no po - día ni es - ca - par. Pa - ra co - mer hay
y tam - po - co a na - die qui - e - ro o - cu - par. Si el des - ti - no me

Fm
Cm
3fr
Pa - pá se mu - ri - ó se fue con ma - má pa - ra el más a - llá.
que bus - car - se el re - al aun - que si al gu - na vez la so - cie - dad.
vuel - ve a trai - ci - o - nar te ju - ro que no pue - do fra - ca - sar.

G7
Y la gen - te de - cían al ver - me llo - rar no llo - res ne - ne que tu
A la cár - cel te es - cri - be mi a - mis - tad no te a - pu - res que tu
Es - toy can - sa - do de tan - to es - pe - rar y es - toy se - gu - ro que mi
Cm
1
2
suer - te cam - bia - rá y ¿cuán - do se - rá?
suer - te cam - bia - rá o - ye ve - rás.
suer - te cam - bia - rá ¿cuán -
B♭
G
Cm
B♭
G
Cm

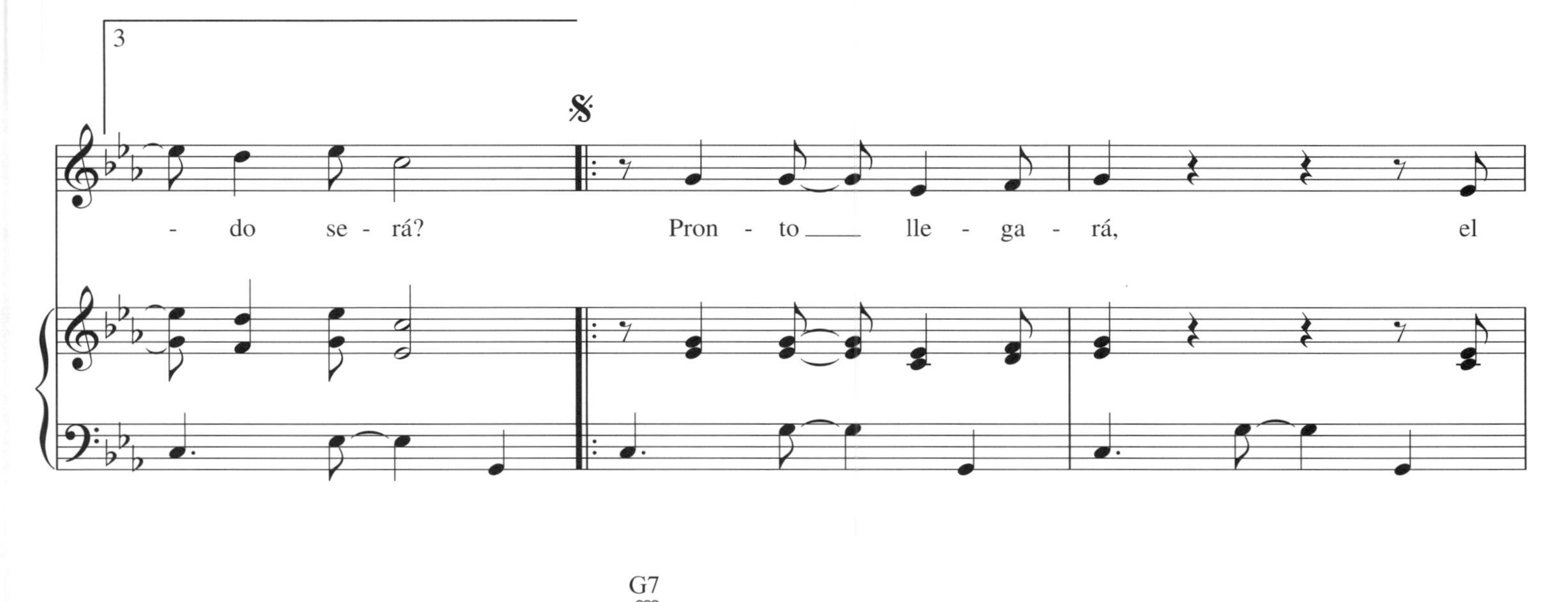
3
- do se - rá? Pron - to lle - ga - rá, el

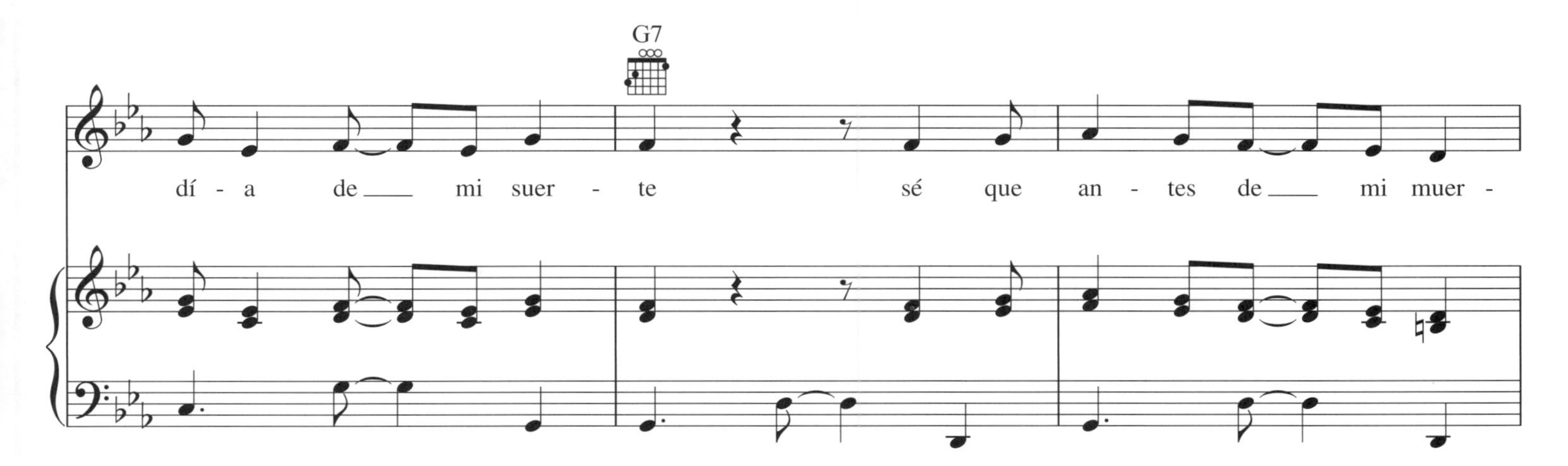
G7
dí - a de mi suer - te sé que an - tes de mi muer -

Cm
3fr
te se - gu - ro que mi suer - te cam - bia - rá.

Pron - to lle - ga - rá, el dí - a de mi suer -

G7
te Sé que an - tes de mi muer - te, se - gu - ro que mi

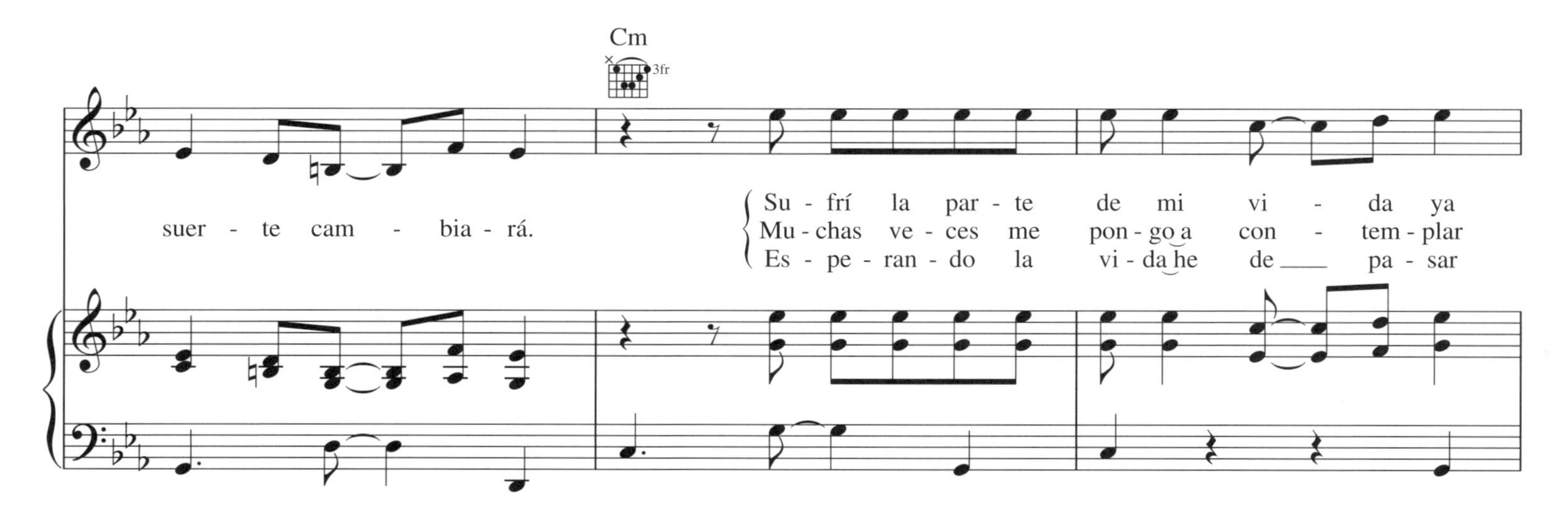
Cm
suer - te cam - bia - rá.
Su - frí la par - te de mi vi - da ya
Mu - chas ve - ces me pon - go a con - tem - plar
Es - pe - ran - do la vi - da he de pa - sar

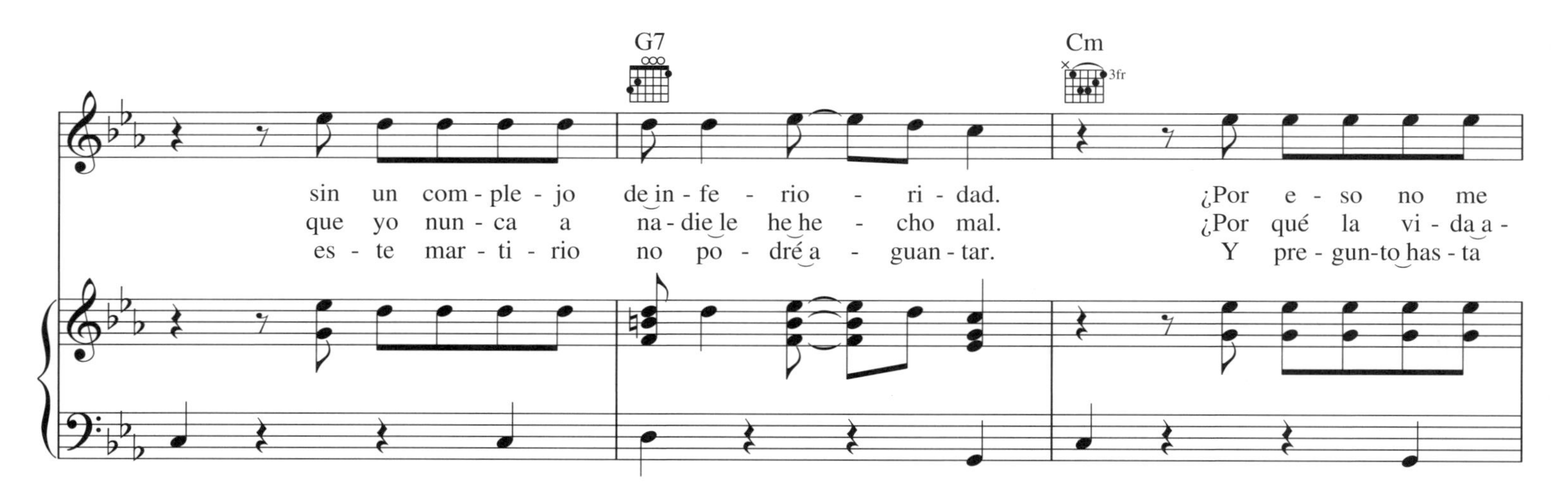
G7
Cm
sin un com - ple - jo de in - fe - rio - ri - dad. ¿Por e - so no me
que yo nun - ca a na - die le he he - cho mal. ¿Por qué la vi - da a -
es - te mar - ti - rio no po - dré a - guan - tar. Y pre - gun - to has - ta

G7
can - so de es - pe - rar pues un día Dios a mi me ayu - da - rá.
sí me ha de tra - tar si lo que bus - co es la fe - li - ci - dad?
cuan - do du - ra - rá tal vez si lo po - dré so - bre - lle - var.

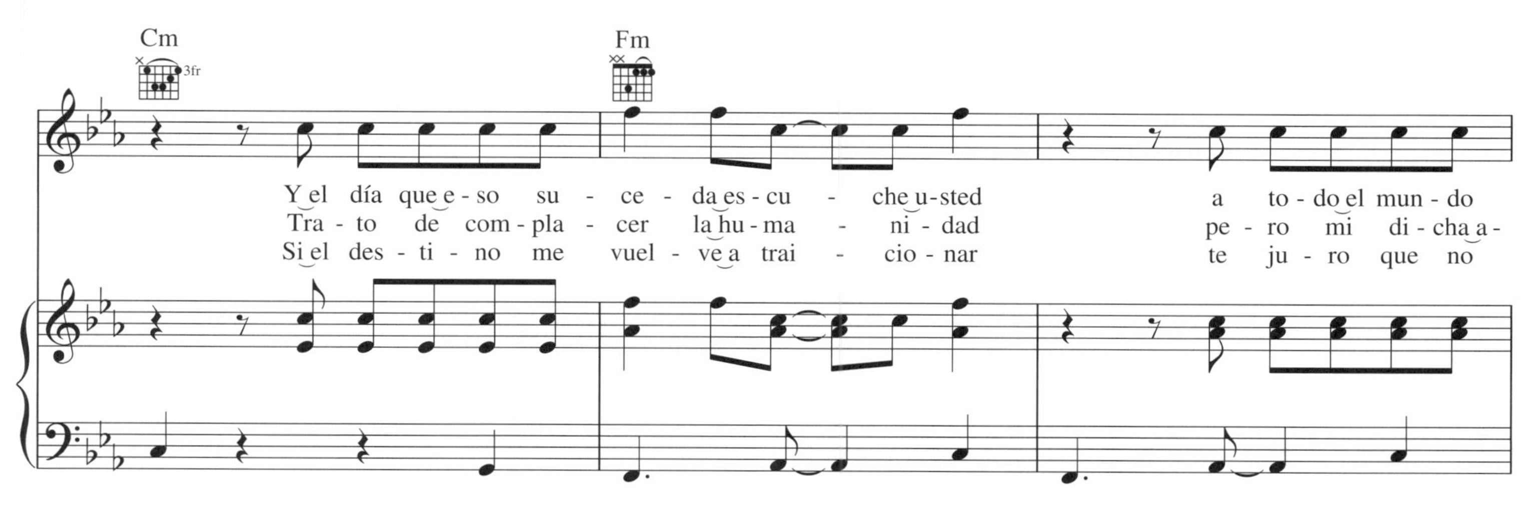
Cm
3fr
Fm
Y el día que e - so su - ce - da es - cu - che u - sted a to - do el mun - do
Tra - to de com - pla - cer la hu - ma - ni - dad pe - ro mi di - cha a -
Si el des - ti - no me vuel - ve a trai - cio - nar te ju - ro que no

Cm
3fr
G7
yo le ayu - da - ré Por - que tar - de o tem - pra - no u - sted ve - rá
qui ha si - do fa - tal No pier - do la es - pe - ran - za de lu - char
pue - do fra - ca - sar Es - toy can - sa - do de tan - to es - pe - rar

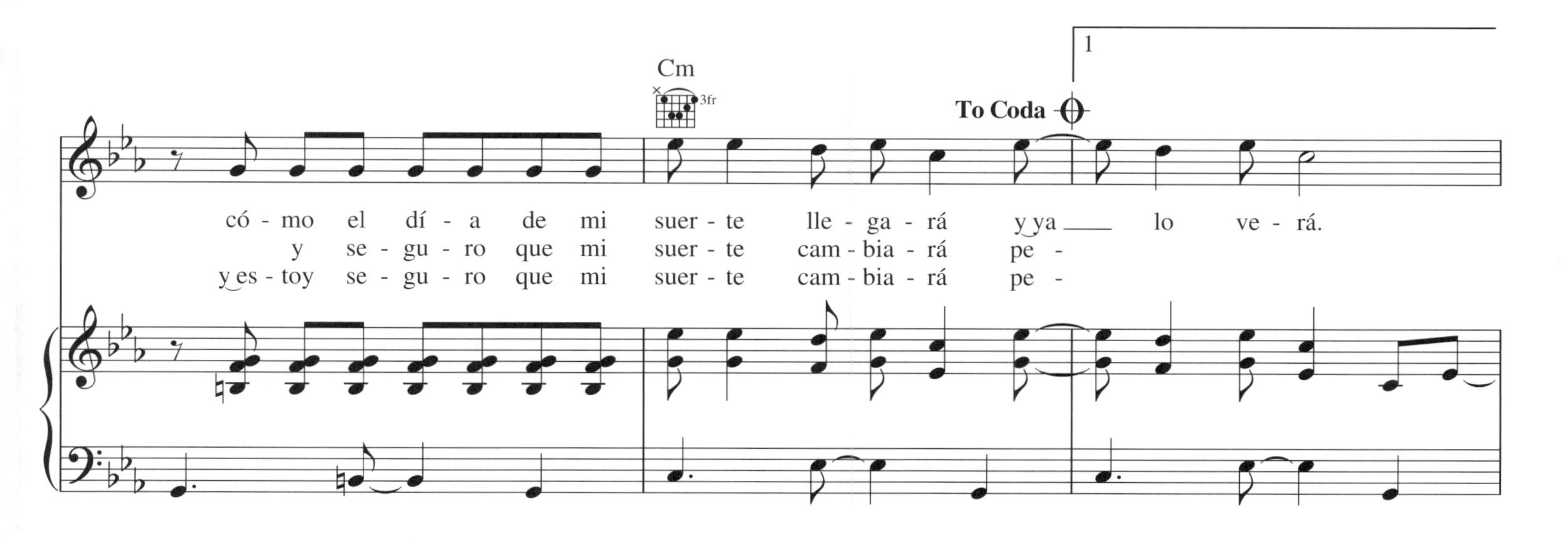
Cm
3fr
1
To Coda
có - mo el dí - a de mi suer - te lle - ga - rá y ya lo ve - rá.
y se - gu - ro que mi suer - te cam - bia - rá pe -
y es - toy se - gu - ro que mi suer - te cam - bia - rá pe -

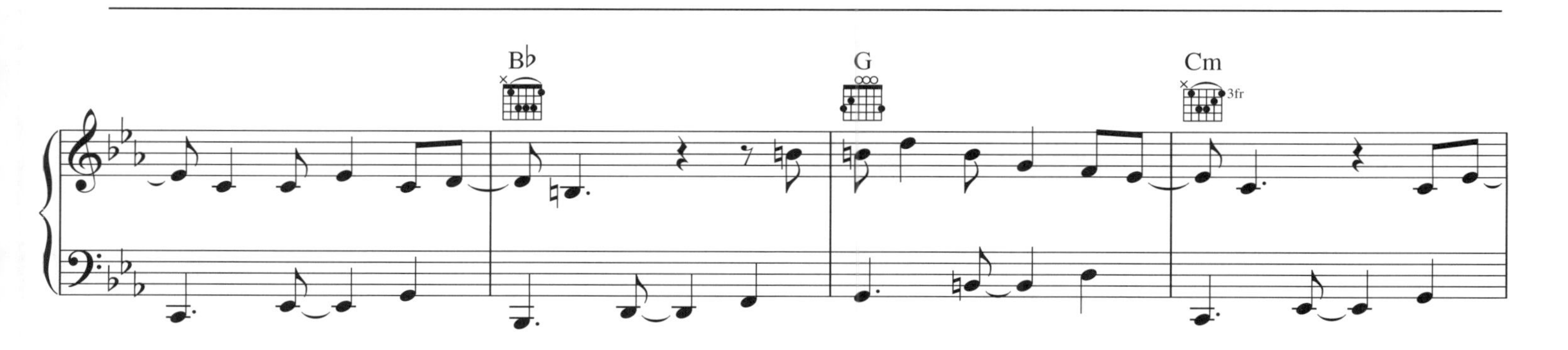
B♭
G
Cm
3fr

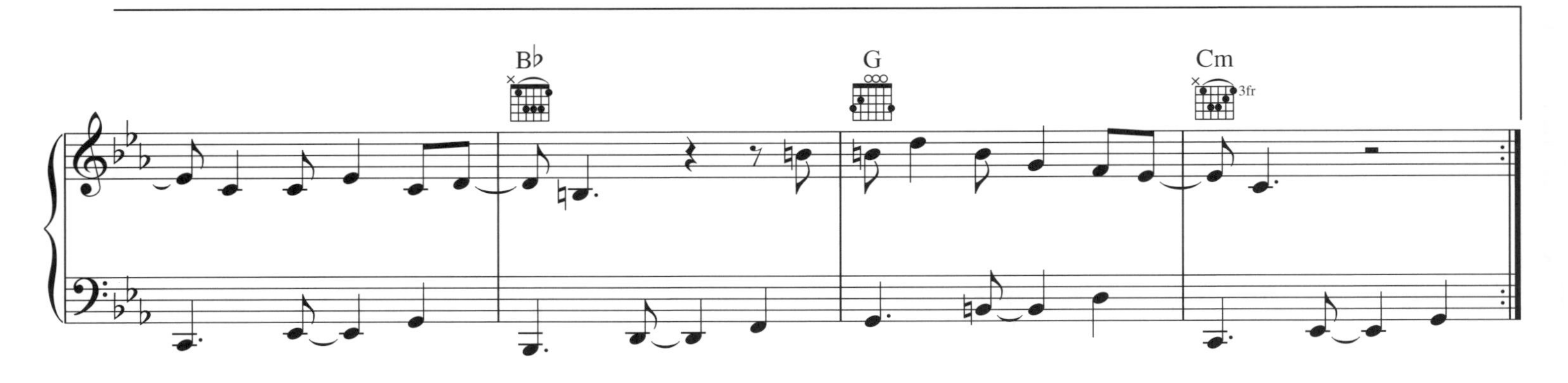
B♭
G
Cm
3fr

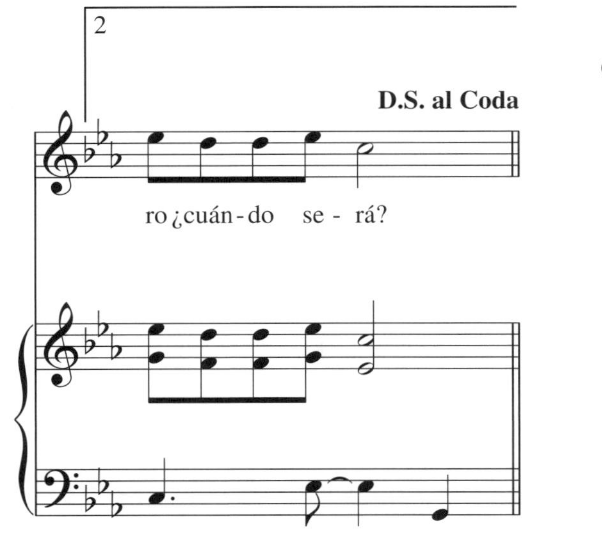
2
D.S. al Coda
ro ¿cuán-do se-rá?

CODA
ro ¿cuán-do se-rá?

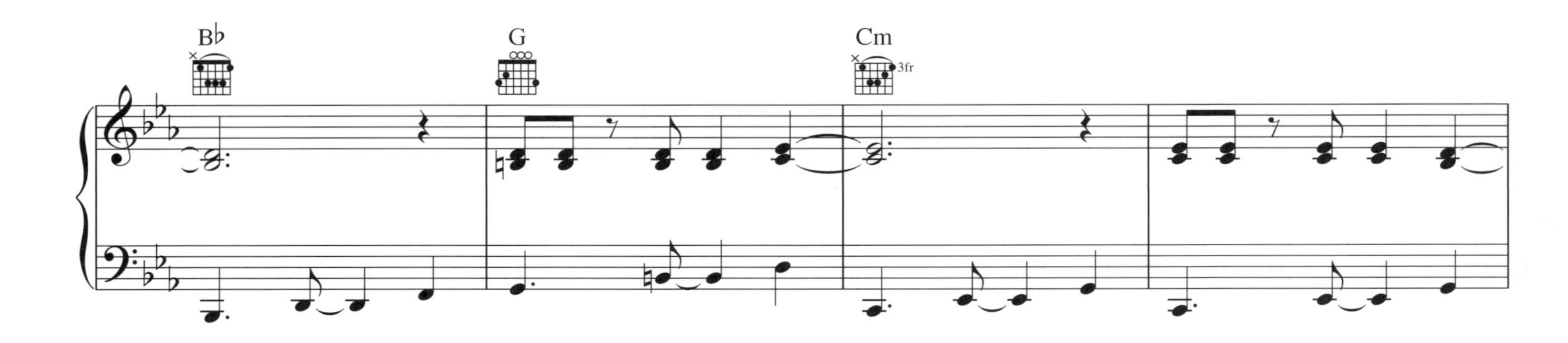
B♭
G
Cm
3fr

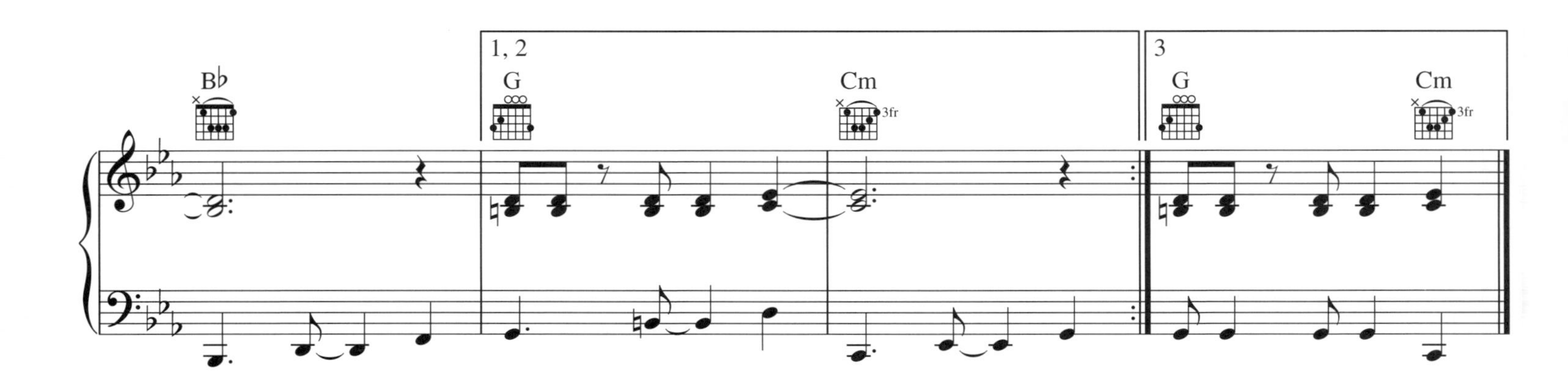
1, 2
3
B♭
G
Cm
3fr
G
Cm
3fr

QUÉ LÍO

Words and Music by WILLIE COLON,
JOE CUBA and HÉCTOR LAVOE

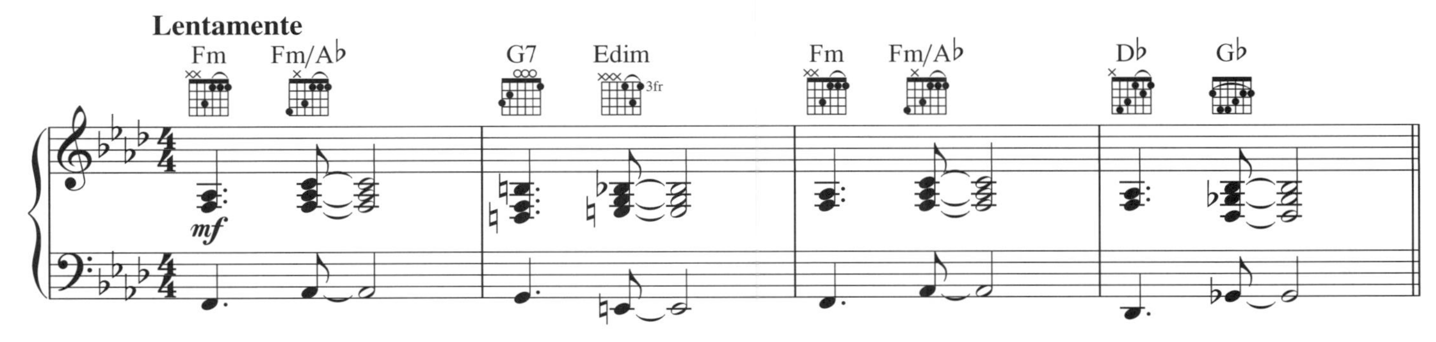

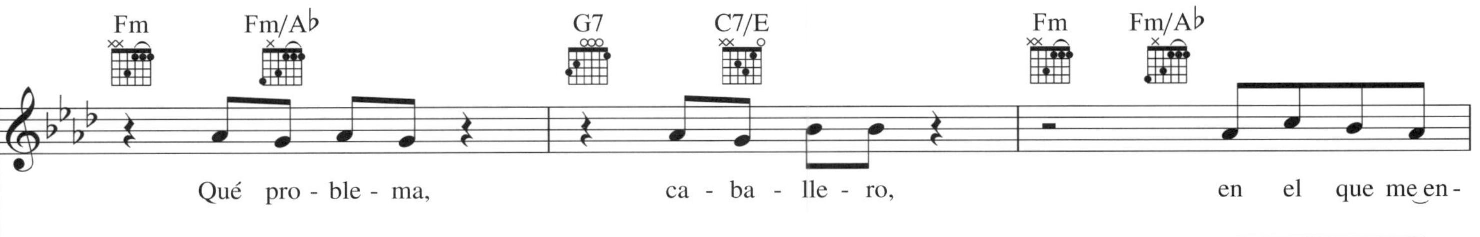

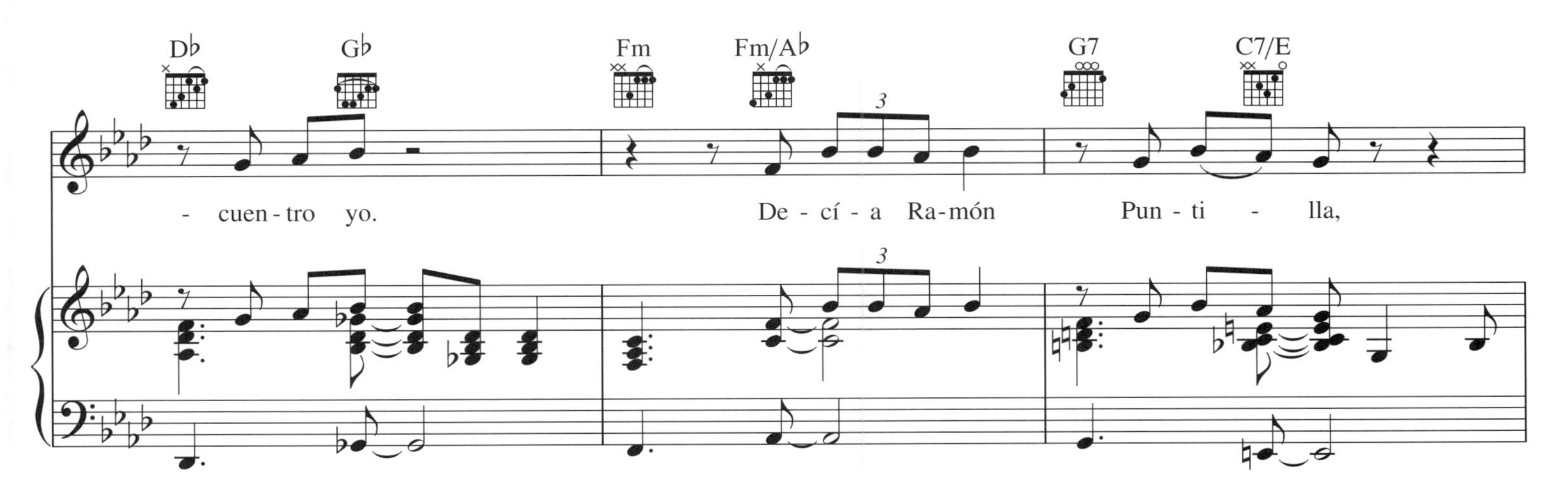

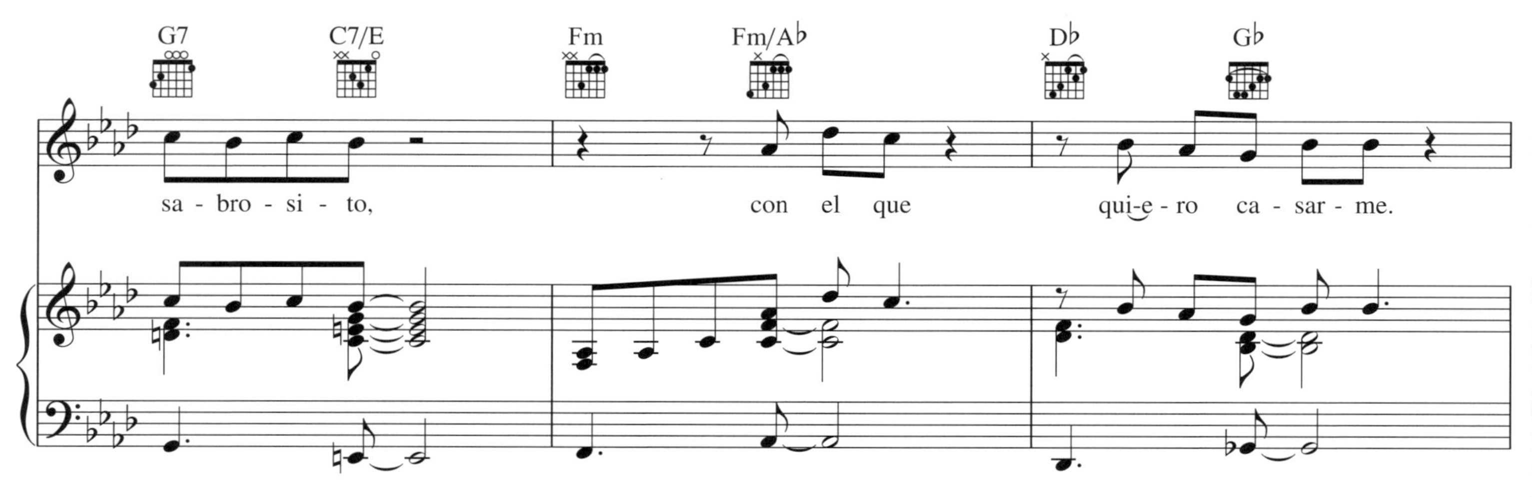
G7 C7/E Fm Fm/A♭ D♭ G♭
sa - bro - si - to, con el que qui-e - ro ca - sar - me.

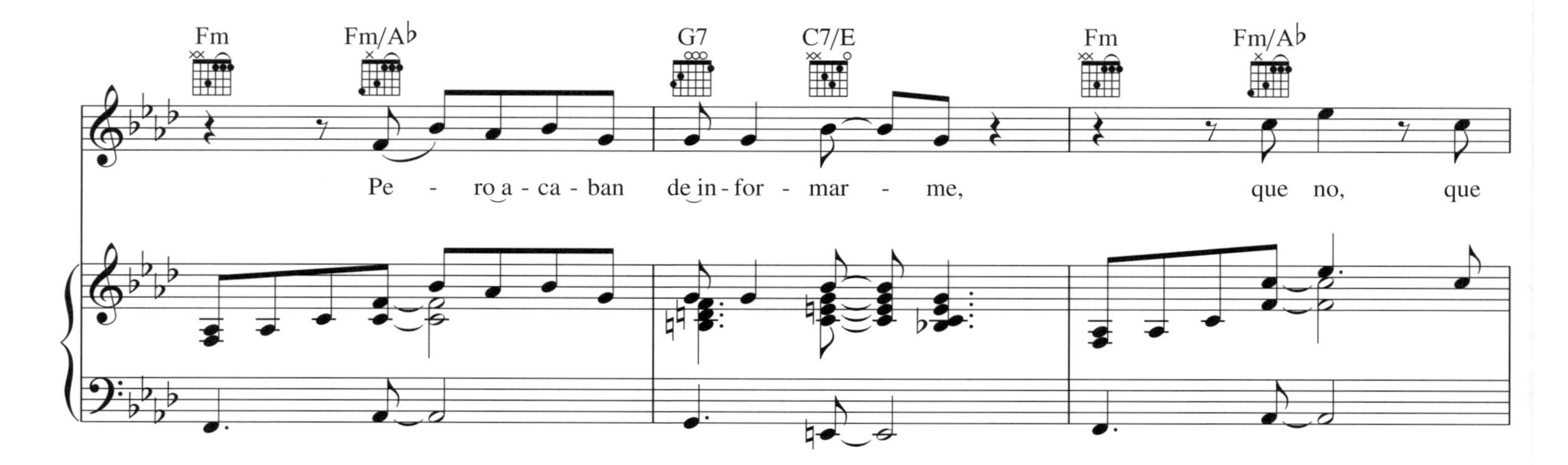
Fm Fm/A♭ G7 C7/E Fm Fm/A♭
Pe - ro a - ca - ban de in - for - mar - me, que no, que

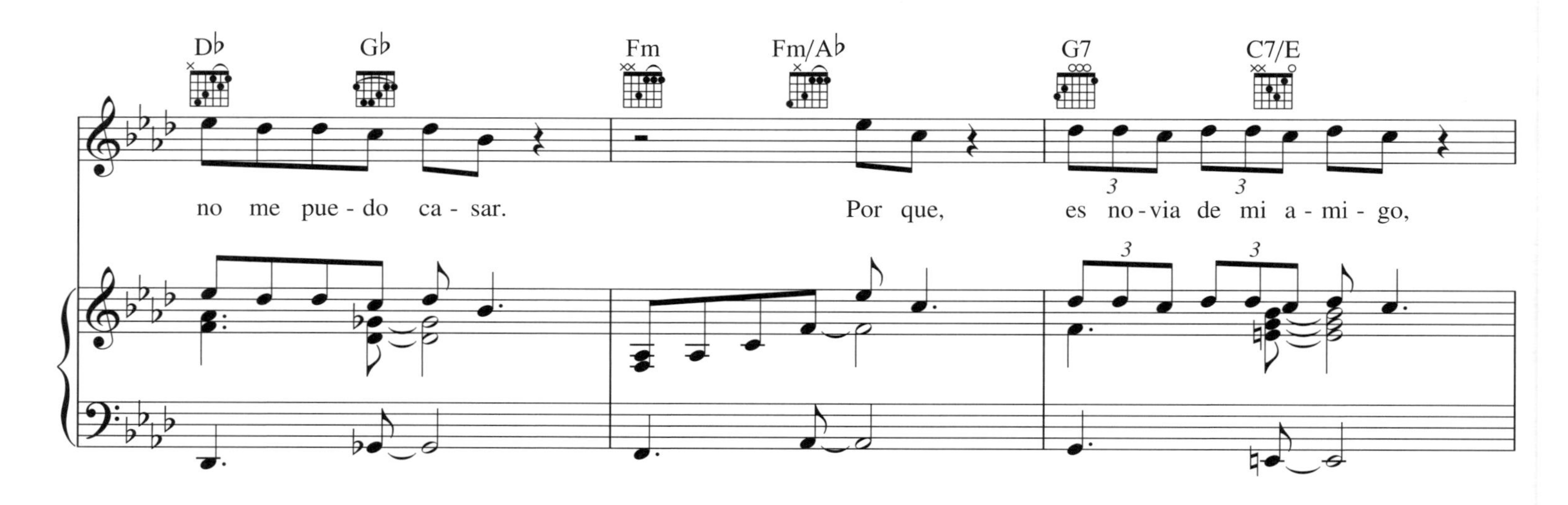
D♭ G♭ Fm Fm/A♭ G7 C7/E
no me pue - do ca - sar. Por que, es no - via de mi a - mi - go,

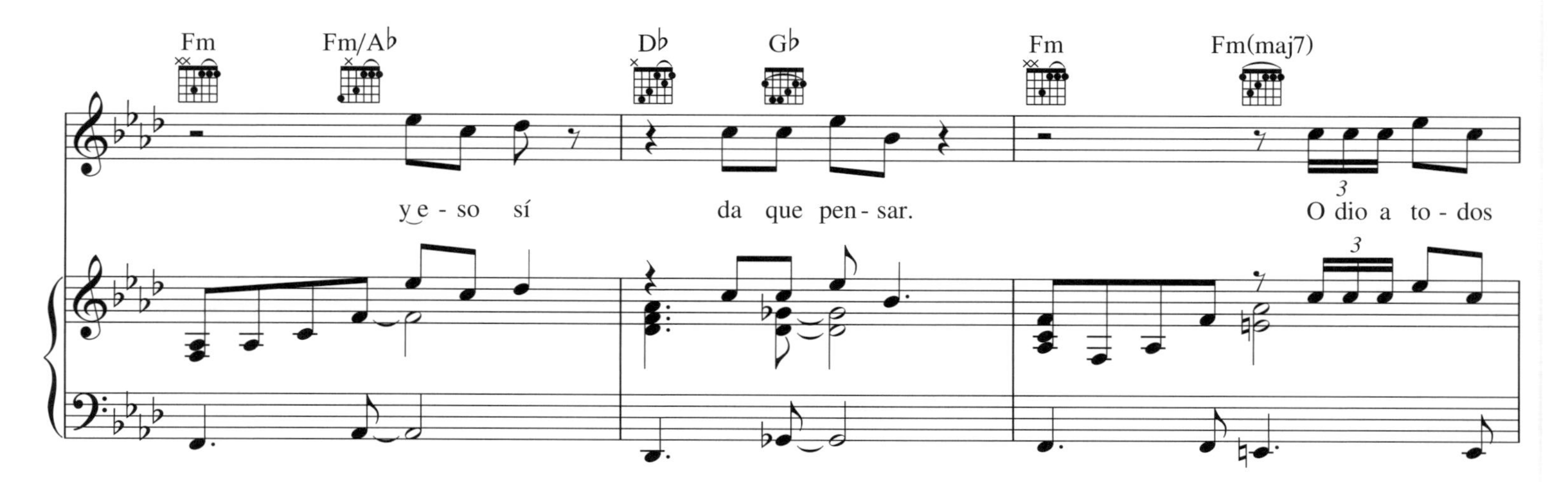
Fm Fm/A♭ D♭ G♭ Fm Fm(maj7)
y e - so sí da que pen - sar. O dio a to - dos

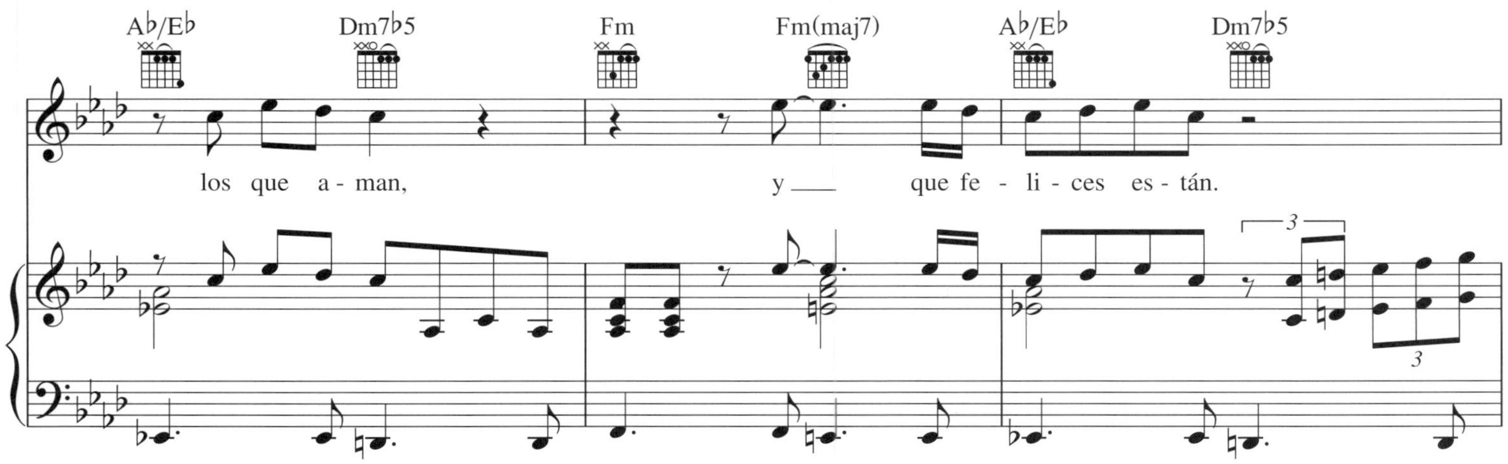
A♭/E♭
Dm7♭5
Fm
Fm(maj7)
A♭/E♭
Dm7♭5
los que a - man,
y
que fe - li - ces es - tán.

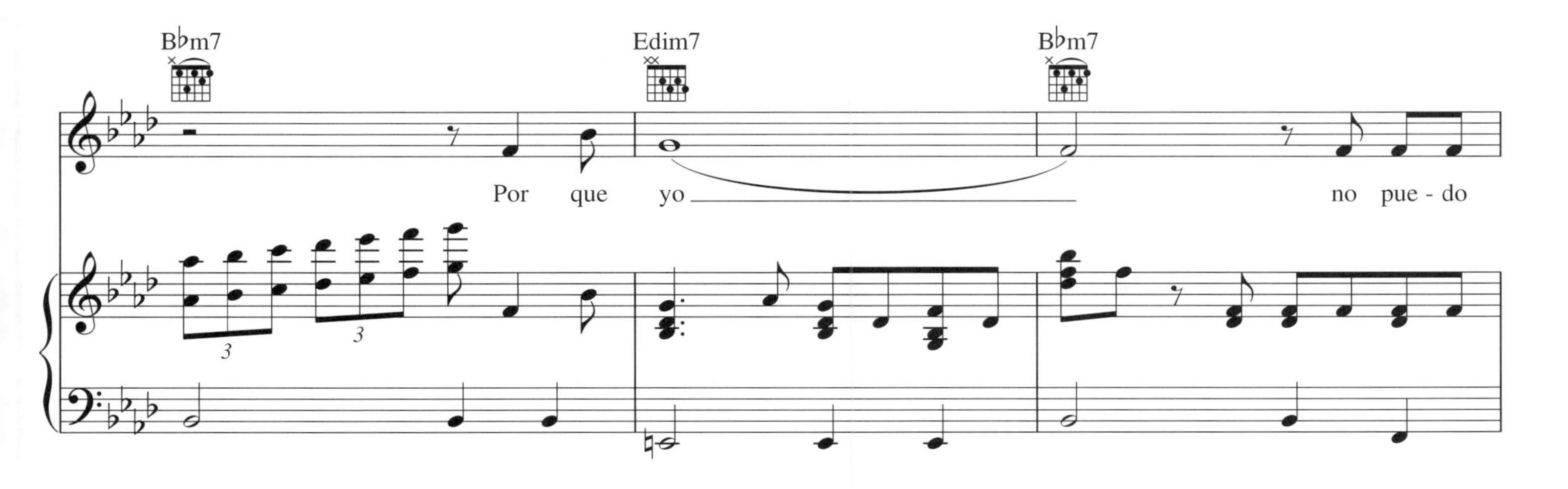
B♭m7
Edim7
B♭m7
Por que yo
no pue - do

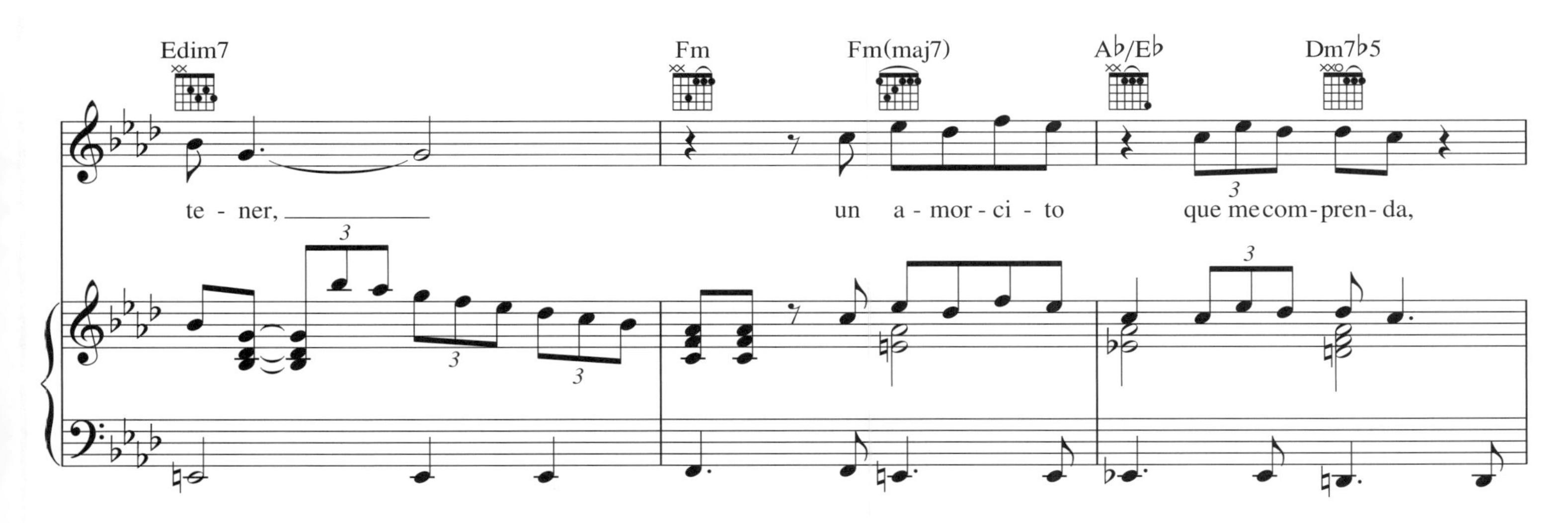
Edim7
Fm
Fm(maj7)
A♭/E♭
Dm7♭5
te - ner,
un a - mor - ci - to
que me com - pren - da,

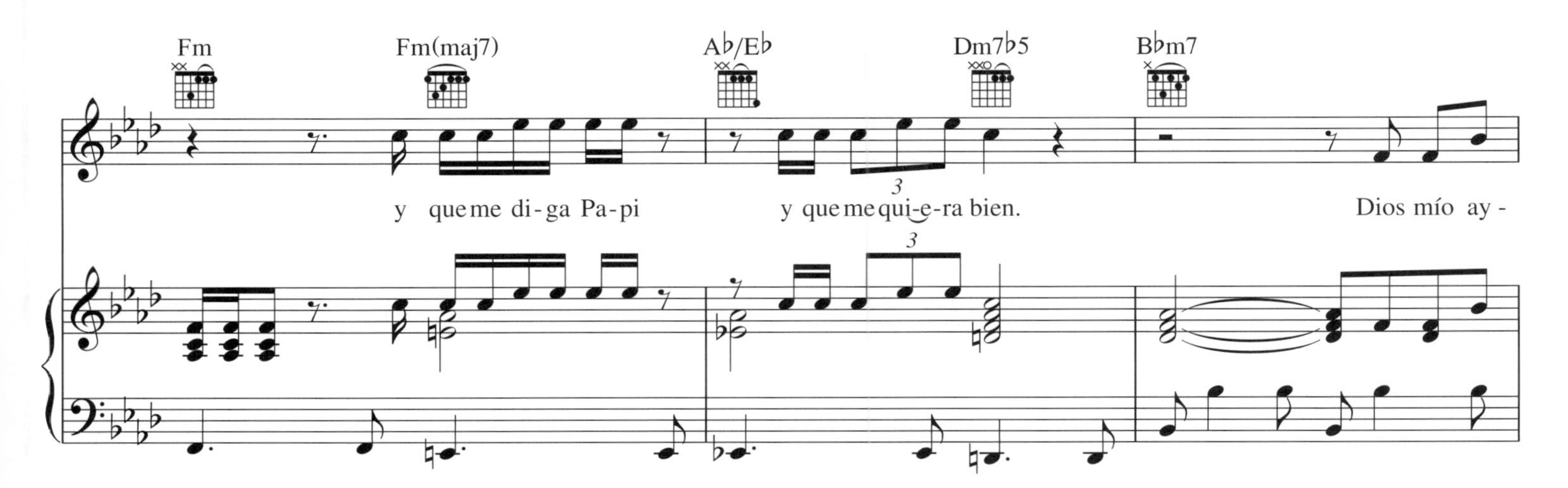
Fm
Fm(maj7)
A♭/E♭
Dm7♭5
B♭m7
y que me di - ga Pa - pi
y que me qui - e - ra bien.
Dios mío ay -

E♭7
B♭m7
E♭7
Fm
Fm/A♭
ú-da-me,
qui-e-ro ol-vi - dar.
Ay - ú - da-me,

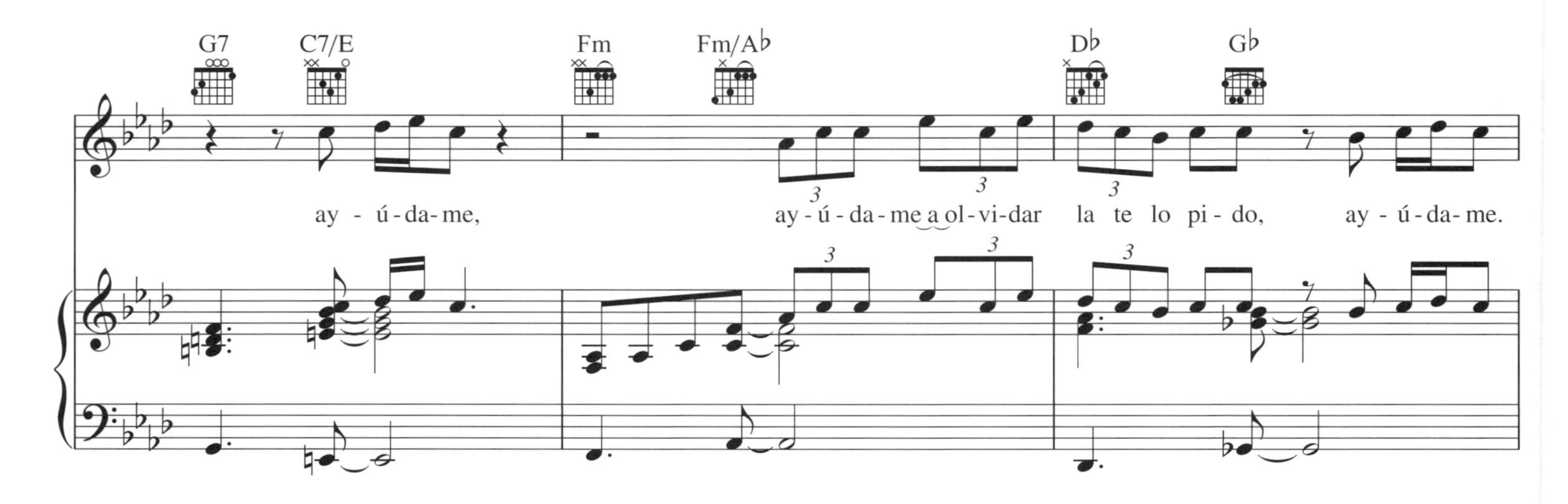
G7
C7/E
Fm
Fm/A♭
D♭
G♭
ay - ú - da-me,
ay - ú - da-me a ol-vi-dar
la te lo pi - do,
ay - ú - da-me.

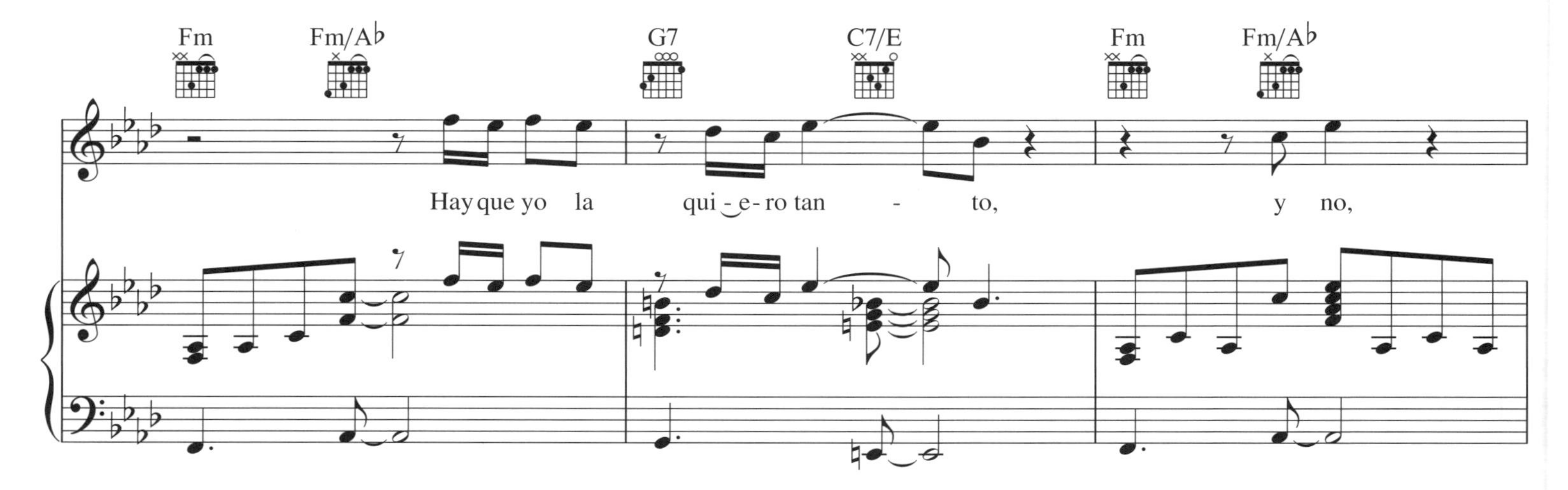
Fm
Fm/A♭
G7
C7/E
Fm
Fm/A♭
Hay que yo la
qui - e - ro tan - to,
y no,

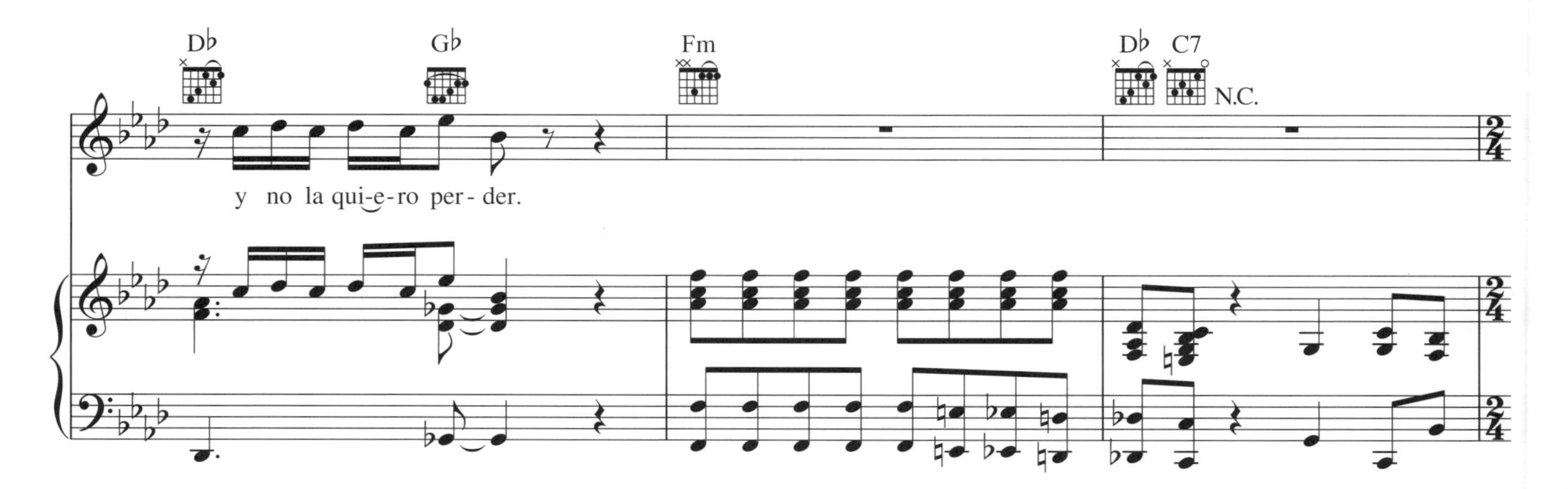
D♭
G♭
Fm
D♭
C7
N.C.
y no la qui-e-ro per-der.

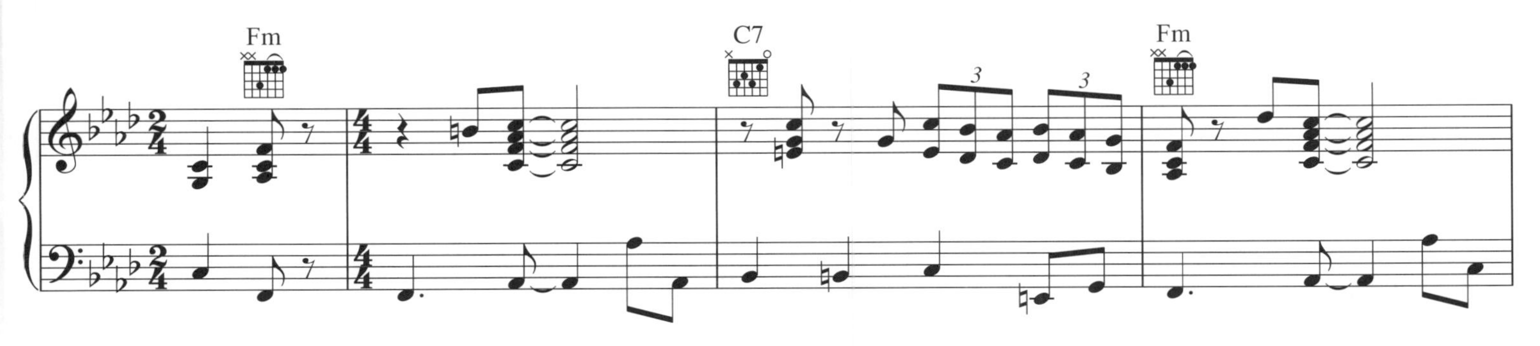
Fm
C7
3
3
Fm

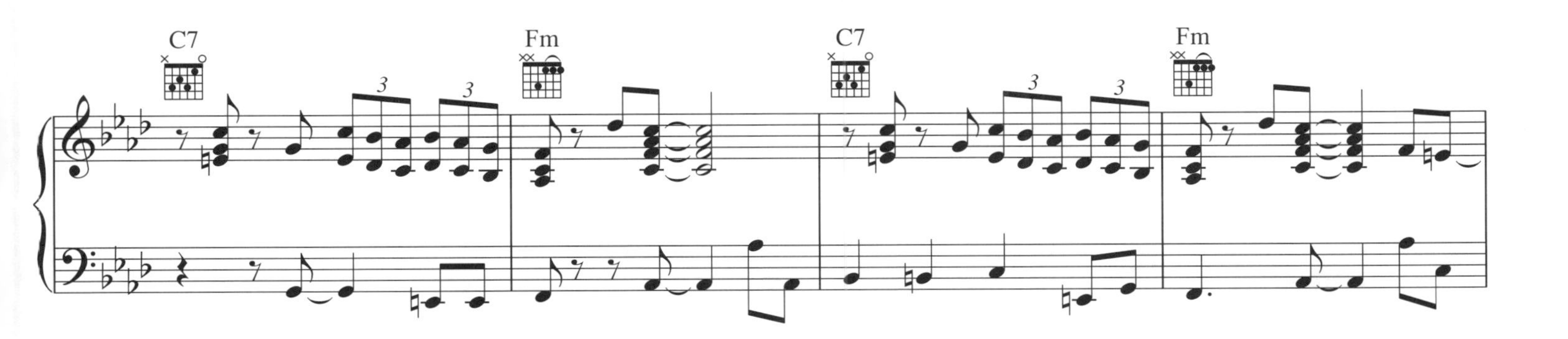
C7
3
3
Fm
C7
3
3
Fm

C7
Fm
Montuno
C7
¡Qué pro-ble-ma con Ma-ria-na! El que se en-con-tró mi pa-na.

Fm
B♭m
C7
Fm
B♭m
C7
Fm
¡Qué

B♭
C7
Play 3 times
lí - o!
Chi - co chi - co chi - co chi - co chi - co ¡Qué

Fm
B♭
C7
Fm
lí - o!
Chi - co chi - co chi - co chi - co chi - co.

Fm
C7
¡Qué pro - ble - ma con Ma - ria - na!
El que se en - con - tró mi pa - na.

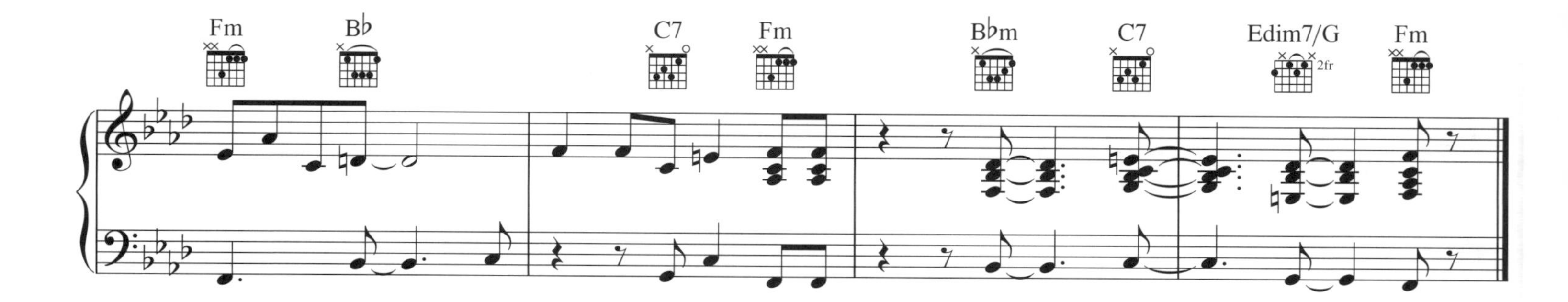
Fm
B♭
C7
Fm
B♭m
C7
Edim7/G
2fr
Fm

AGUANILE

Words and Music by WILLIE COLON
and HÉCTOR LAVOE

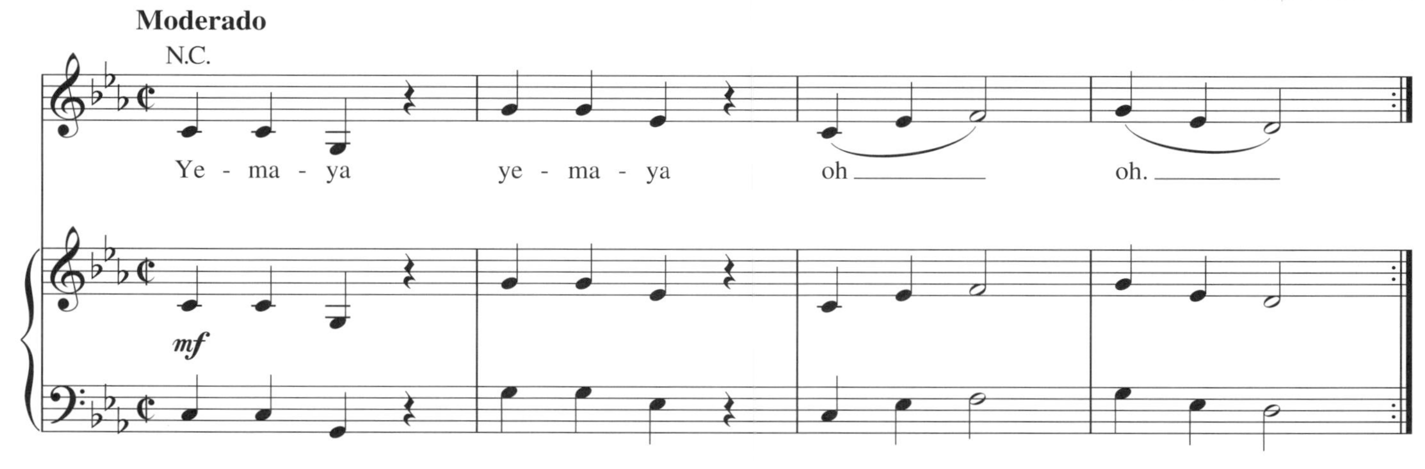

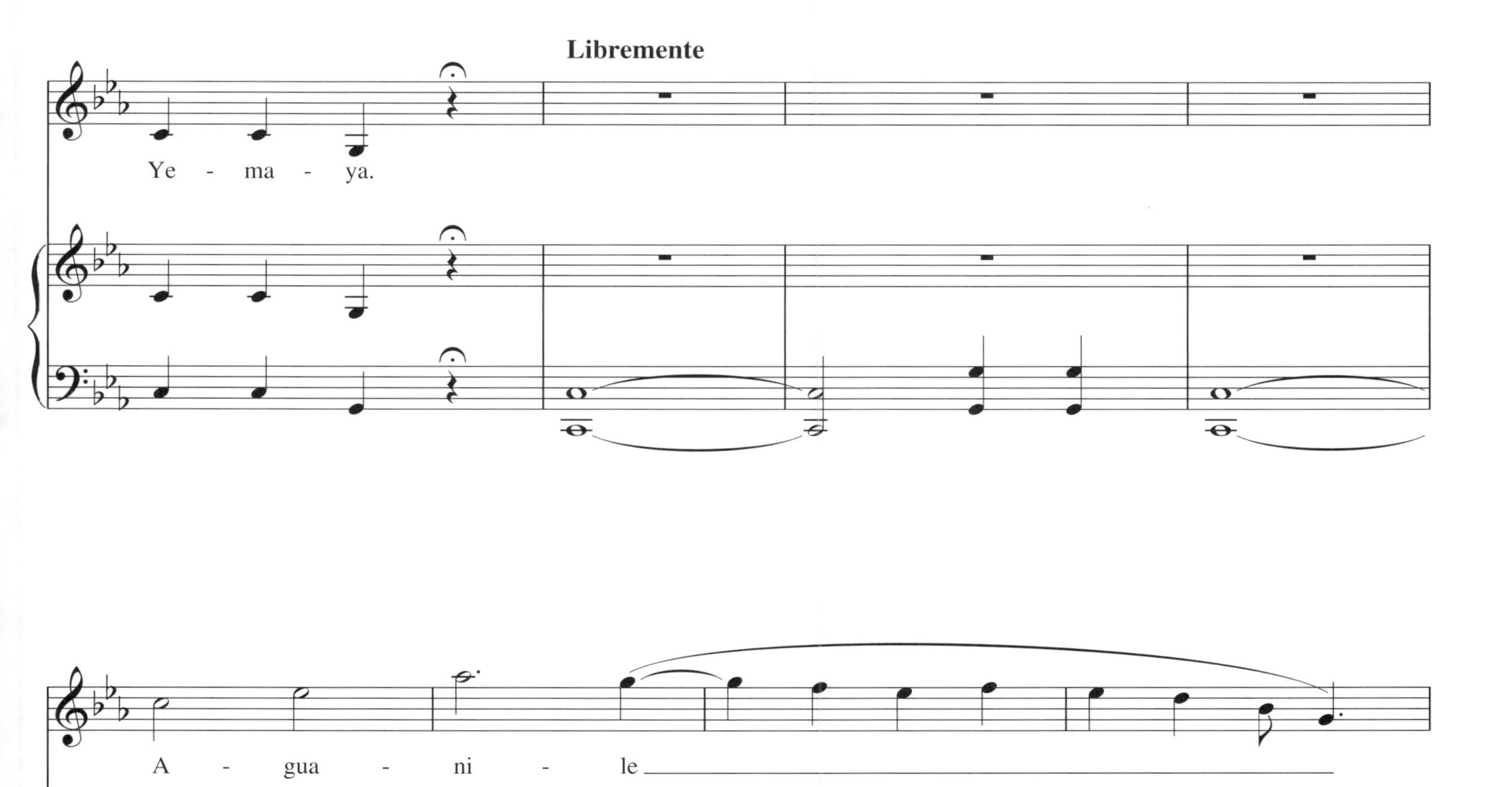

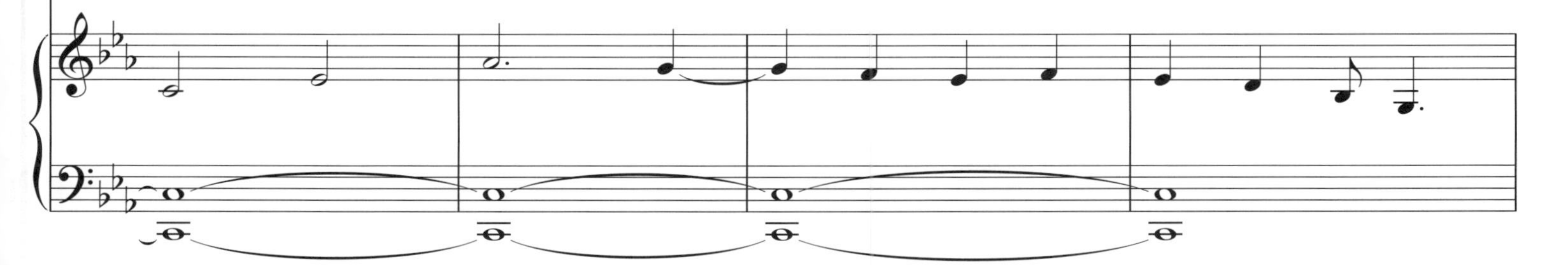

a - gua - ni - le.
Moderado
San - to Di -
os

San - to
fuer - te
San - to in - mor - tal.
Montuno
Cm
3fr
A - gua - ni - le, a - gua - ni - le

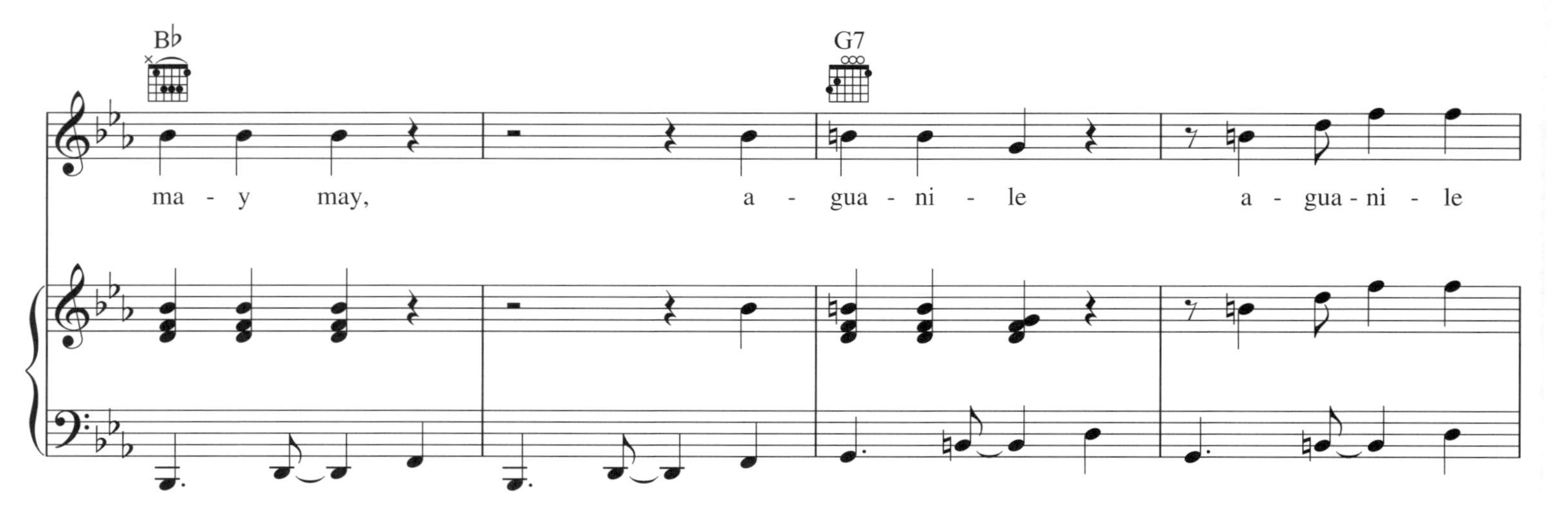
B♭
G7
ma - y may, a - gua - ni - le a - gua - ni - le

Cm
3fr
ma - y may.

B♭
G7

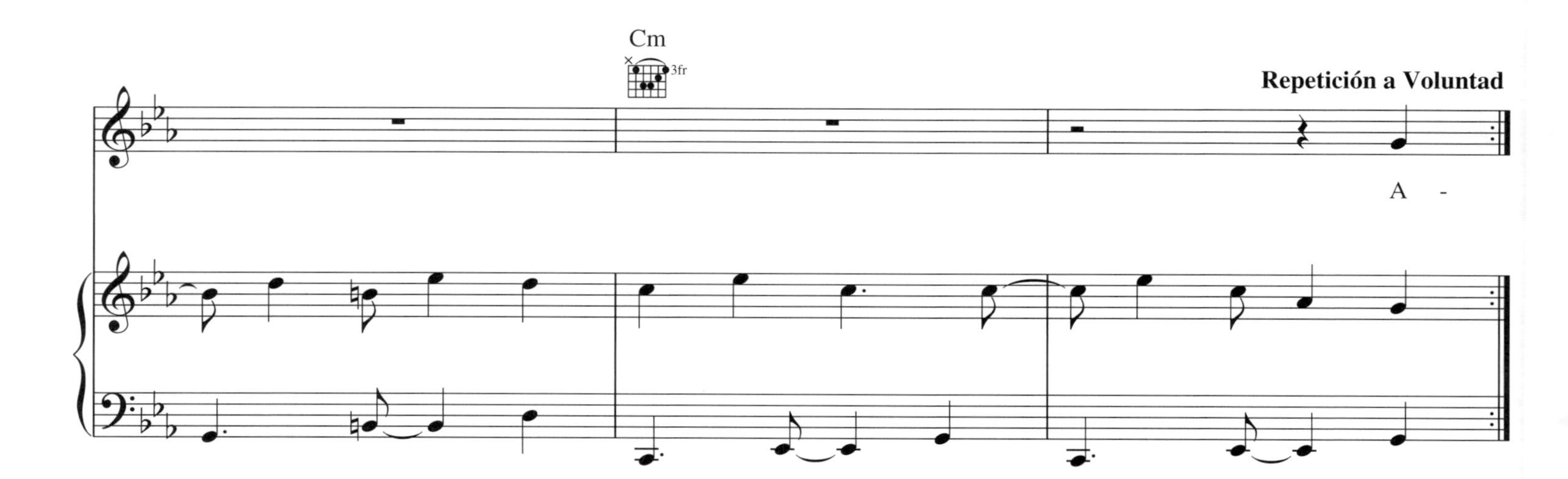
Cm
3fr
Repetición a Voluntad
A -

TODO TIENE SU FINAL

Words and Music by
WILLIE COLON

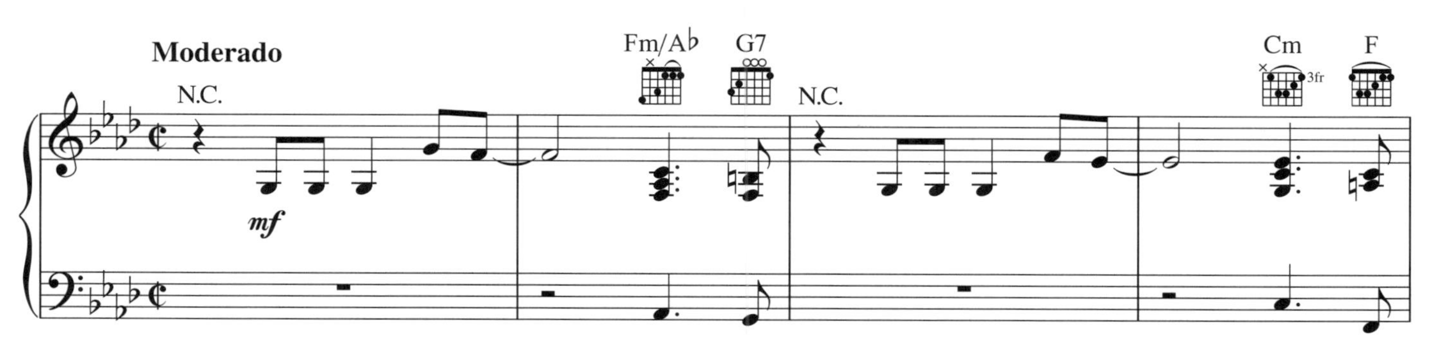

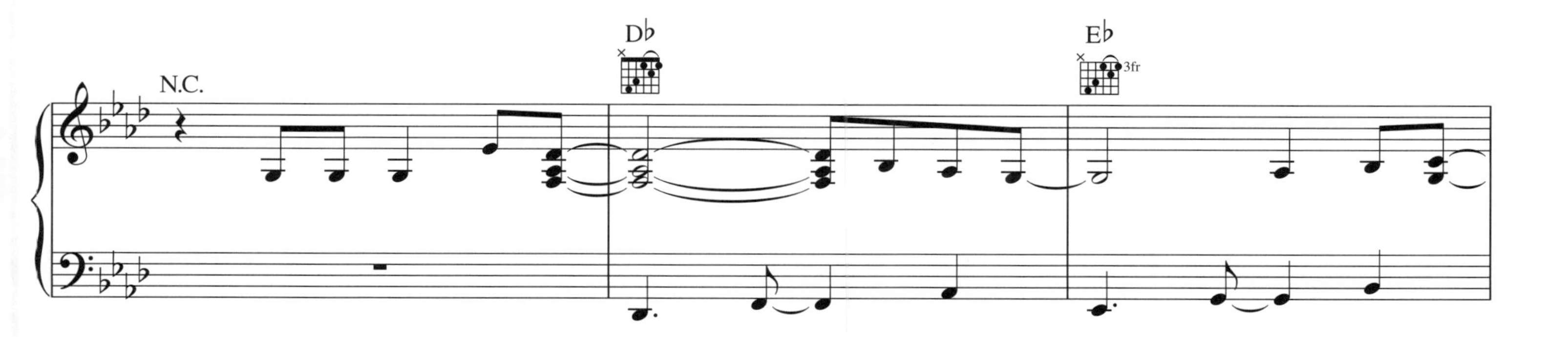

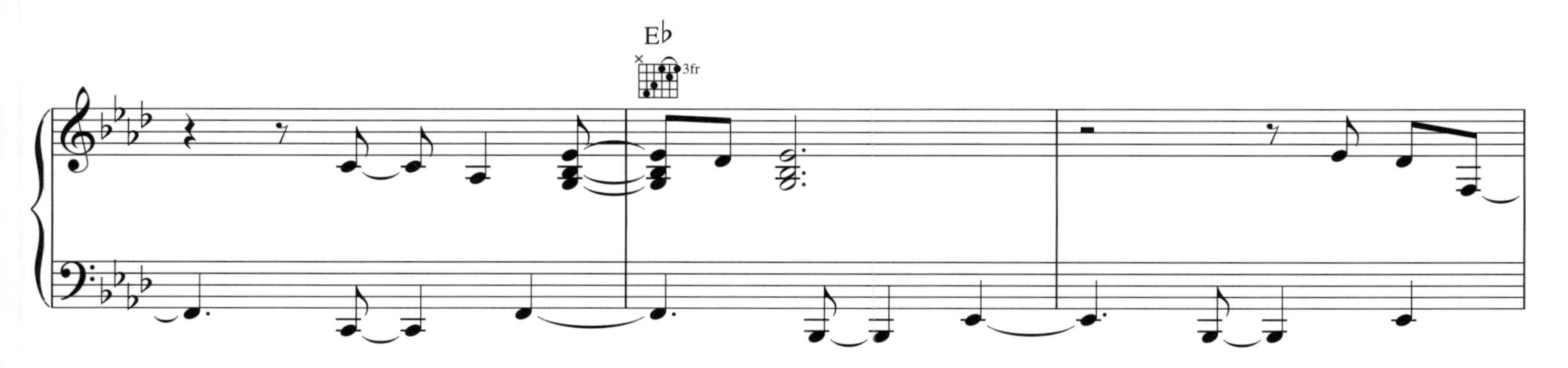

D♭
C7
Fm
Fm(maj7)
Fm7

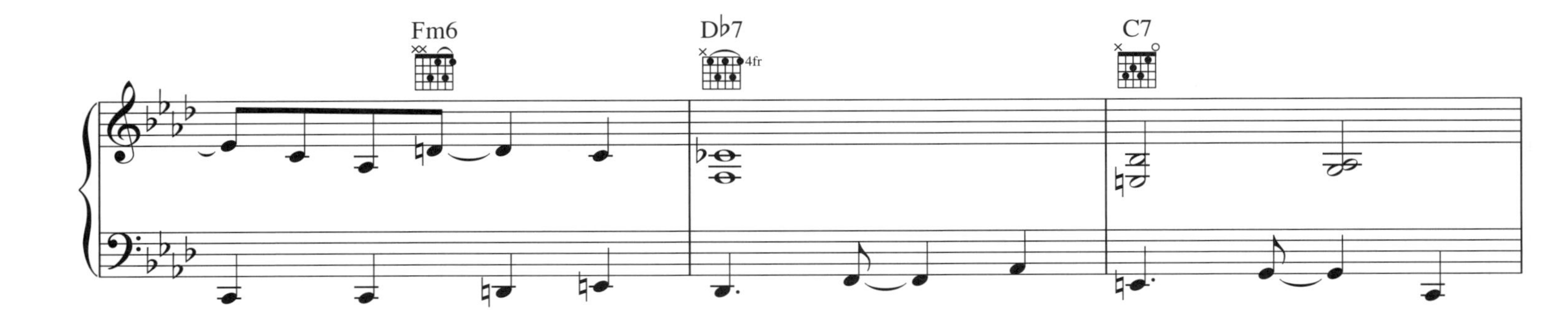
Fm6
D♭7
4fr
C7

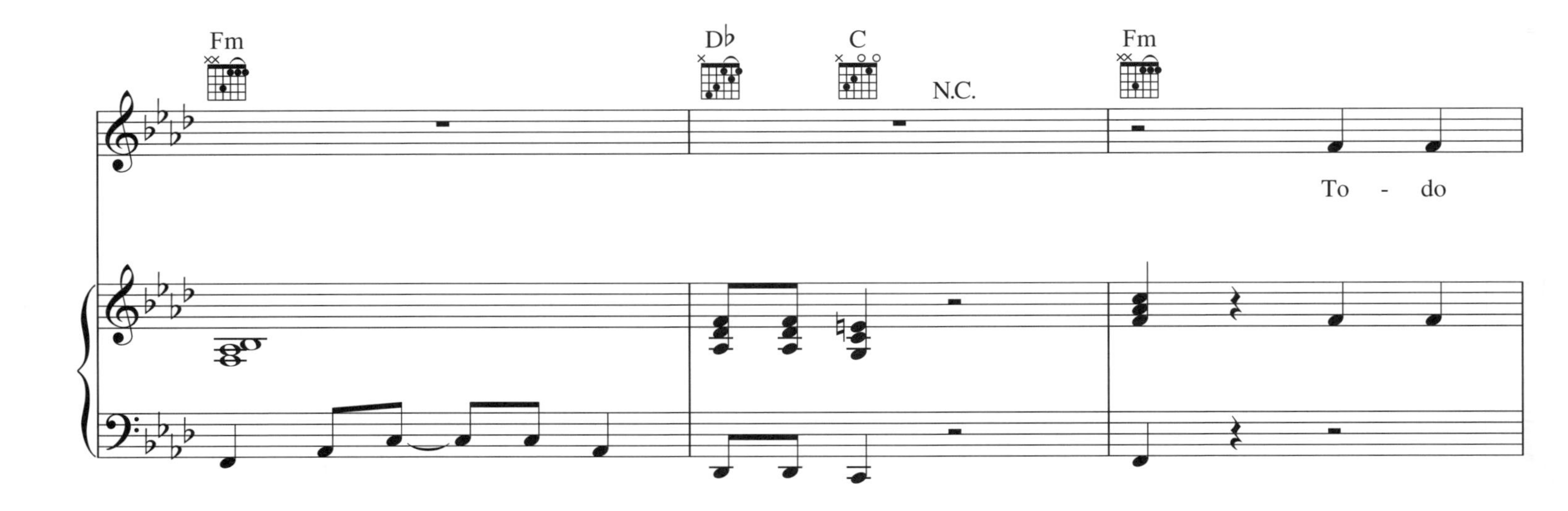
Fm
D♭
C
N.C.
Fm
To - do

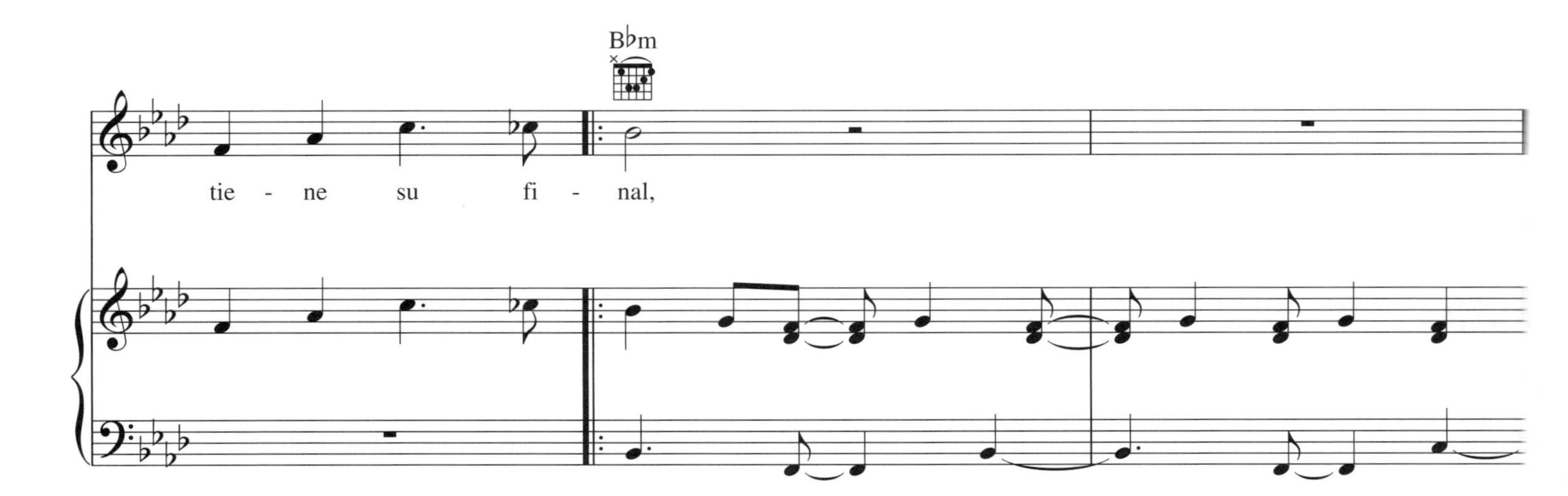
B♭m
tie - ne su fi - nal,

C7
Fm
Fm(maj7)
Fm7
na - da du - ra pa - ra siem - pre.

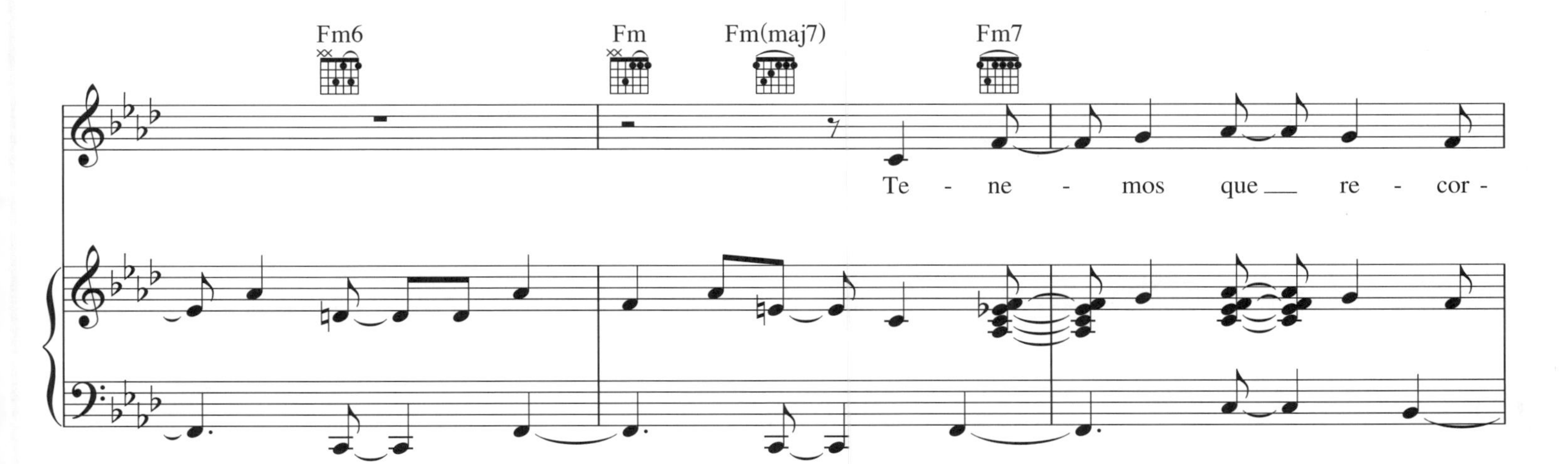
Fm6
Fm
Fm(maj7)
Fm7
Te - ne - mos que re - cor -

B♭m
C7
dar que no ex -
Fm
Fm(maj7)
Fm7
Fm6
is - te e - ter - ni - dad,

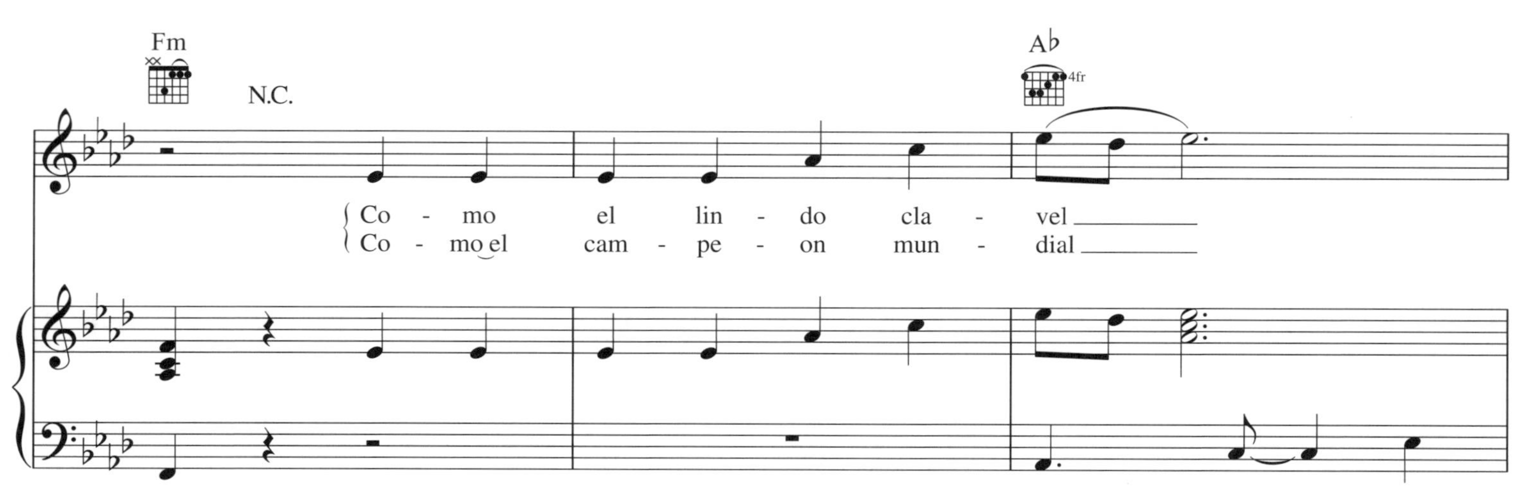
Fm
N.C.
A♭
4fr
Co - mo el lin - do cla - vel
Co - mo el cam - pe - on mun - dial

D♭/A♭
4fr
só - lo qui - so flo - re - cer,
dio su vi - da por lle - gar

A♭
4fr
C7/G
en - se - ñar -
y per - der

Fm
- nos su be - lle - za
lo más que - ri - do

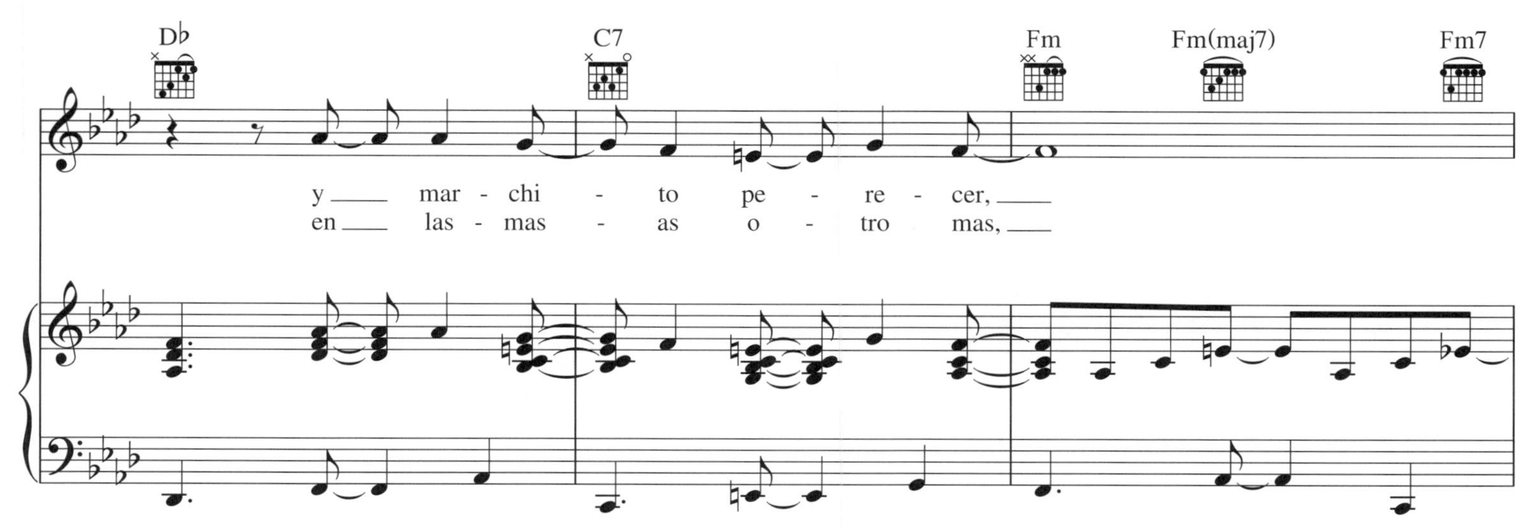
D♭
C7
Fm
Fm(maj7)
Fm7
y ___ mar - chi - to pe - re - cer, ___
en ___ las - mas - as o - tro mas, ___

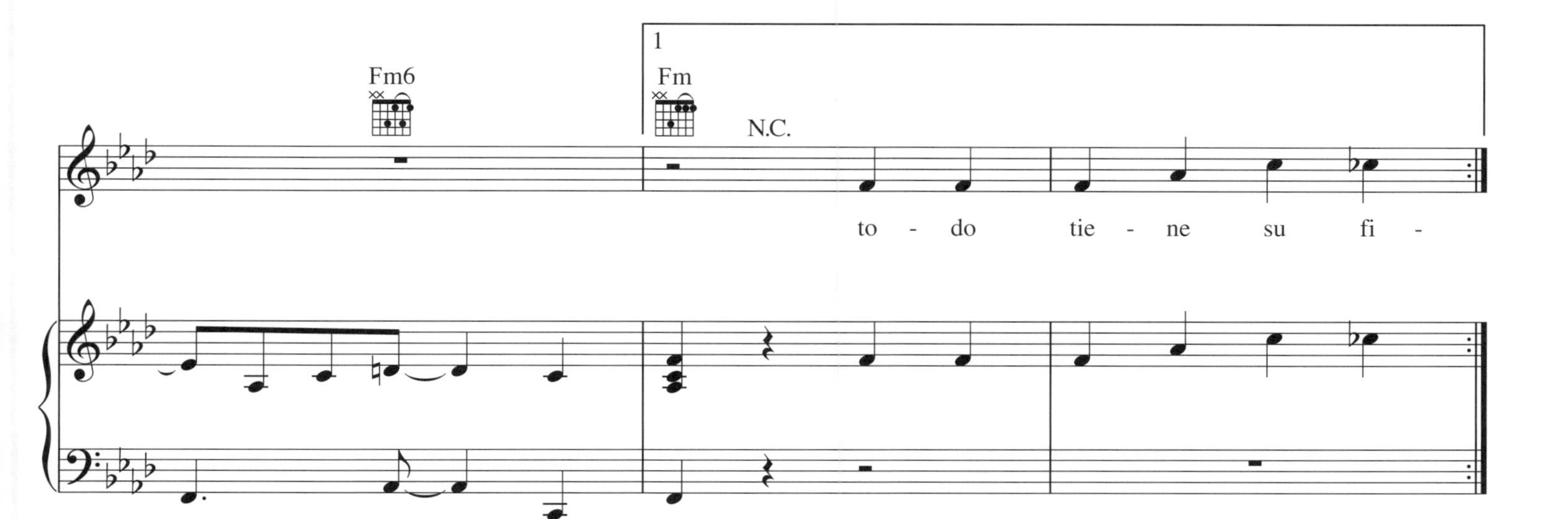
Fm6
1
Fm
N.C.
to - do tie - ne su fi -

2
Fm
N.C.
B♭m

C7

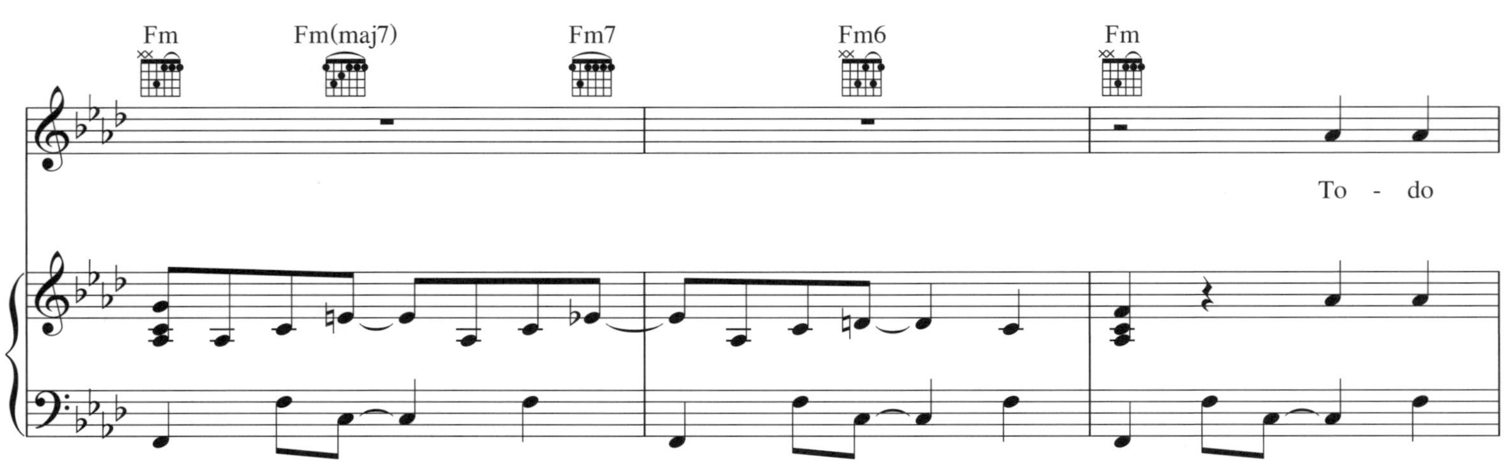
Fm
Fm(maj7)
Fm7
Fm6
Fm
To - do

Montuno
B♭m
tie - ne su fi - nal,

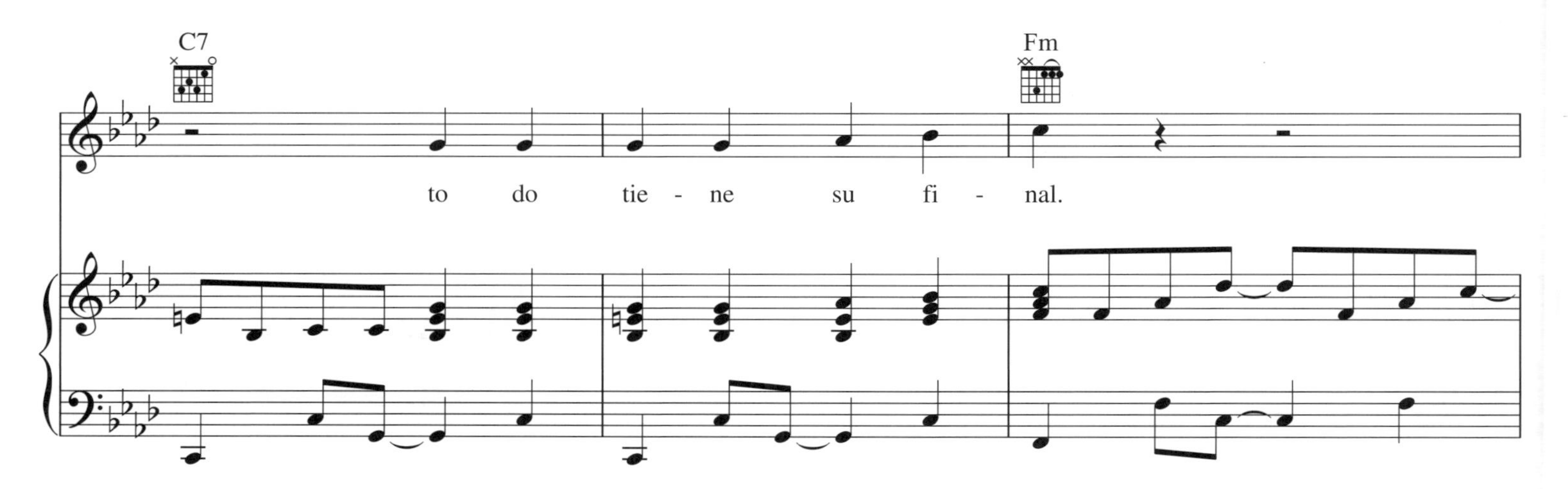
C7
Fm
to do tie - ne su fi - nal.

Repetir ad lib.
To - do tie - ne su fi -

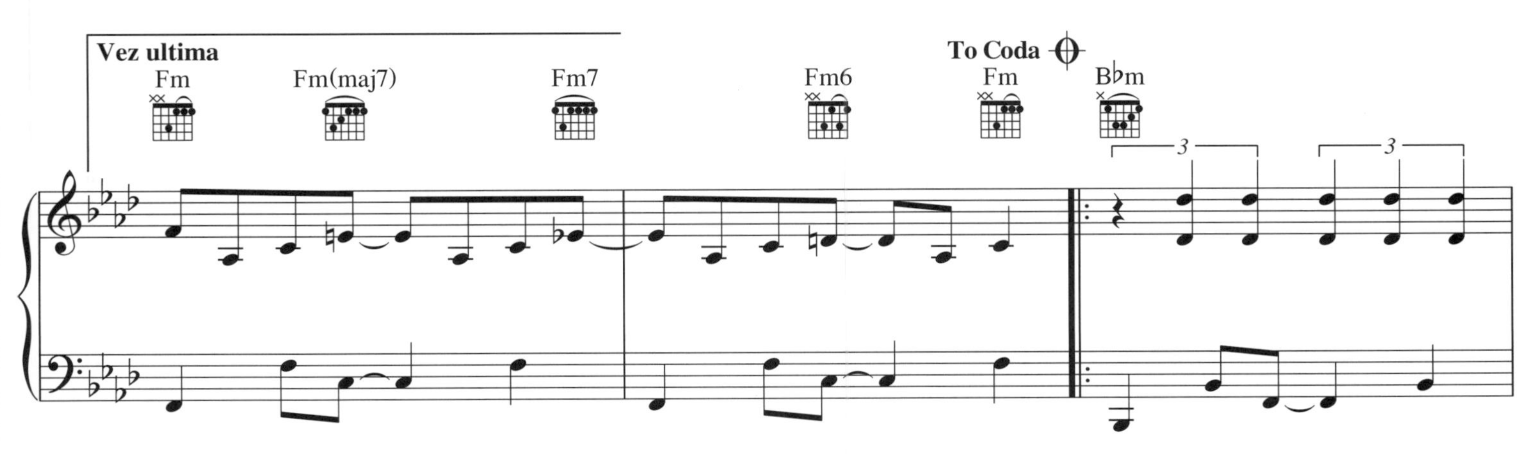
Vez ultima
To Coda
Fm
Fm(maj7)
Fm7
Fm6
Fm
B♭m

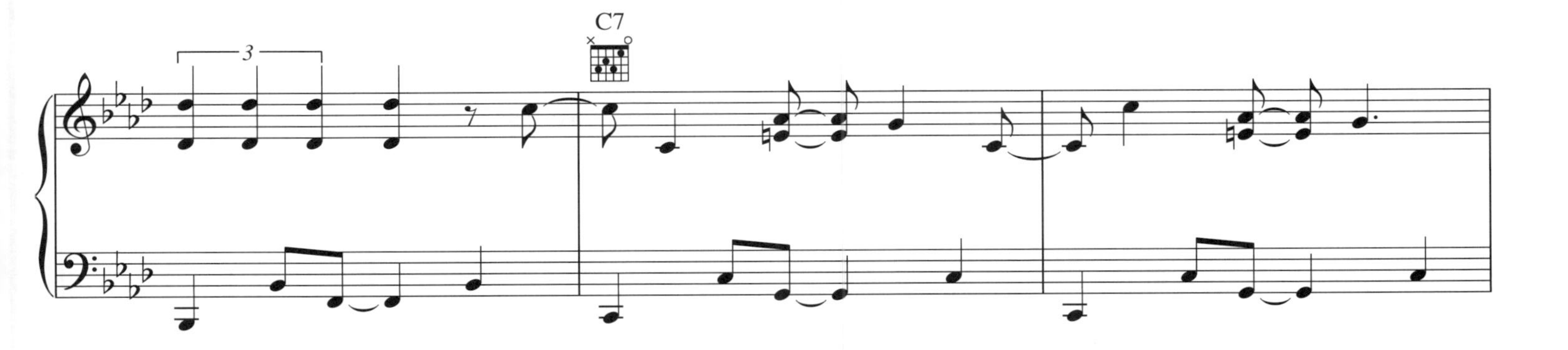
C7

Fm

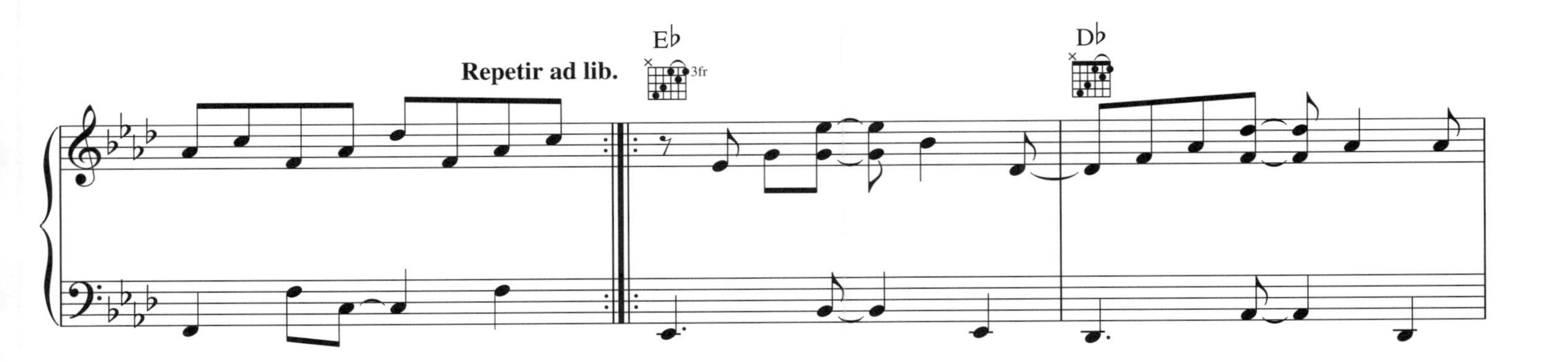
Repetir ad lib.
E♭
3fr
D♭

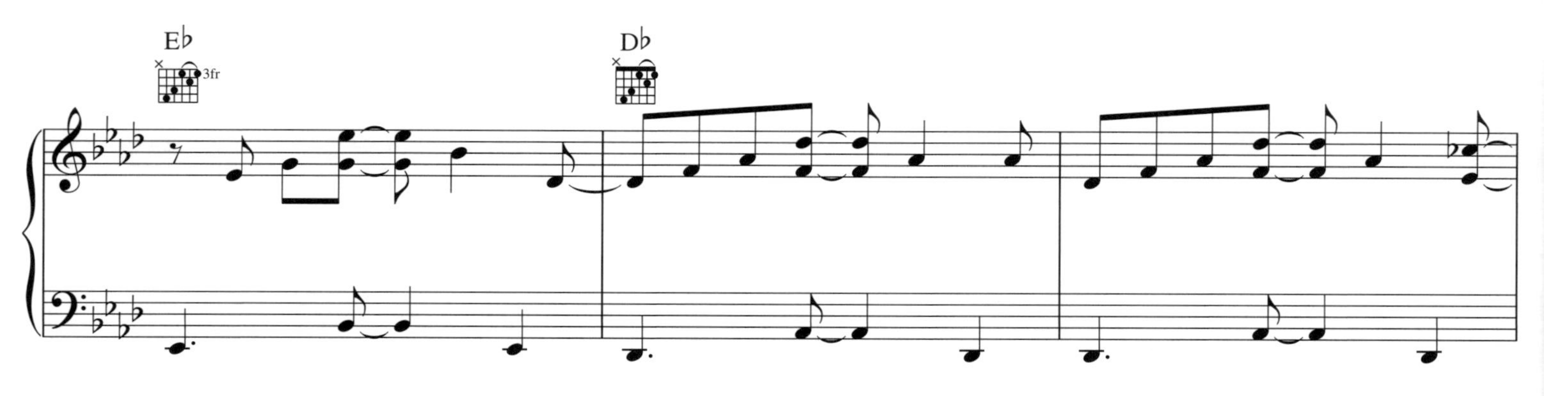
E♭
3fr
D♭

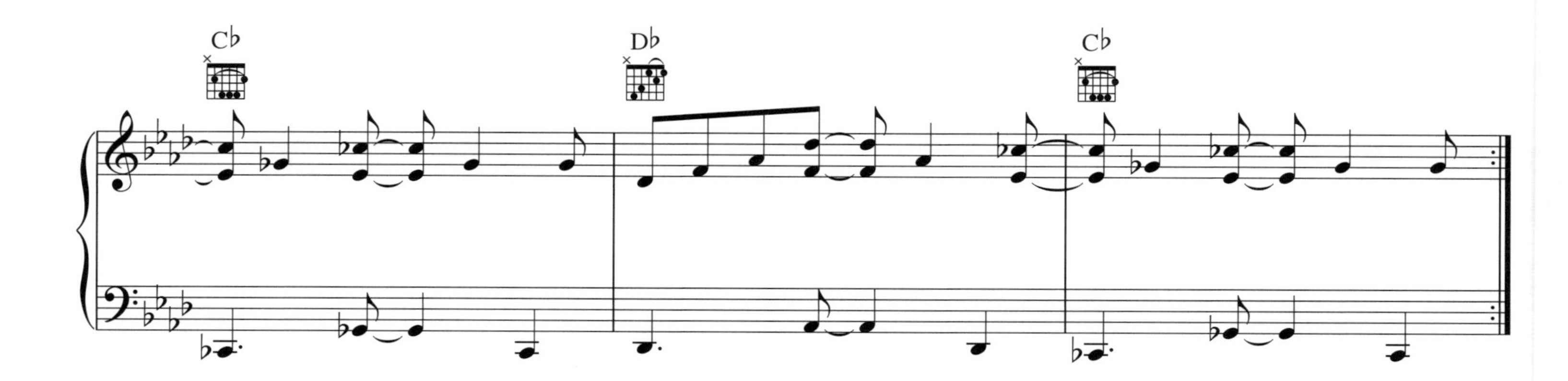
C♭
D♭
C♭

D♭
D♭maj7

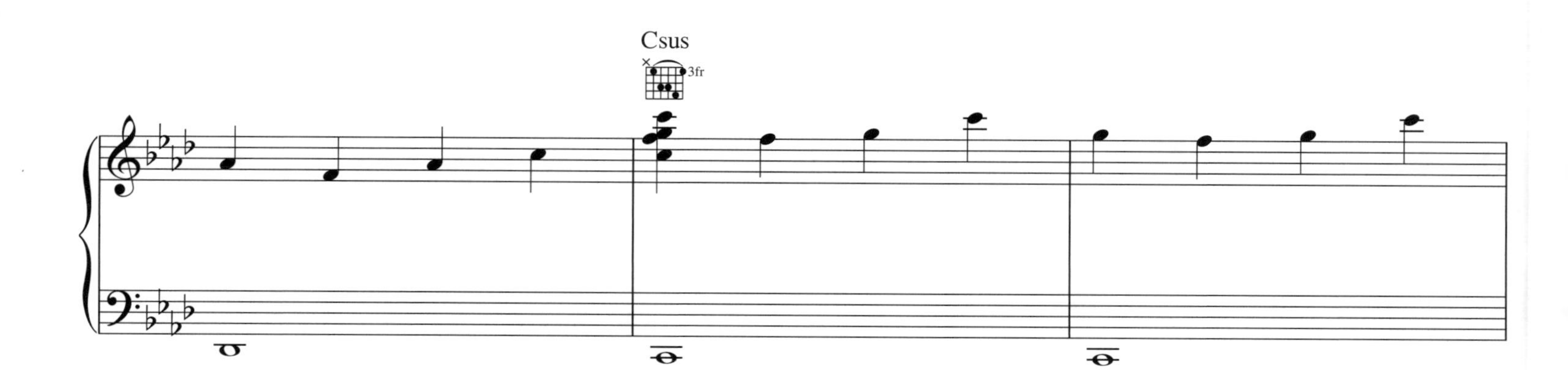
Csus
3fr

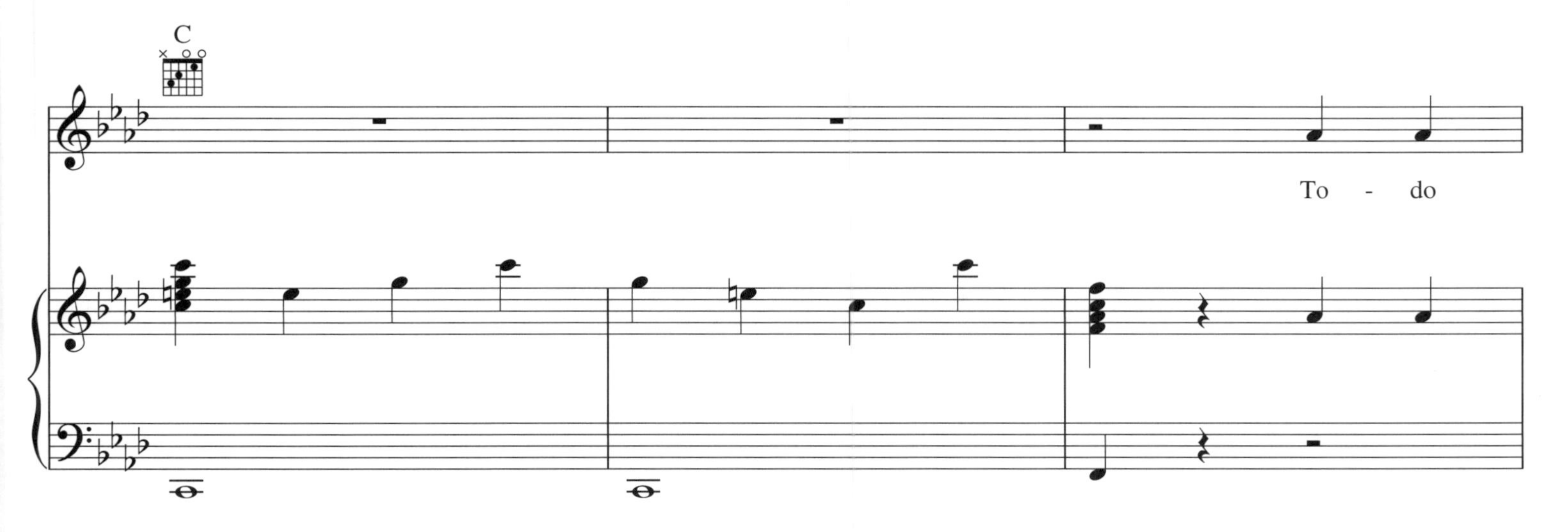
C
To - do

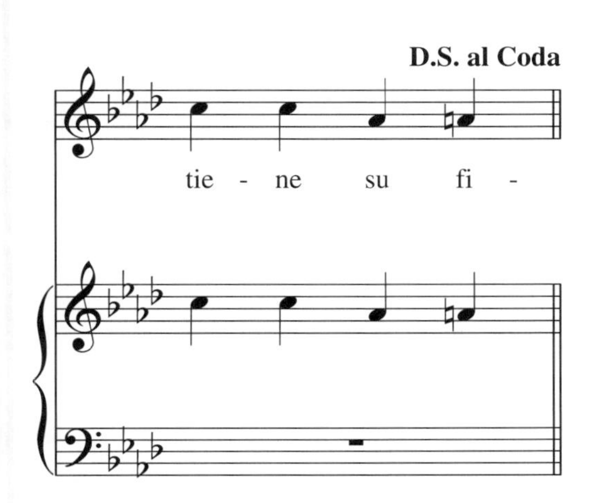
D.S. al Coda
tie - ne su fi -

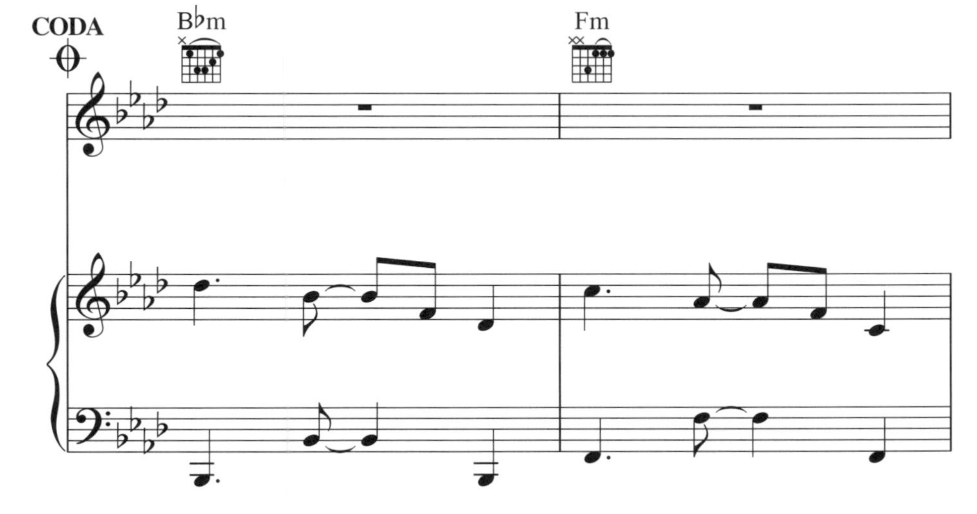
CODA
B♭m
Fm

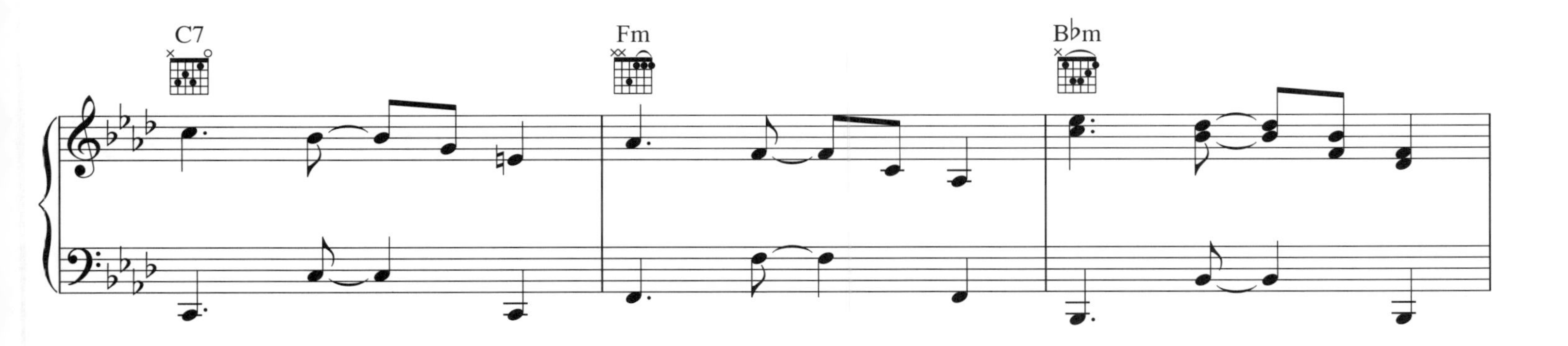
C7
Fm
B♭m

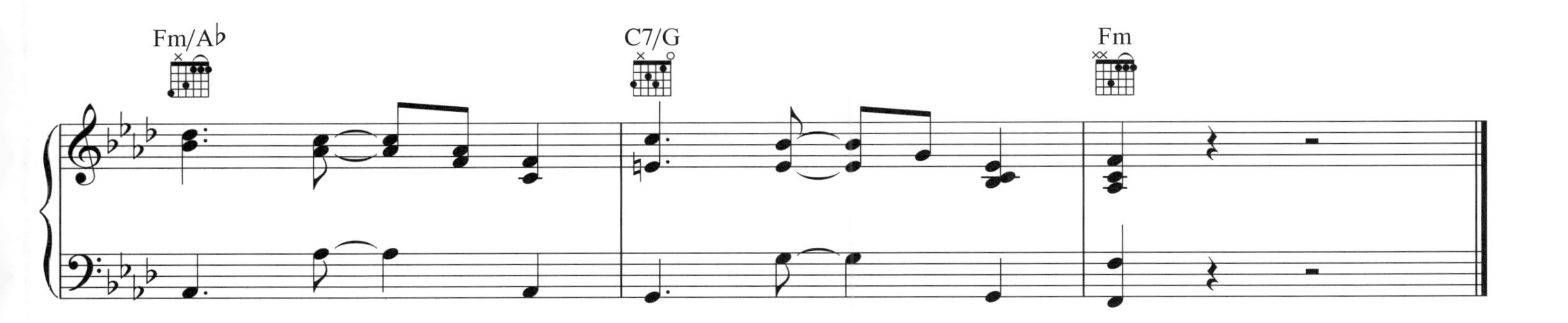
Fm/A♭
C7/G
Fm

PLATO DE SEGUNDA MESA

Words and Music by
CURET ALONSO CATALINO

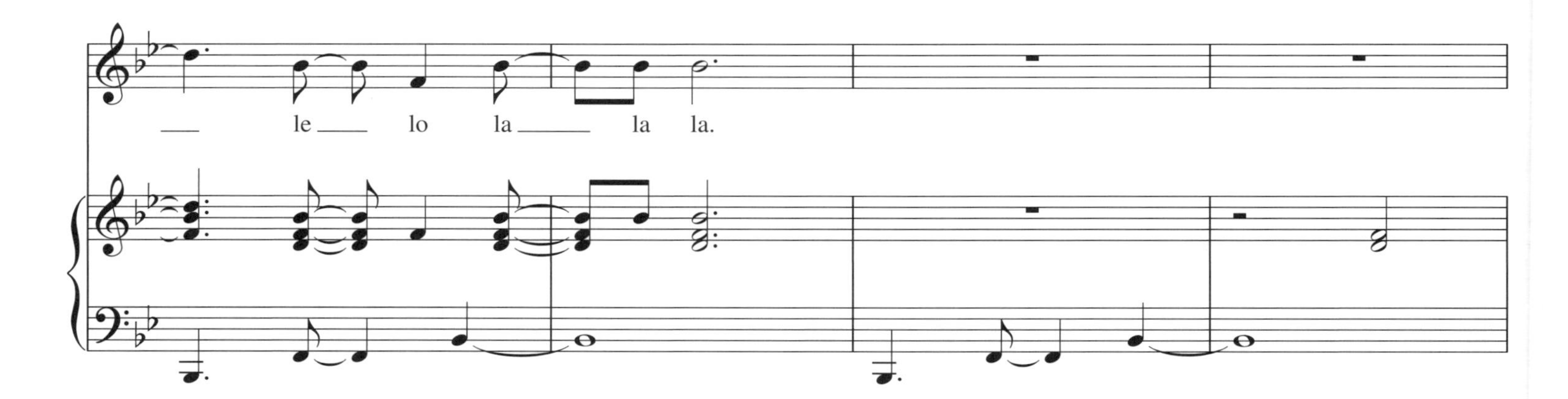

Fmaj9
B♭maj7/C
Tu a - mor, a - pun - tó muy al -
mor, a - pun - tó muy al -

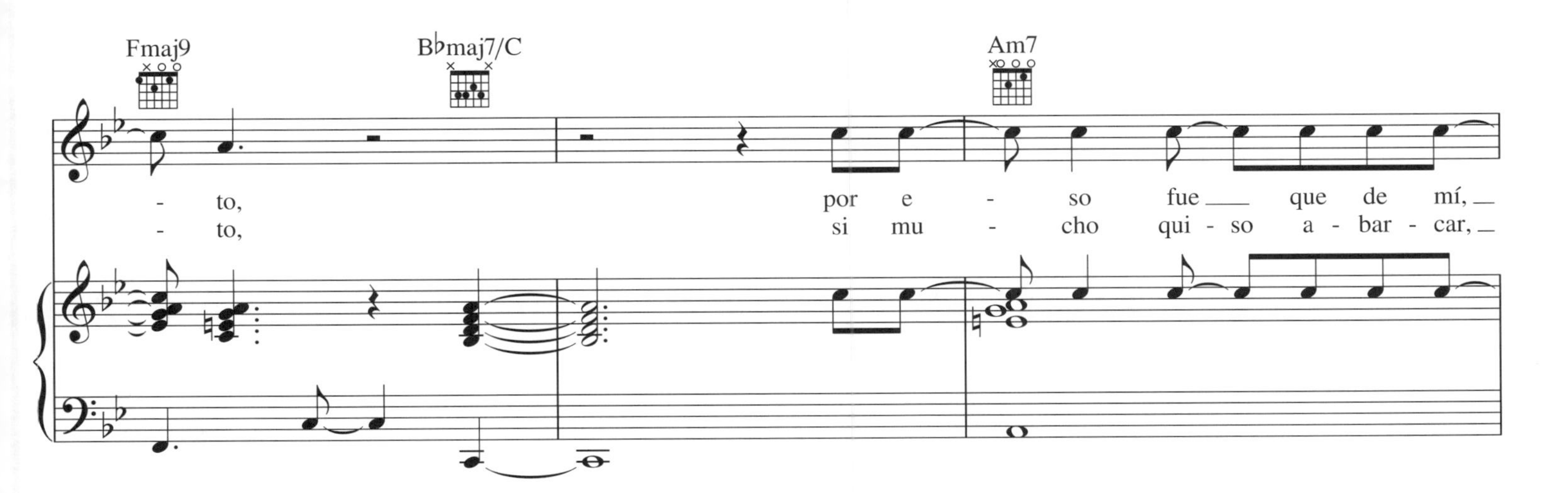
Fmaj9
B♭maj7/C
Am7
- to, por e - so fue que de mí,
- to, si mu - cho qui - so a - bar - car,

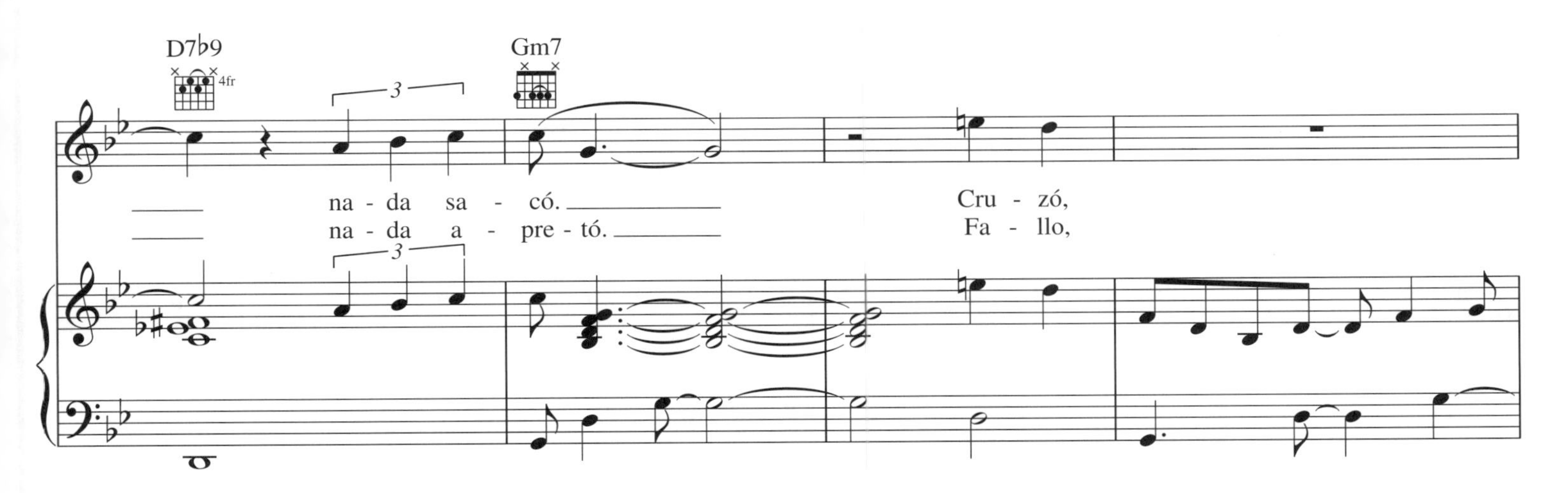
D7♭9
4fr
Gm7
3
na - da sa - có. Cru - zó,
na - da a - pre - tó. Fa - llo,

co - mo fle - cha he - rra - da, que fa -
so - ñan - do im - po - si - bles, y a - ho -

C7
Am7
A♭7
4fr
To Coda
3
- cil - men - te e - vi - tó, mi co - ra - zón.
- ra es que se a - rre - pien - te de su e -

Gm7(add4)
C7♯5
8fr
Fmaj9
In - ten - ta ser due - ña de to -

Cm7
3fr
- do si tan - to qui - so a - bar - car

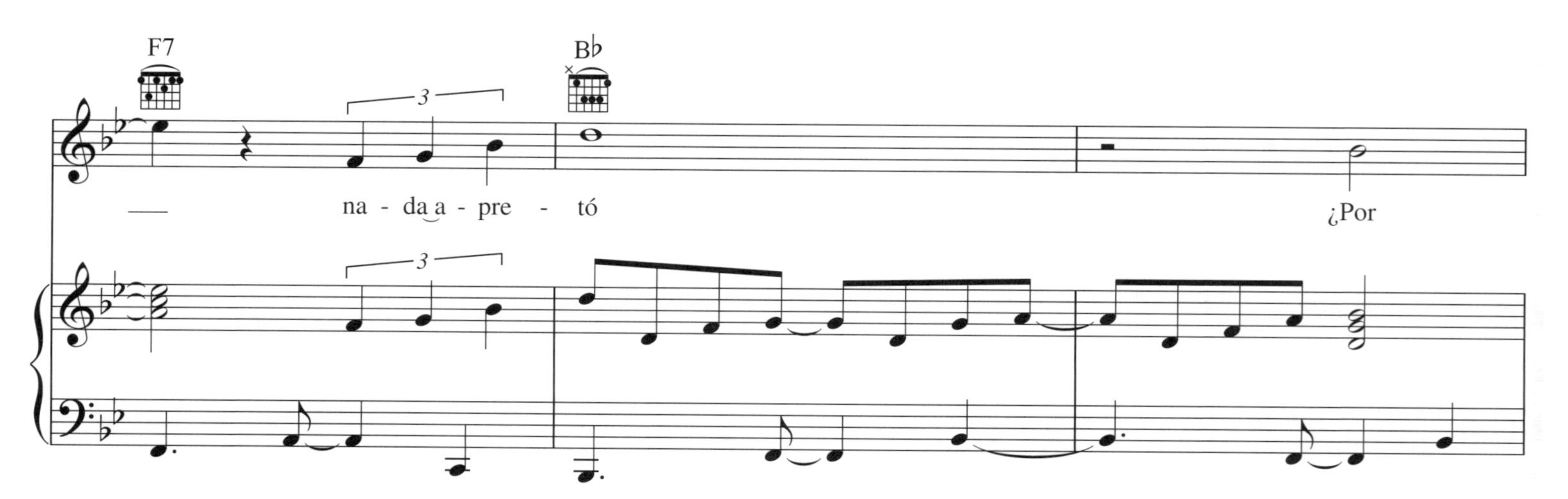
F7
B♭
3
na - da a - pre - tó ¿Por

B♭m7
Fmaj9
qué te com-place en co - men - tar

Am7
D7♭9
4fr
Gm7
C7
3
con tan-ta se - gu - ri - dad que te es - con - dí la

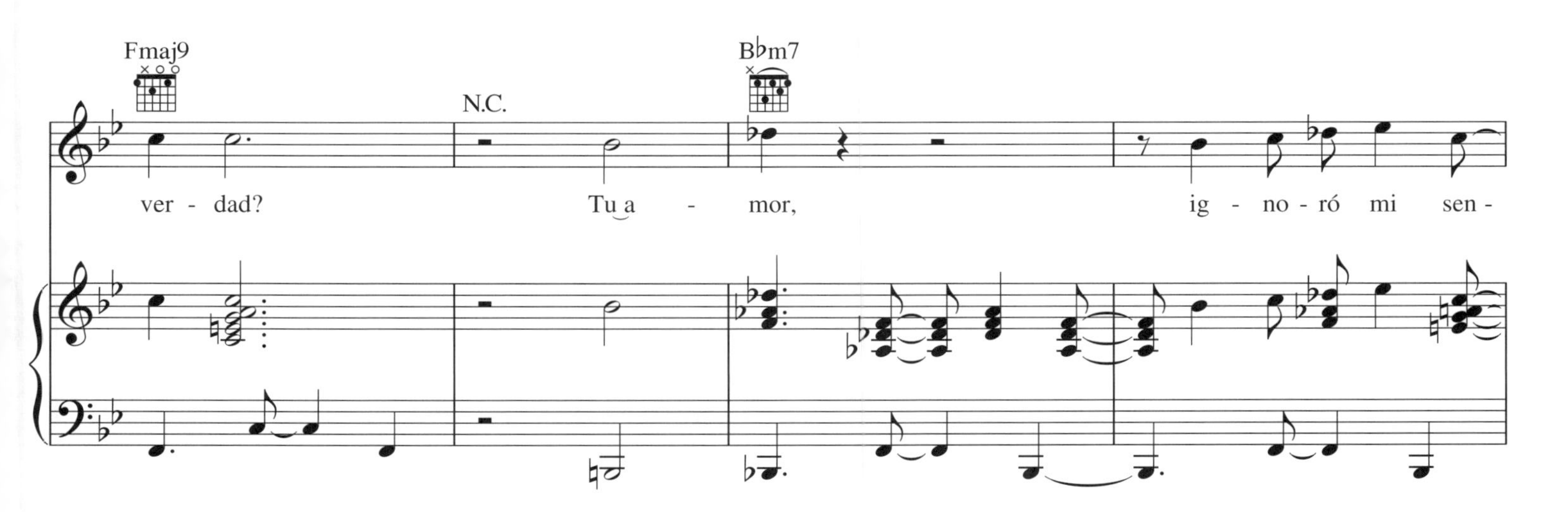
Fmaj9
N.C.
B♭m7
ver - dad? Tu a - mor, ig - no-ró mi sen -

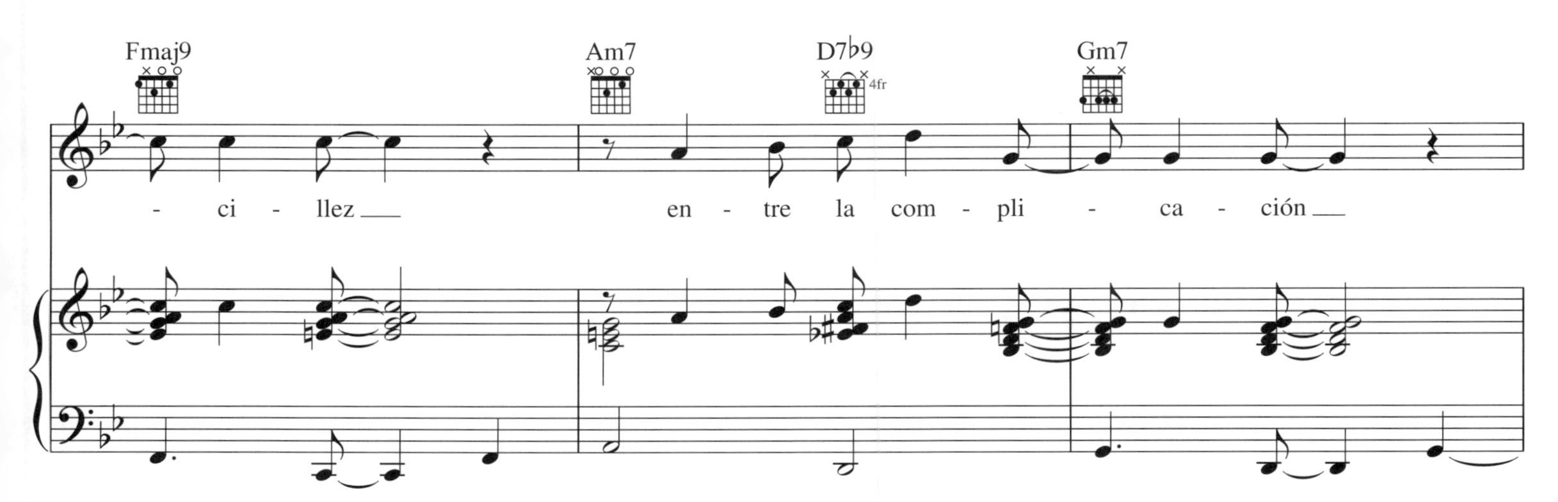
Fmaj9
Am7
D7♭9
4fr
Gm7
- ci - llez en - tre la com - pli - ca - ción

C7
Fmaj9
E♭7
de no ha - llar a qui-en a - mar.

Am7/D
E♭7

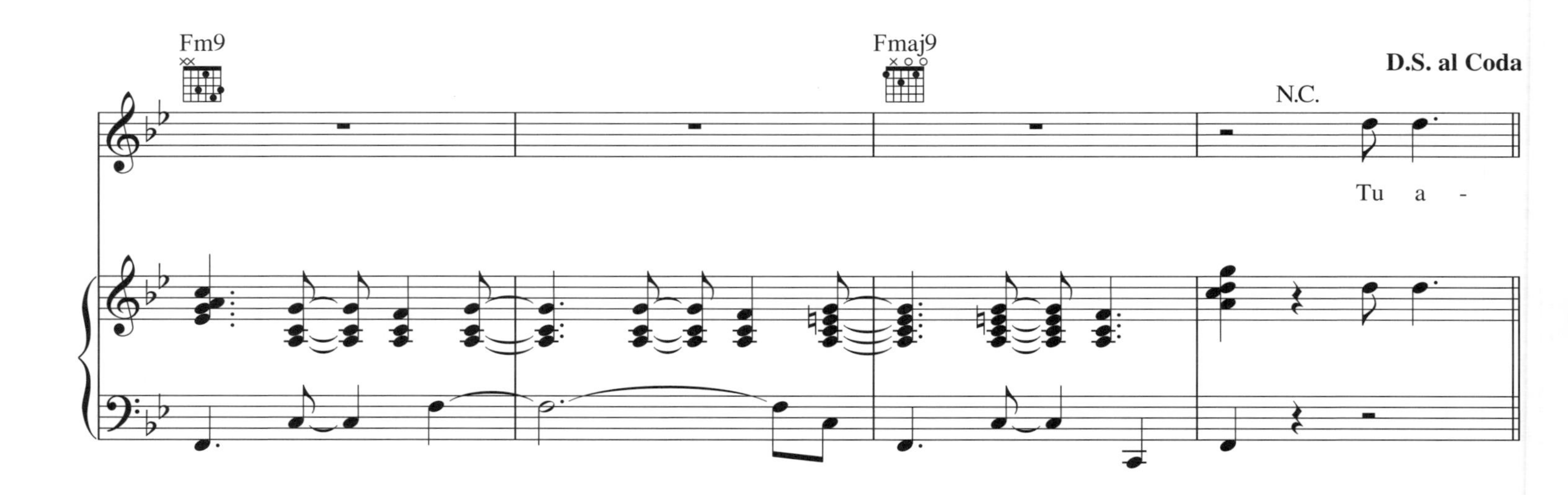
Fm9
Fmaj9
D.S. al Coda
N.C.
Tu a -

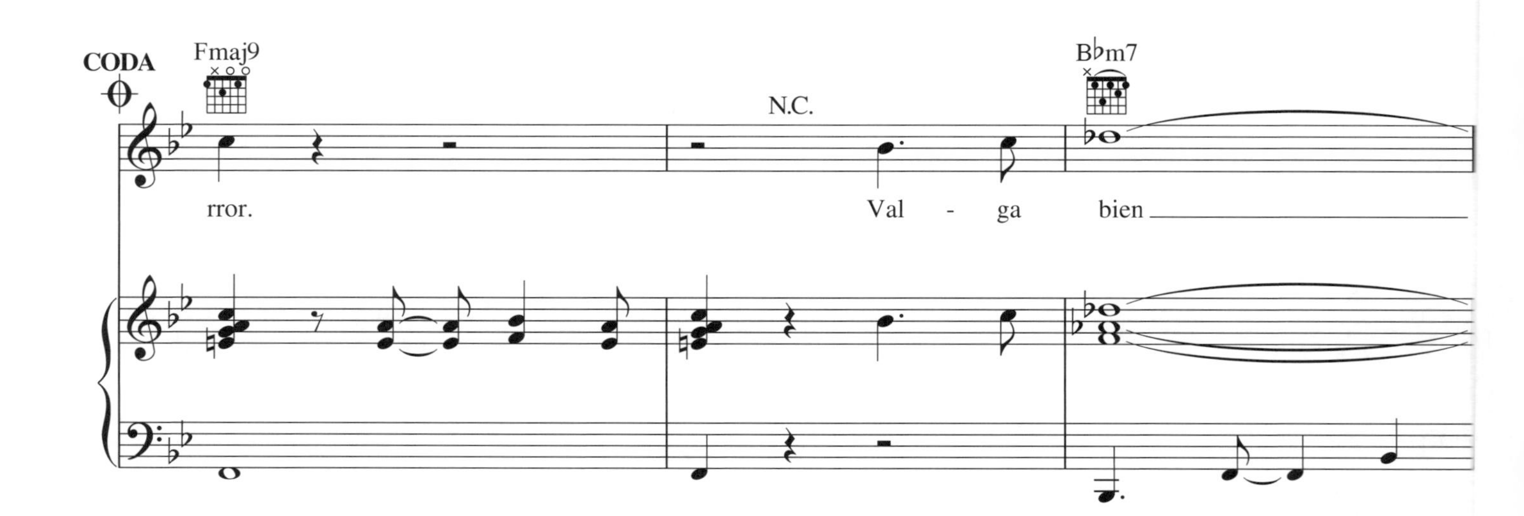
CODA
Fmaj9
N.C.
B♭m7
rror. Val - ga bien

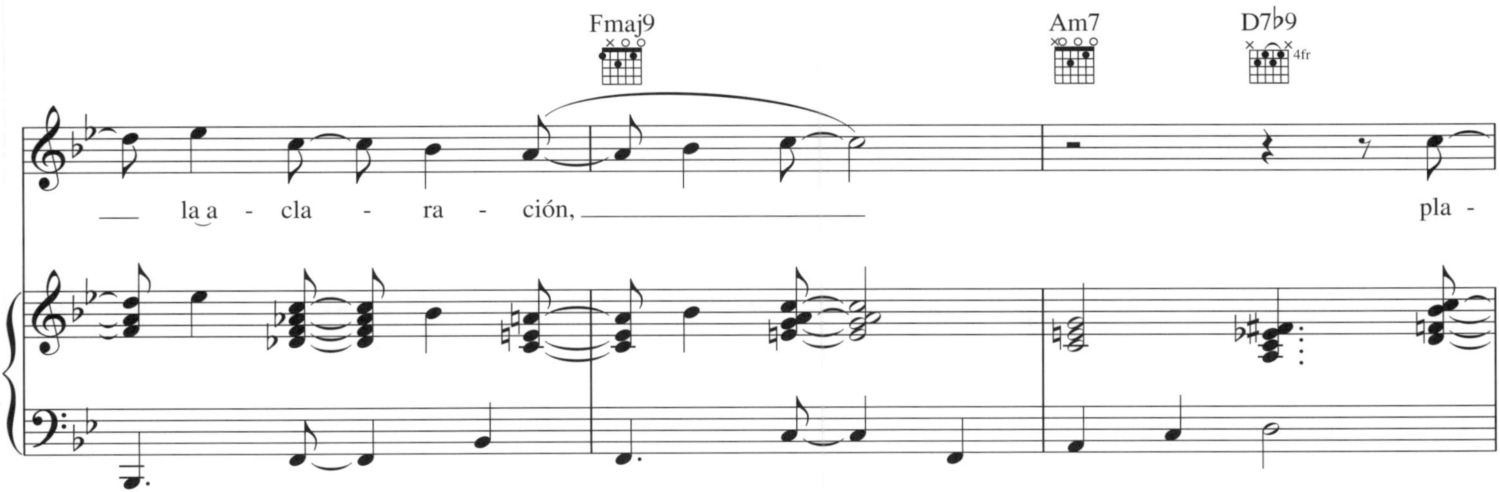
Fmaj9
Am7
D7♭9
4fr
la a - cla - ra - ción,
pla -

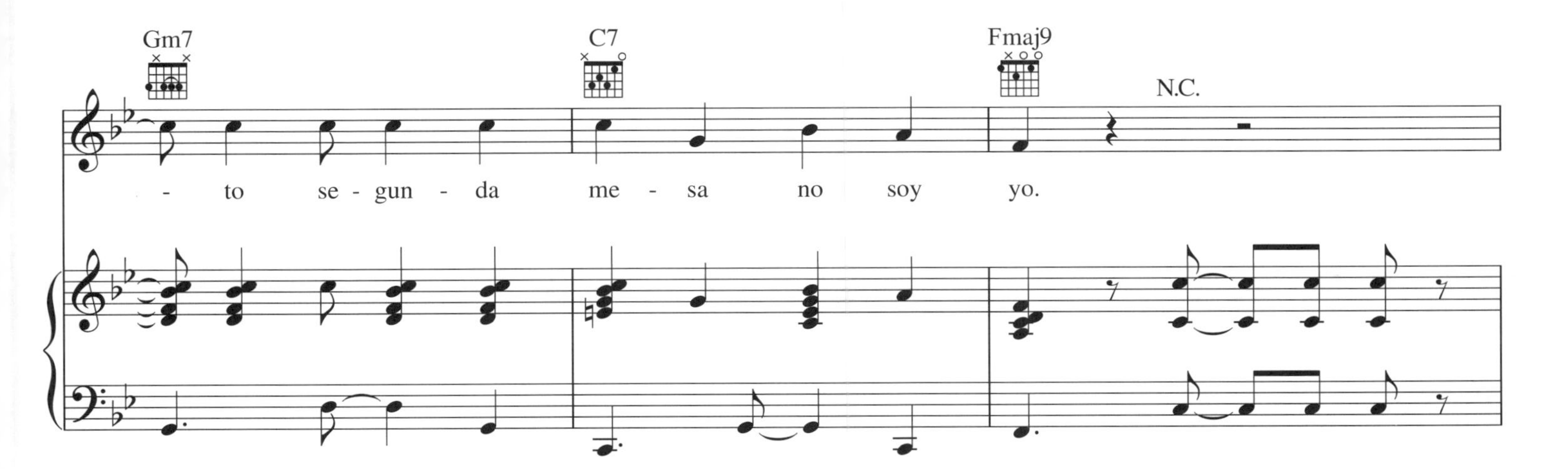
Gm7
C7
Fmaj9
N.C.
- to se - gun - da me - sa no soy yo.

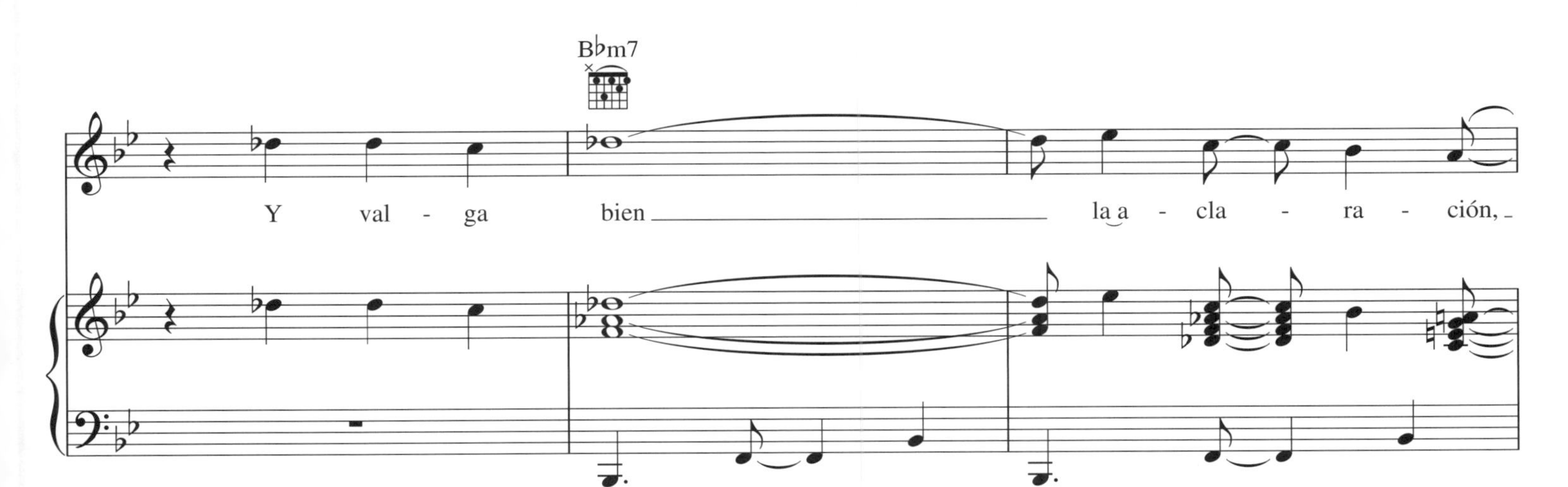
B♭m7
Y val - ga bien
la a - cla - ra - ción,

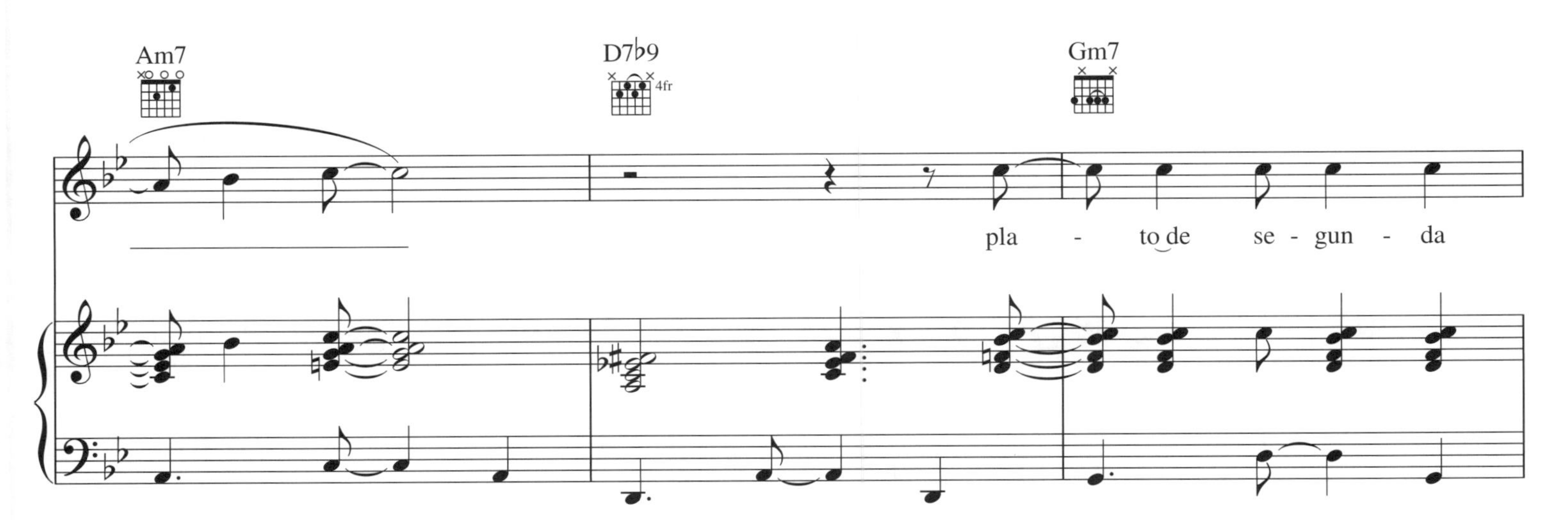
Am7
D7♭9
4fr
Gm7
pla - to de se - gun - da

C7
Fmaj9
C7
me - sa no soy yo.

Fmaj9
C7

B♭m7
Fmaj9
Y val-ga bien y val - ga bien la a - cla - ra - ción,

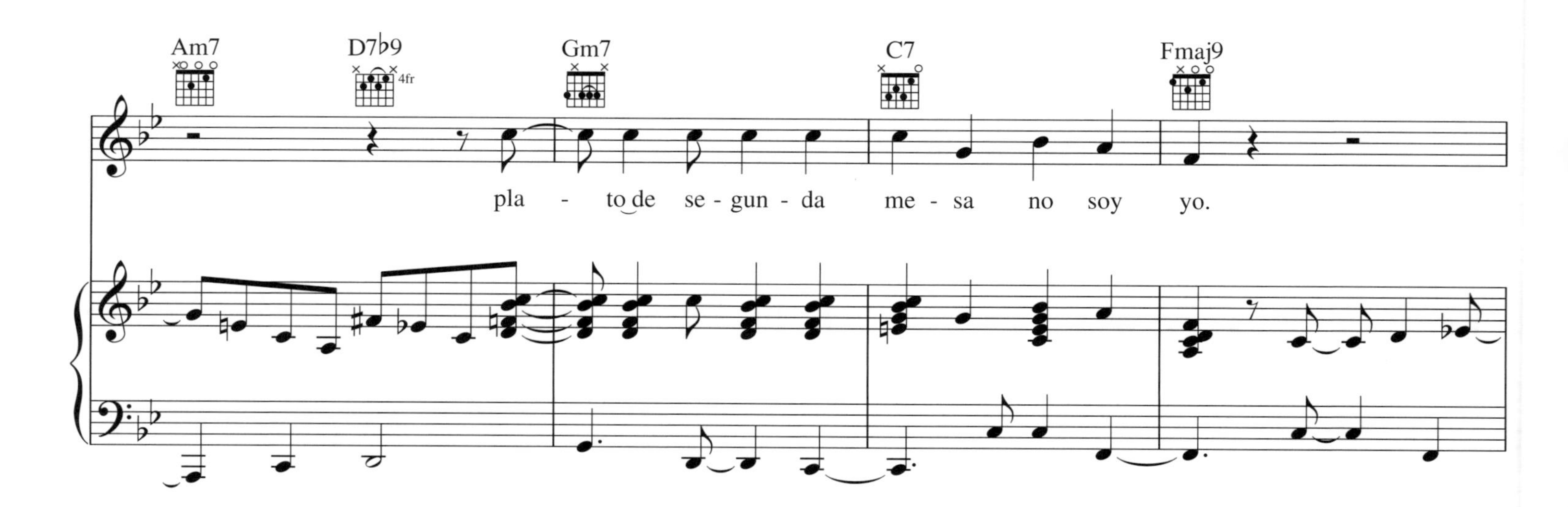
Am7
D7♭9
4fr
Gm7
C7
Fmaj9
pla - to de se - gun - da me - sa no soy yo.

B♭m7
Fmaj9

Am7
D7♭9
4fr
Gm7
C7
Fmaj9

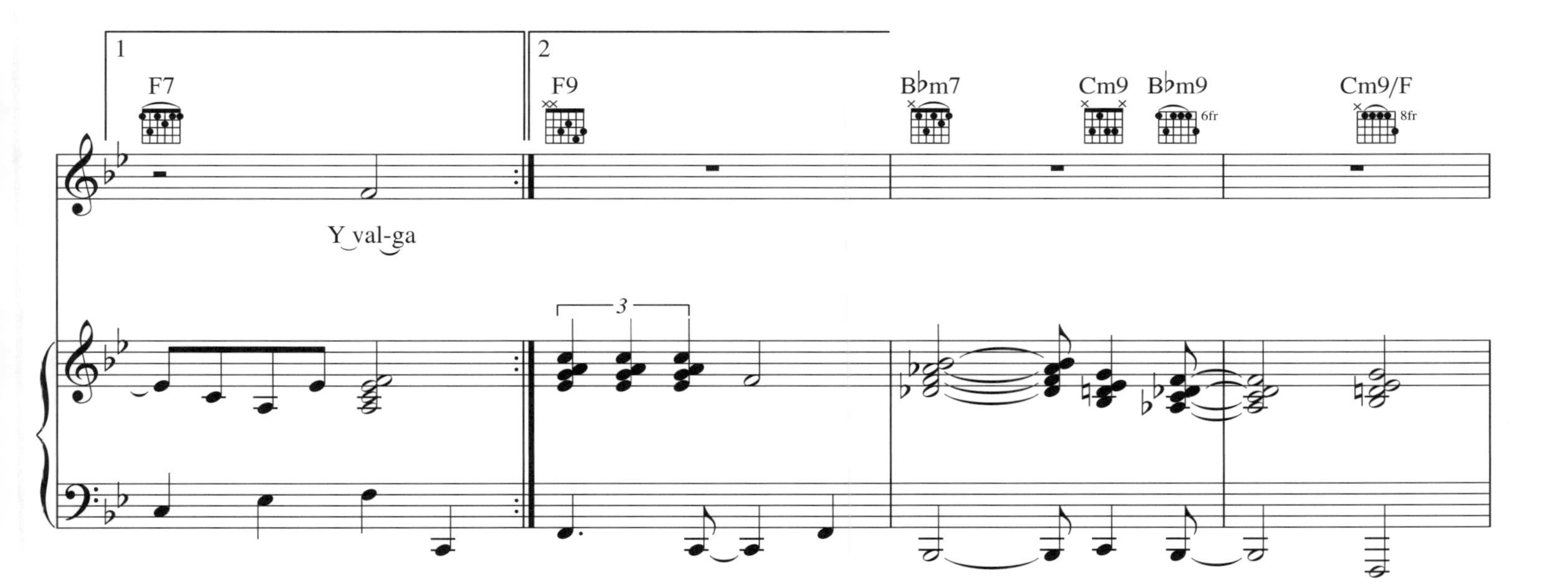
1
F7
Y val-ga
2
F9
3
B♭m7
Cm9
B♭m9
6fr
Cm9/F
8fr

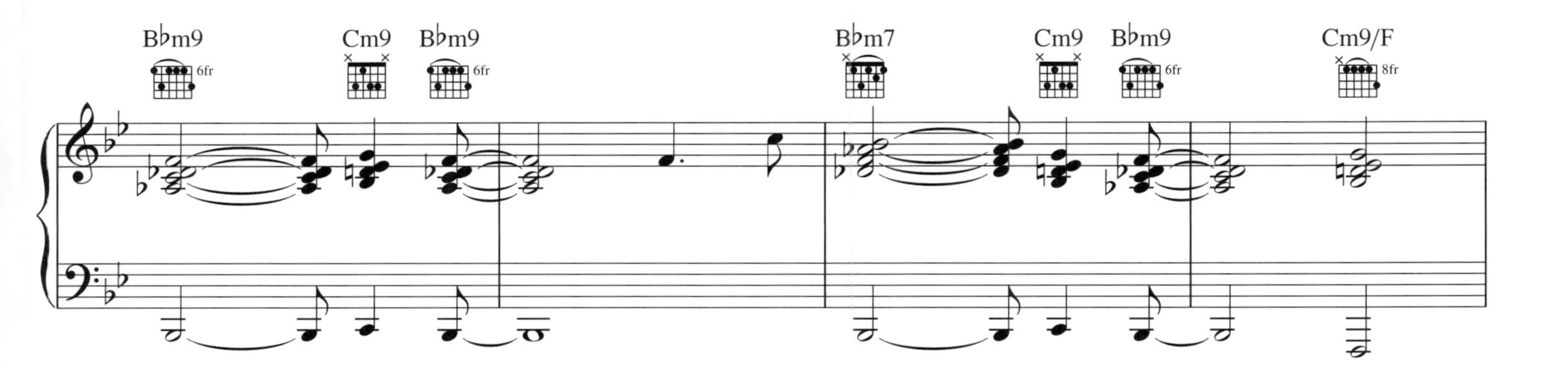
B♭m9
6fr
Cm9
B♭m9
6fr
B♭m7
Cm9
B♭m9
6fr
Cm9/F
8fr

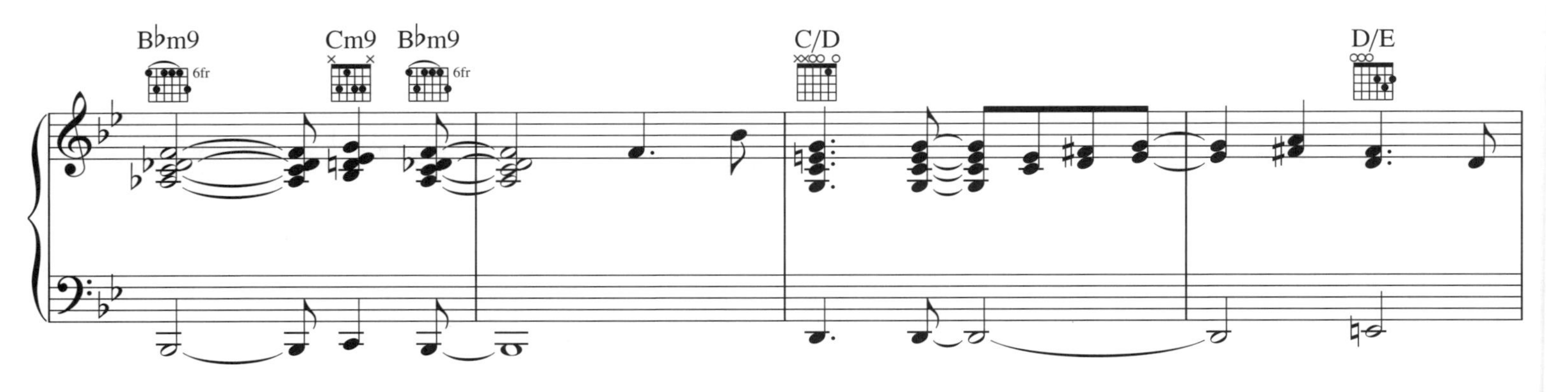
B♭m9
6fr
Cm9
B♭m9
6fr
C/D
D/E

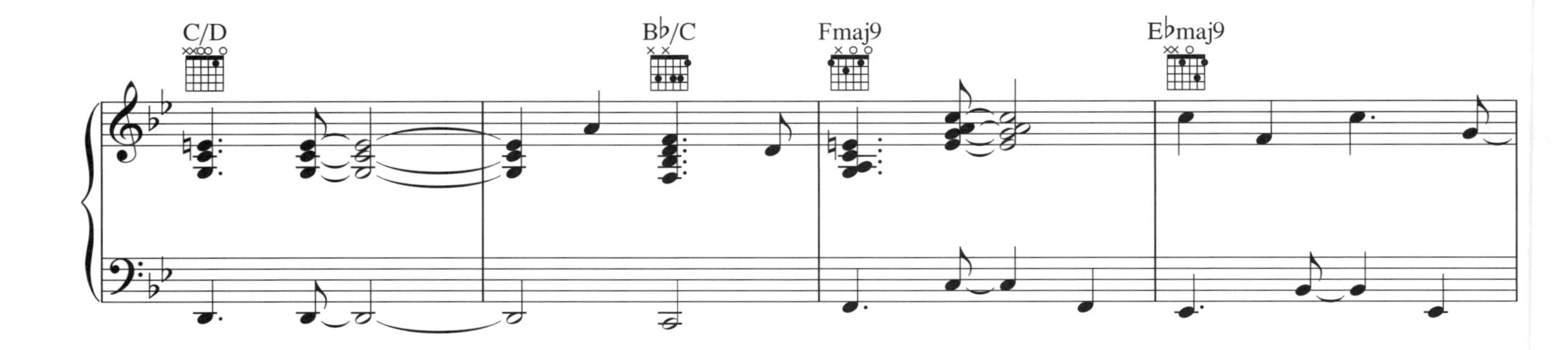
C/D
B♭/C
Fmaj9
E♭maj9

Fmaj9
E♭maj9
Fmaj9
E♭maj9

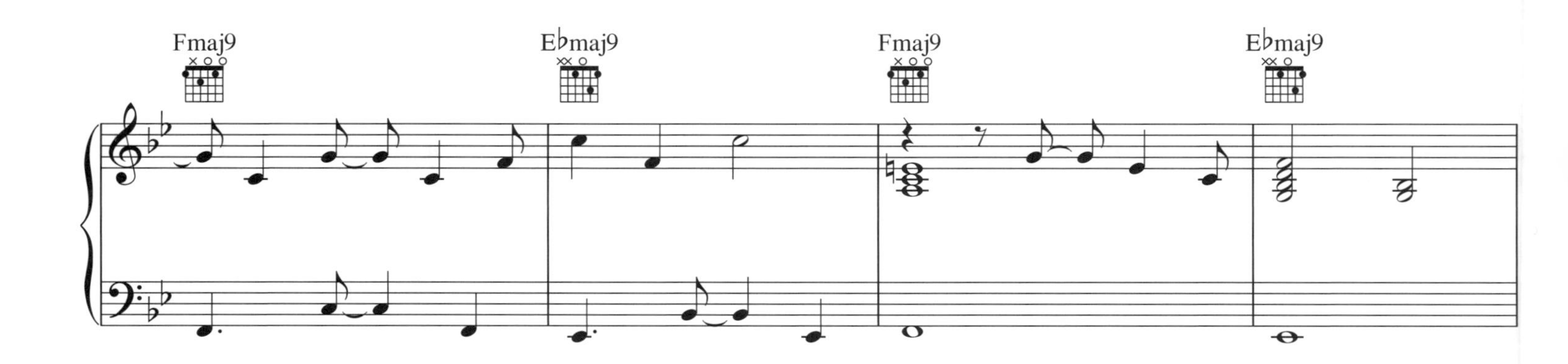
Fmaj9
E♭maj9
Fmaj9
E♭maj9

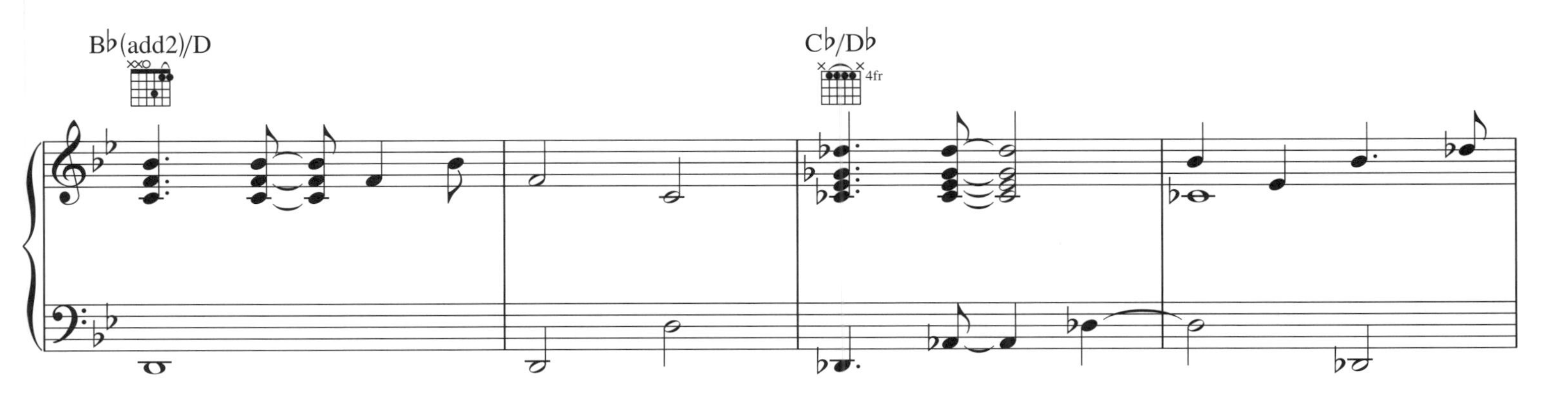
B♭(add2)/D
C♭/D♭
4fr

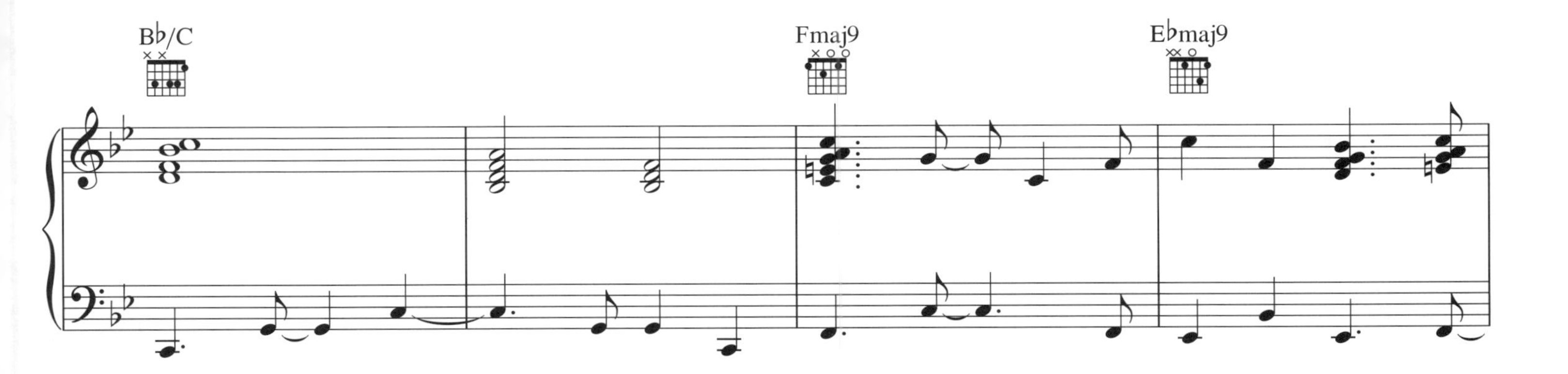
B♭/C
Fmaj9
E♭maj9

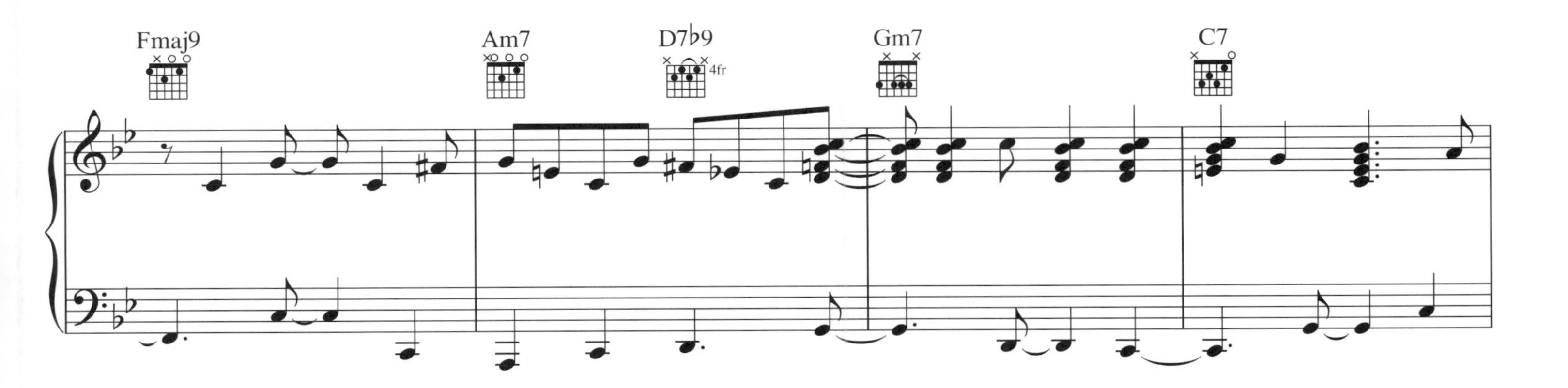
Fmaj9
Am7
D7♭9
4fr
Gm7
C7

F6
N.C.
Montuno
B♭m7

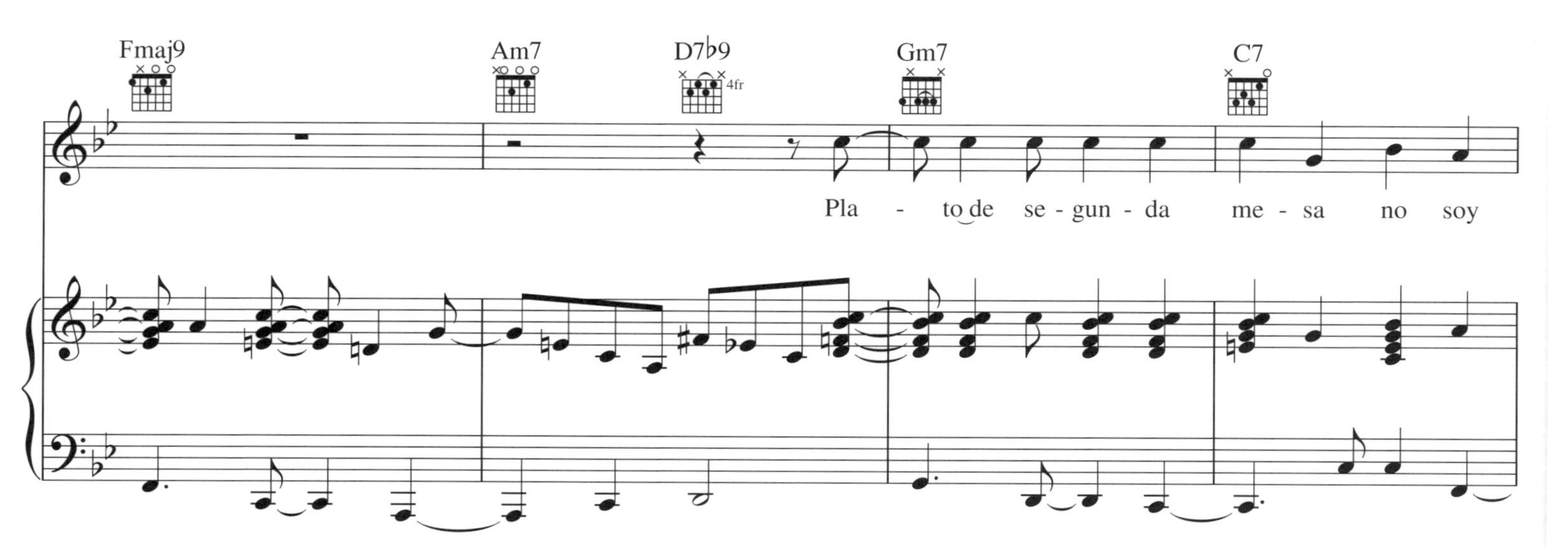
Fmaj9
Am7
D7♭9
4fr
Gm7
C7
Pla - to de se - gun - da me - sa no soy

Repetir ad lib.
F6
yo.
Vez ultima
F6
yo.

Gm7(add4)
C7
Am7(add4)
3fr
D7

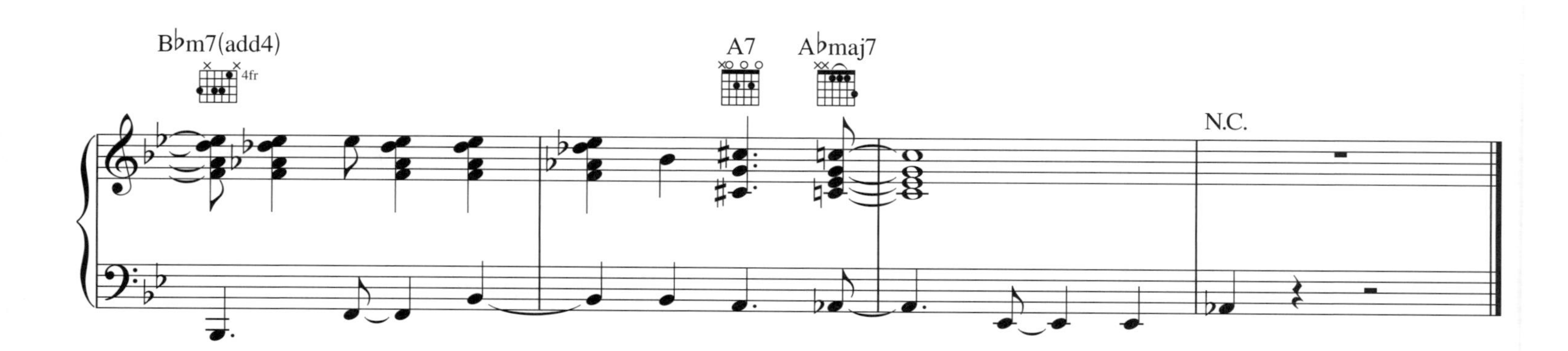
B♭m7(add4)
4fr
A7
A♭maj7
N.C.

NO HAY QUIEN TE AGUANTE

Words and Music by HÉCTOR LAVOE
and RAMON RODRIGUEZ

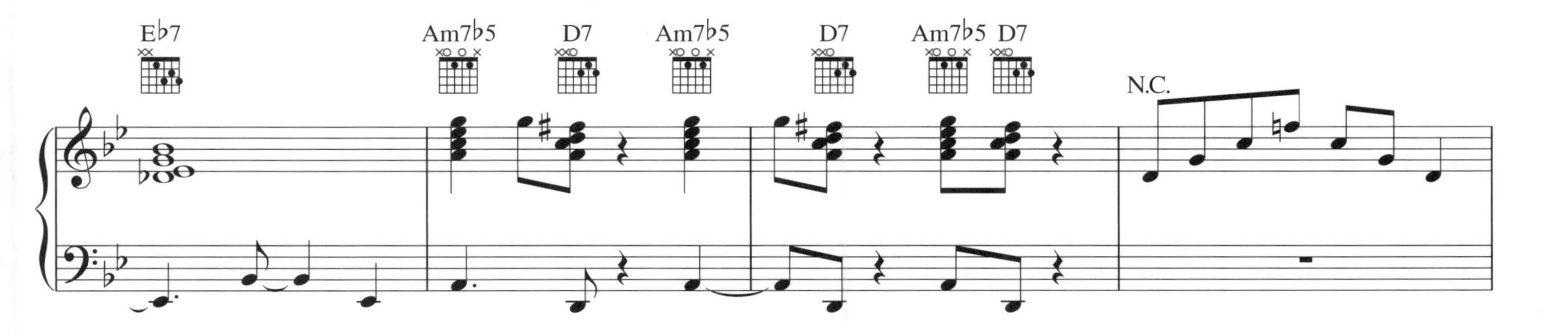

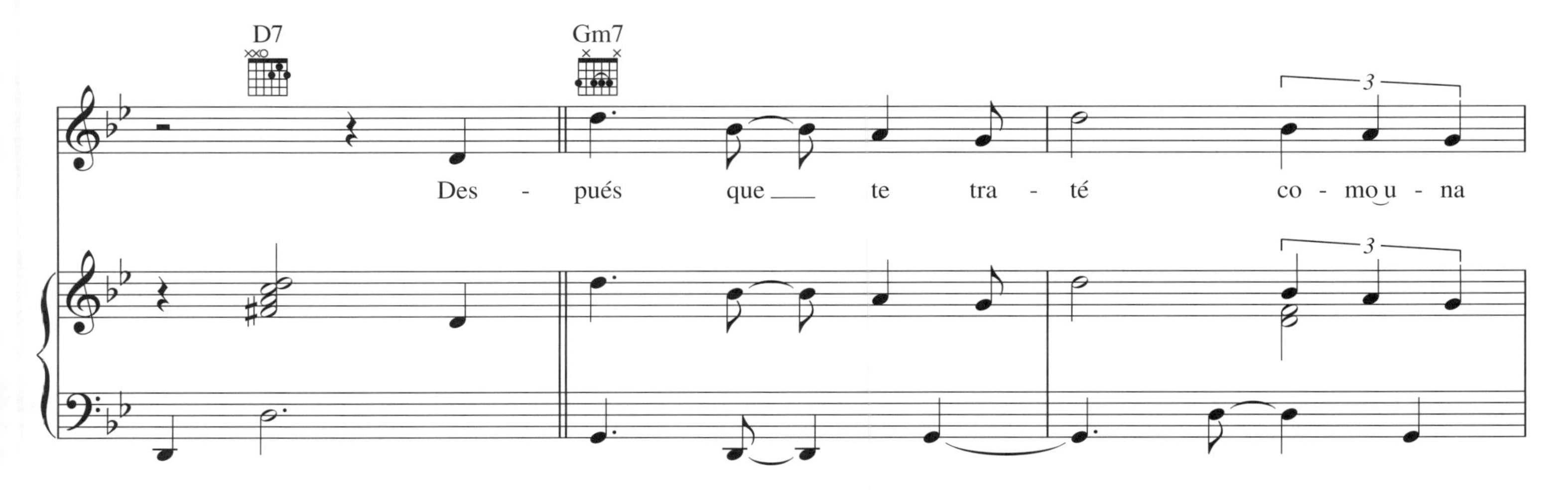

Cm
3fr
Cm6
3fr
D7
rei - na, te di mi cor - a -

Gm7
zón to - do mi an - he - lo. Y a - ho - ra
3
3

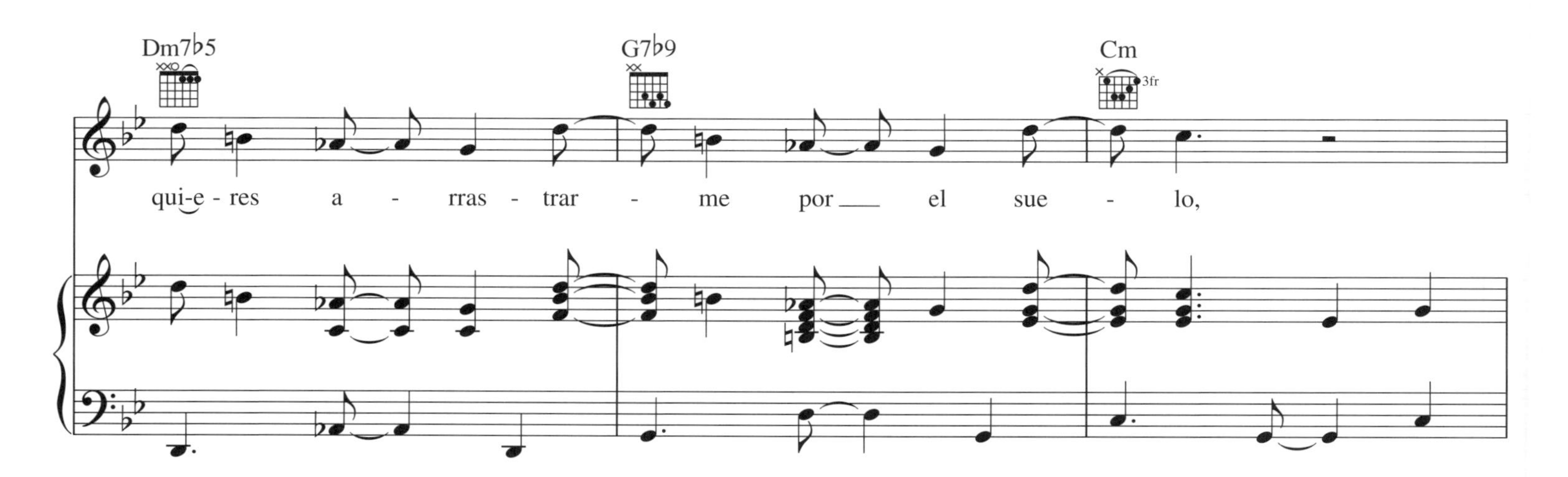
Dm7♭5
G7♭9
Cm
3fr
qui-e - res a - rras - trar - me por el sue - lo,

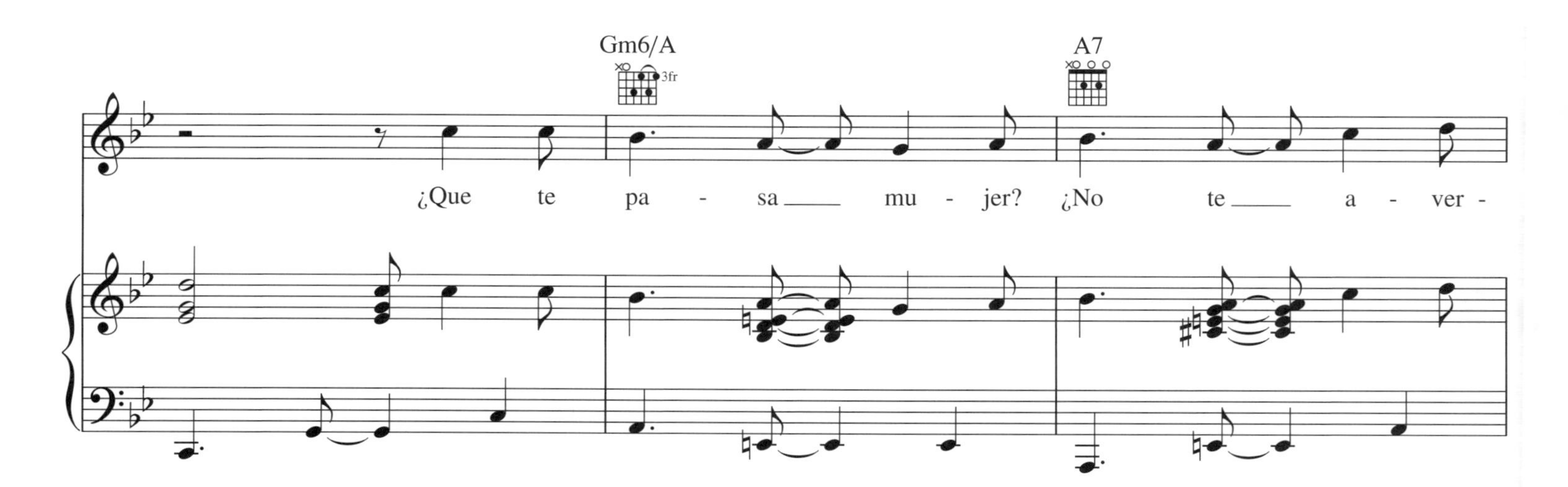
Gm6/A
3fr
A7
¿Que te pa - sa mu - jer? ¿No te a - ver -

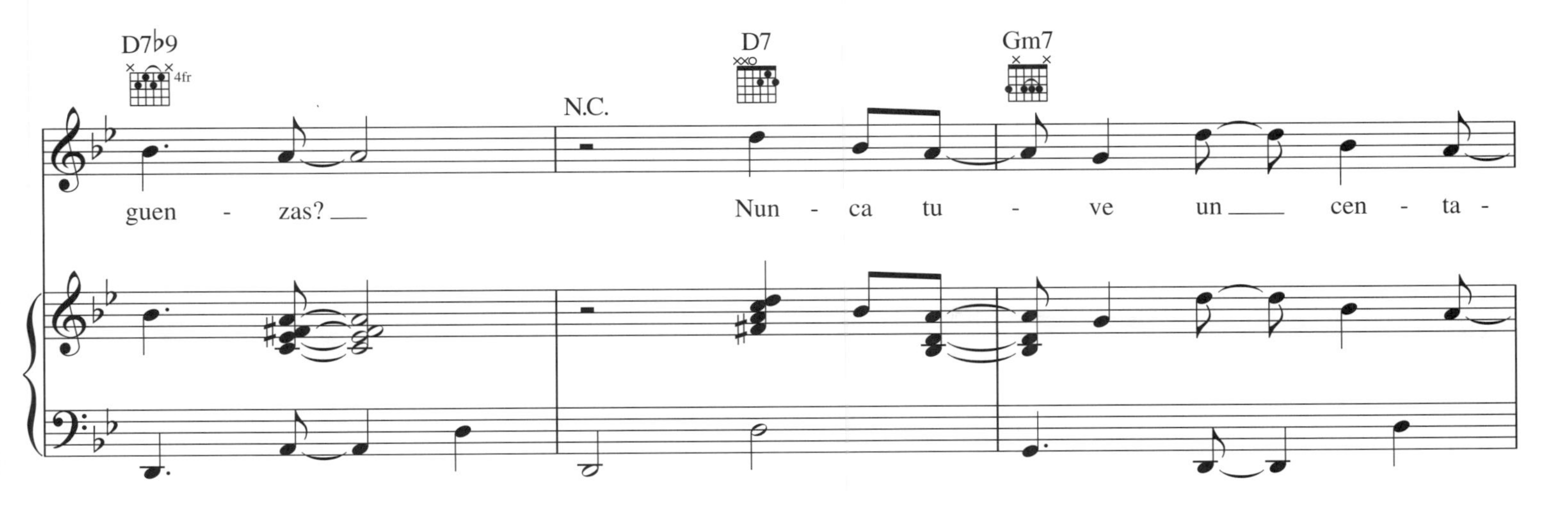
D7♭9
4fr
N.C.
D7
Gm7
guen - zas? Nun - ca tu - ve un cen - ta -

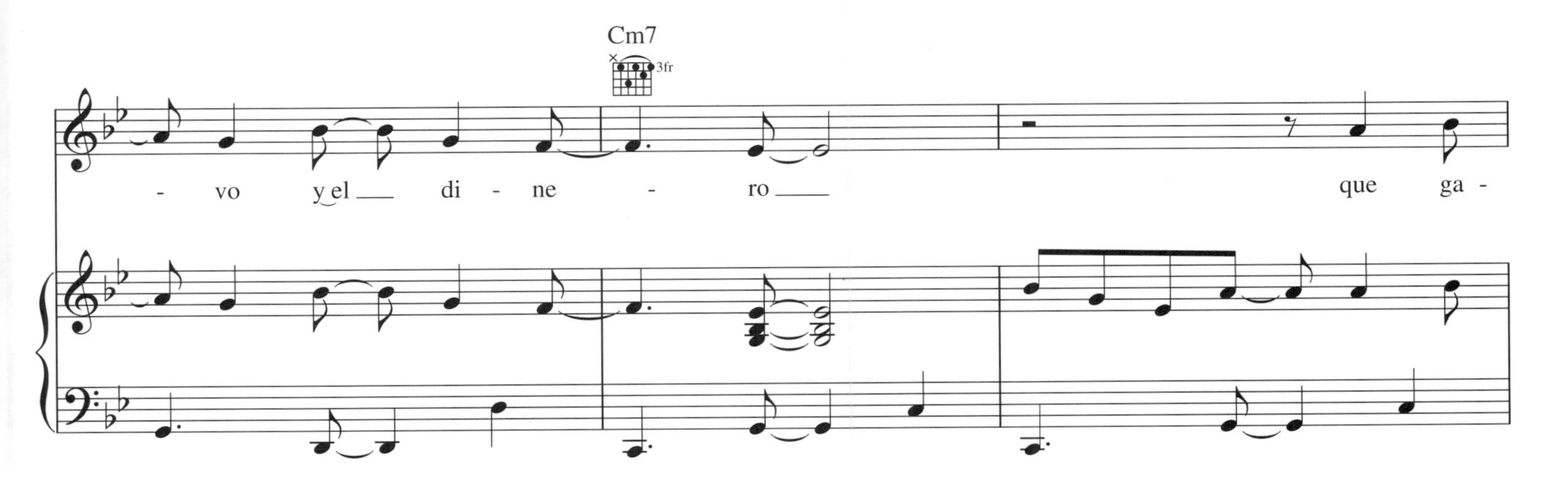
Cm7
3fr
- vo y el di - ne - ro que ga -

D7
Gm7
Gm7(add4)
na - ba tra - ba - jan - do co - mo es - cla - vo.

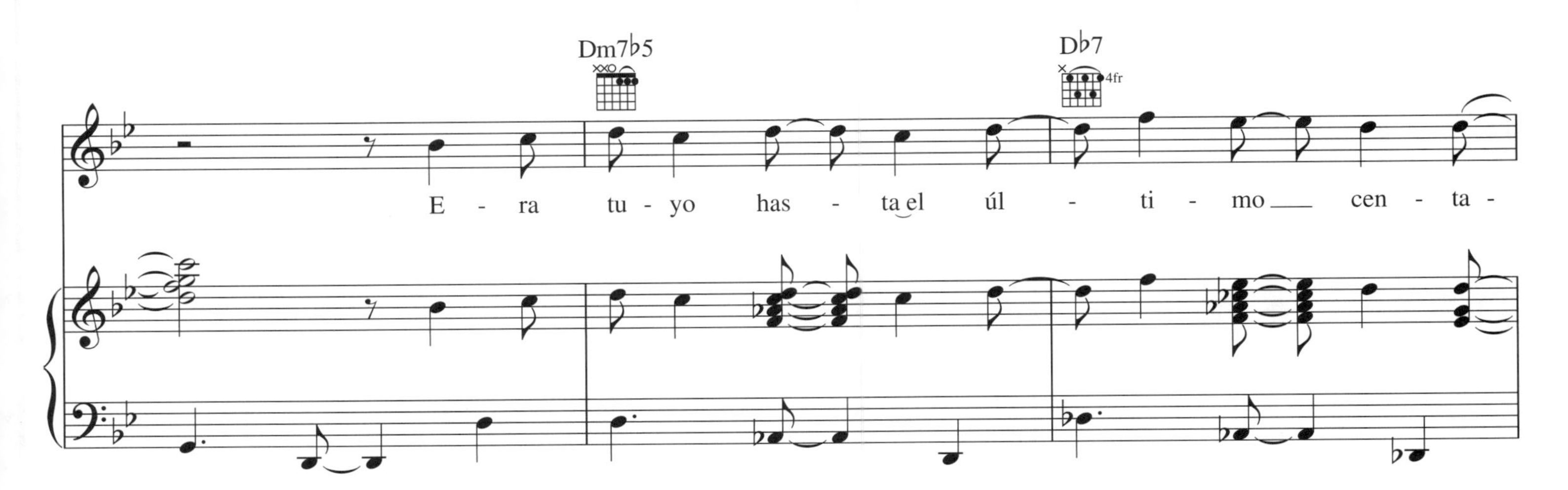
Dm7♭5
D♭7
4fr
E - ra tu - yo has - ta el úl - ti - mo cen - ta -

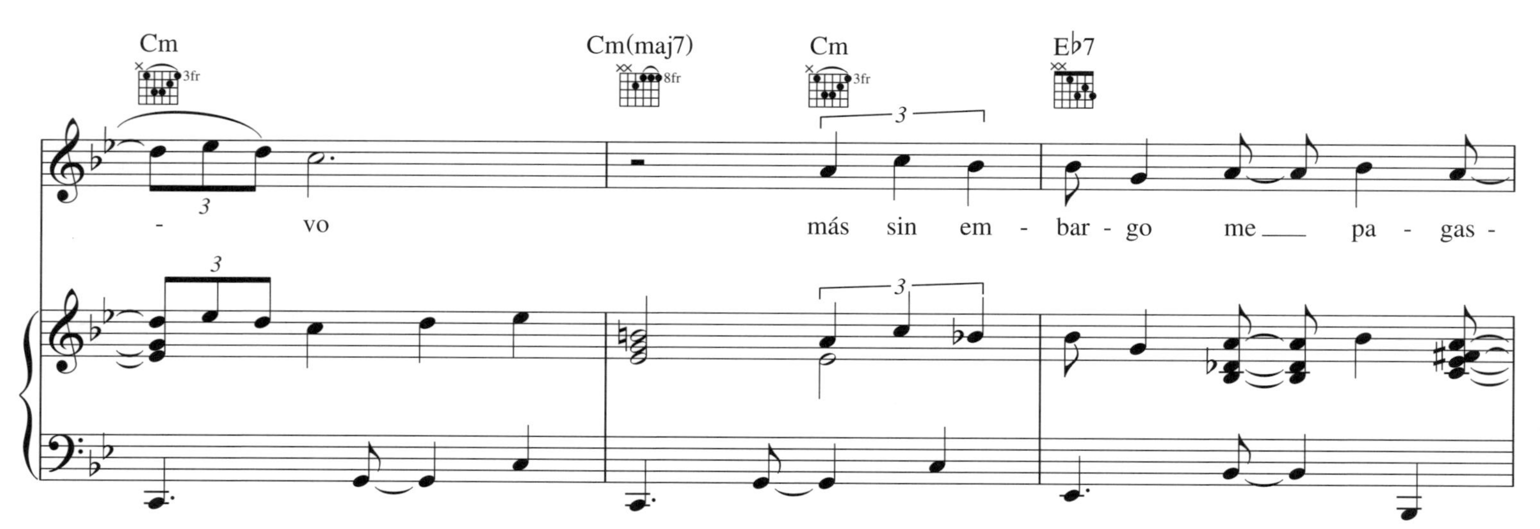
Cm
3fr
Cm(maj7)
8fr
Cm
3fr
E♭7
3
- vo
más sin em - bar - go me pa - gas -

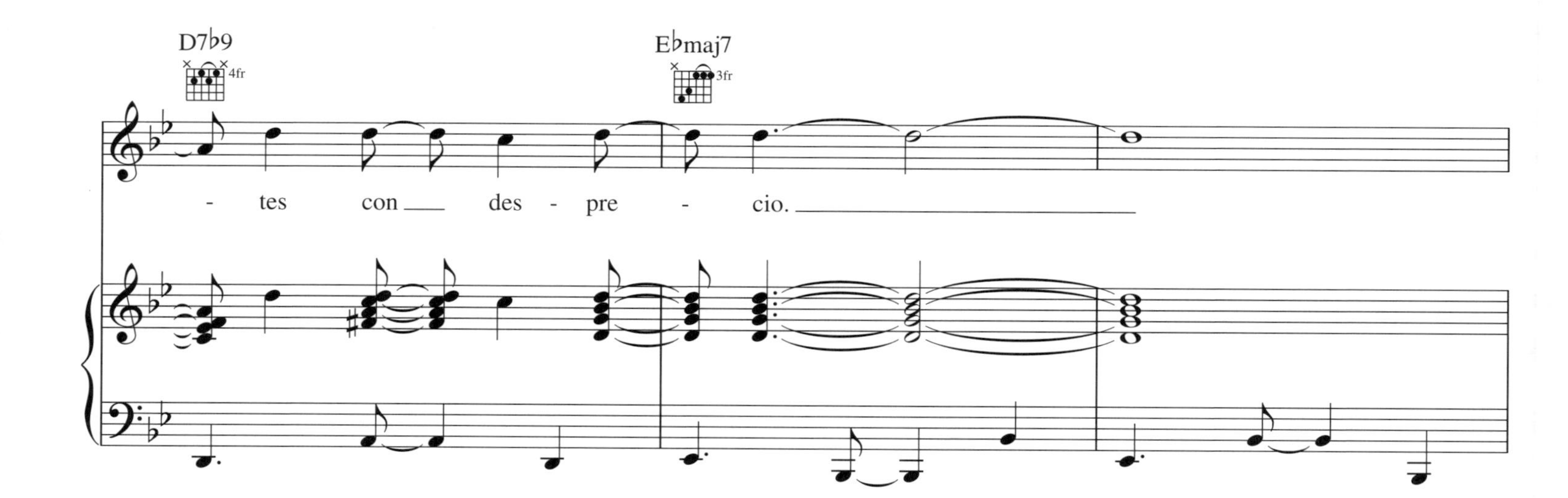
D7♭9
4fr
E♭maj7
3fr
- tes con des - pre - cio.

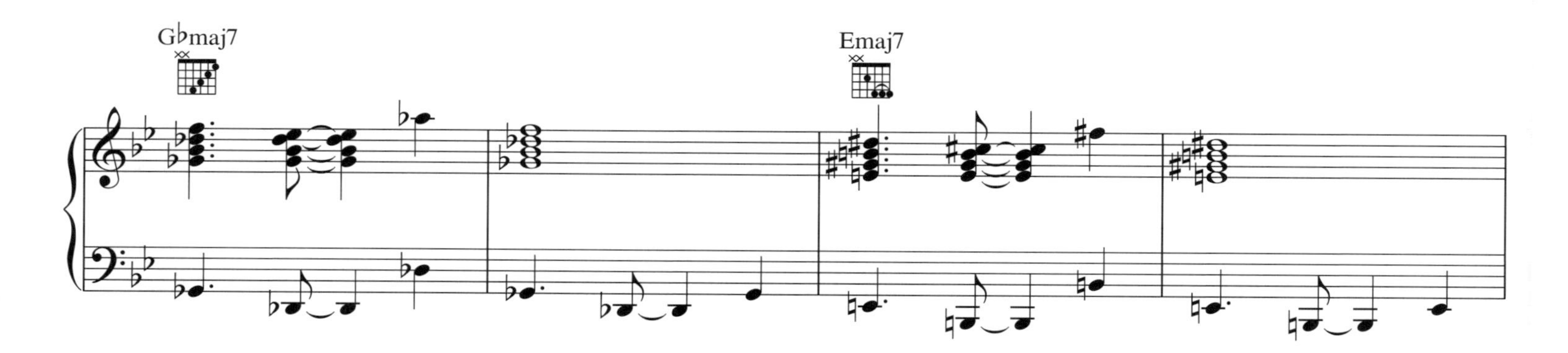
G♭maj7
Emaj7

D13
4fr
Am7
D7♭9(♭13)
4fr
No hay

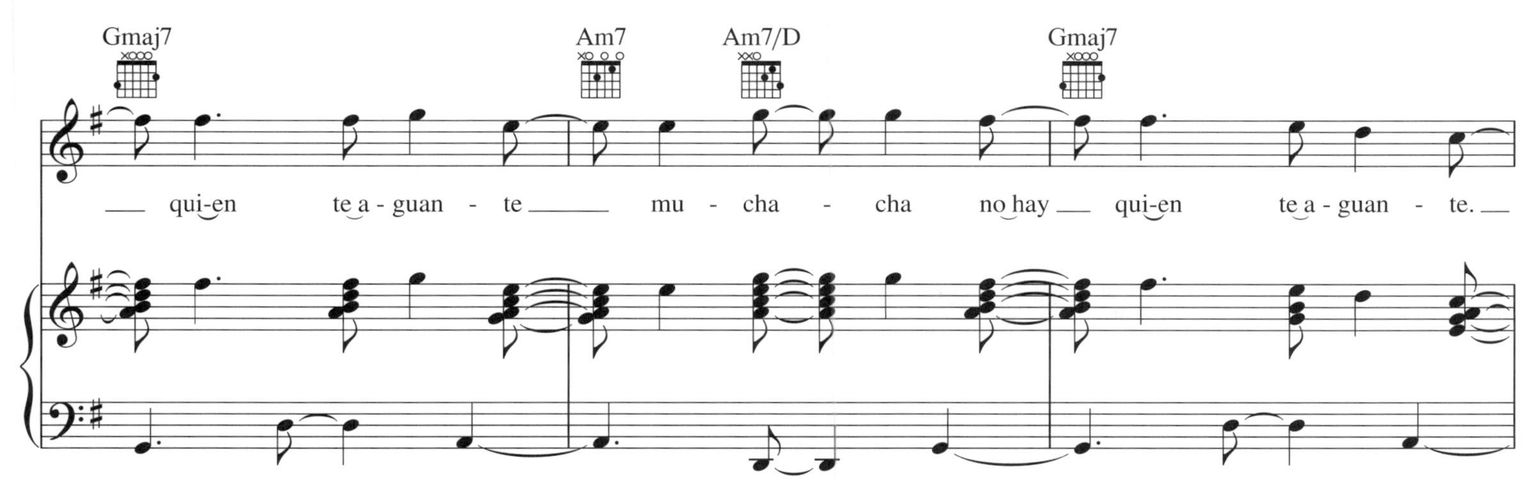
Gmaj7
Am7
Am7/D
Gmaj7
quien te a - guan - te mu - cha - cha no hay quien te a - guan - te.

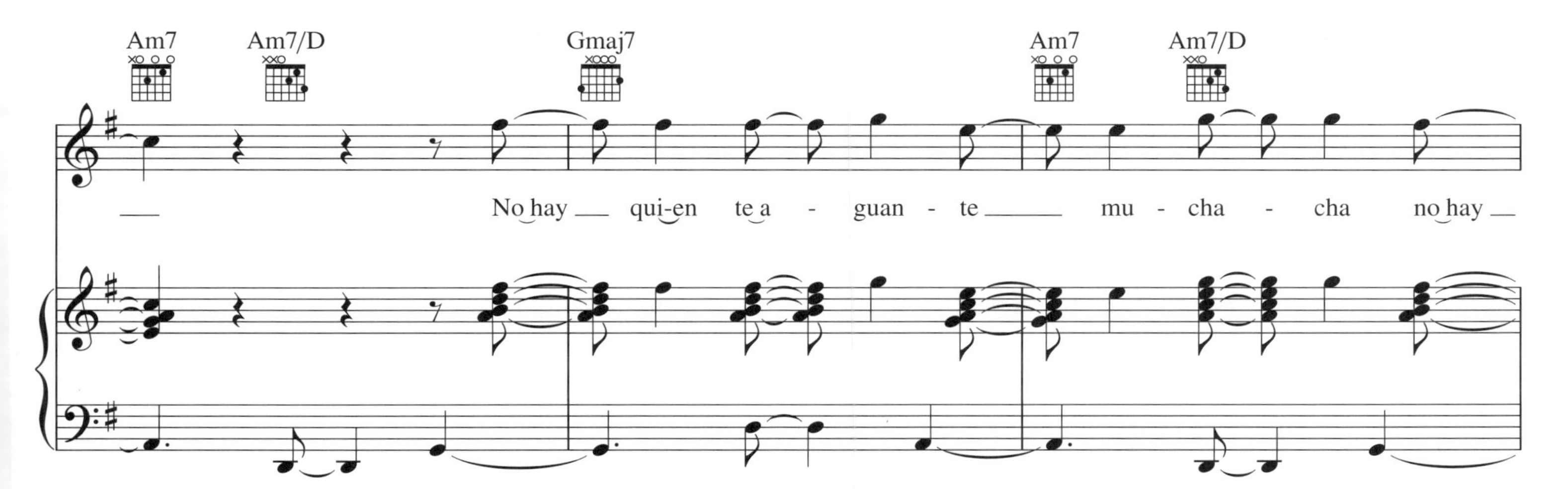
Am7
Am7/D
Gmaj7
Am7
Am7/D
No hay quien te a - guan - te mu - cha - cha no hay

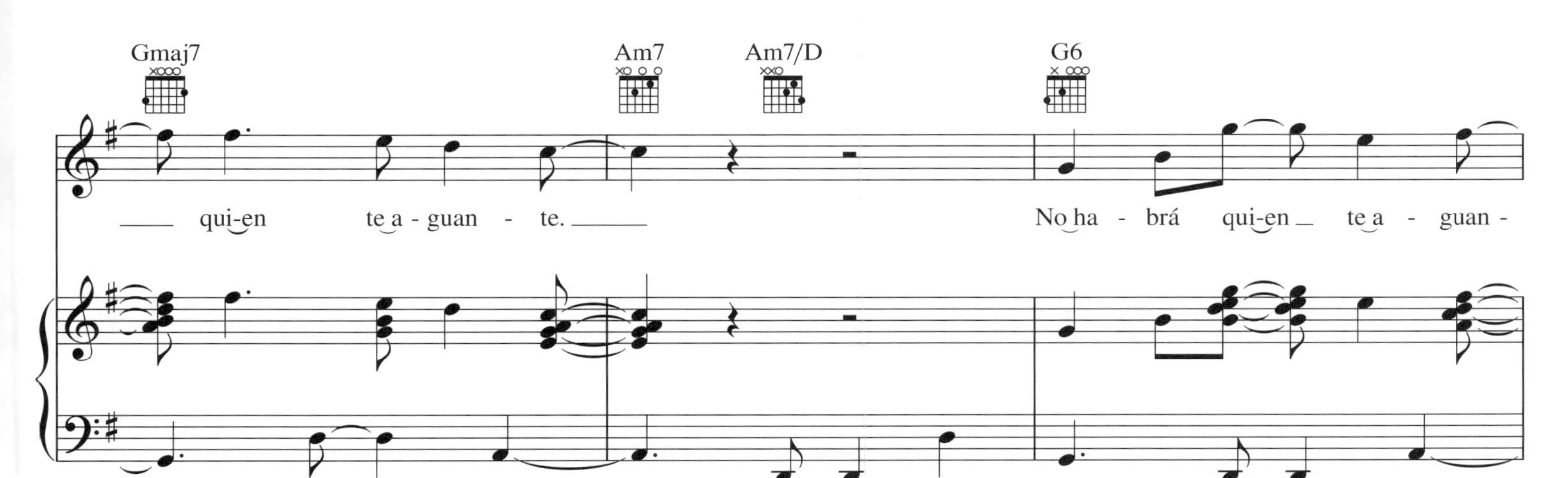
Gmaj7
Am7
Am7/D
G6
quien te a - guan - te. No ha - brá quien te a - guan -

D7
G6
D7
- te a tí, co - mo te a - guan - té yo.

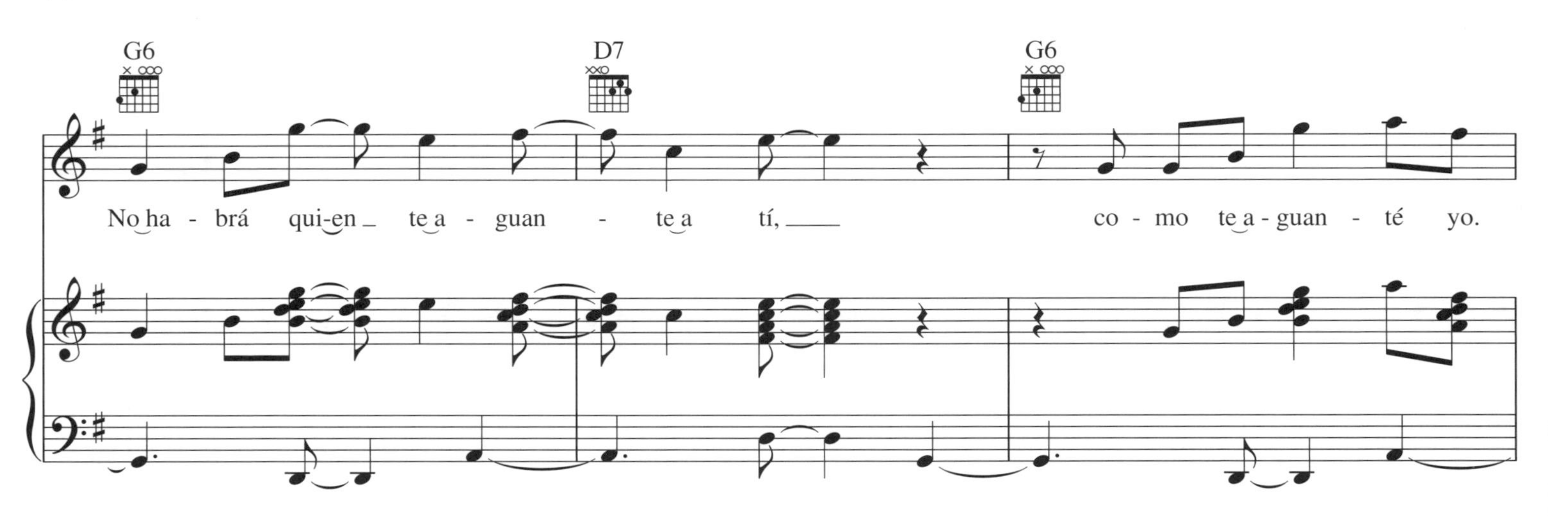
G6
D7
G6
No ha - brá qui-en te a - guan - te a tí,
co - mo te a - guan - té yo.

D7
G6
D7
Me sa - qué la lo - te - rí - a el día en

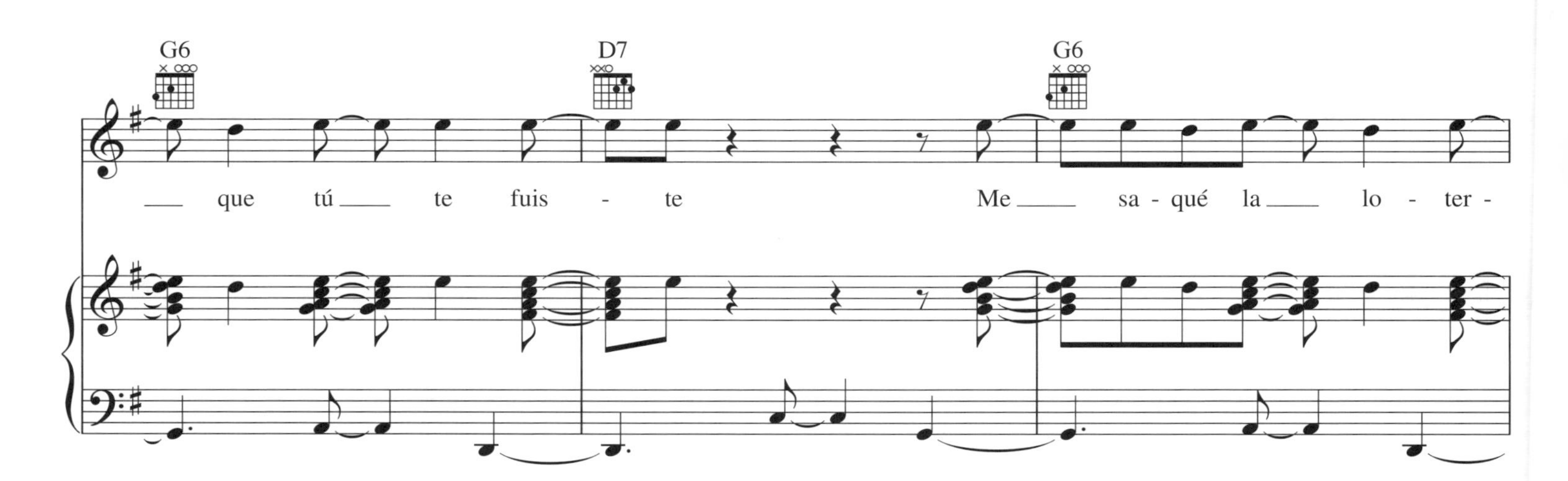
G6
D7
G6
que tú te fuis - te
Me sa - qué la lo - ter -

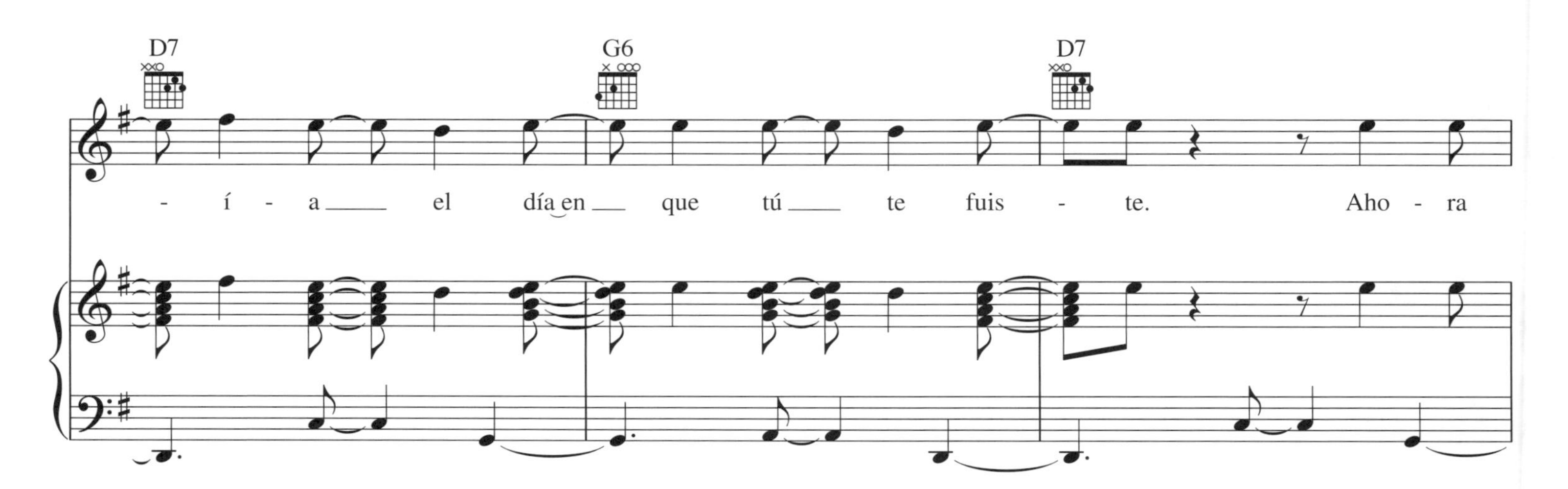
D7
G6
D7
- í - a el día en que tú te fuis - te.
Aho - ra

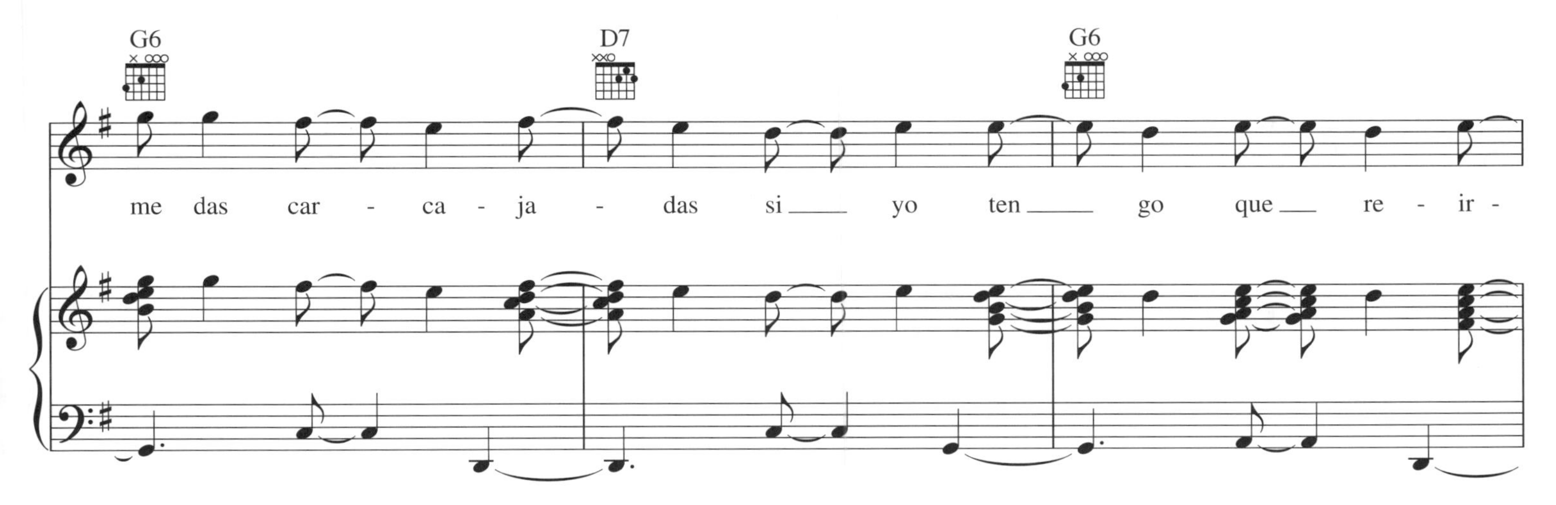
G6
D7
G6
me das car - ca - ja - das si yo ten go que re - ir -

D7
G6
D7
- me. Ahora me das car - ca - ja - das si de tí

G6
D7
G6
voy a re - ir - me. No ha - brá qui-en te a - guan -

D7
G6
D7
- te a tí, co - mo te a - guan - té yo.

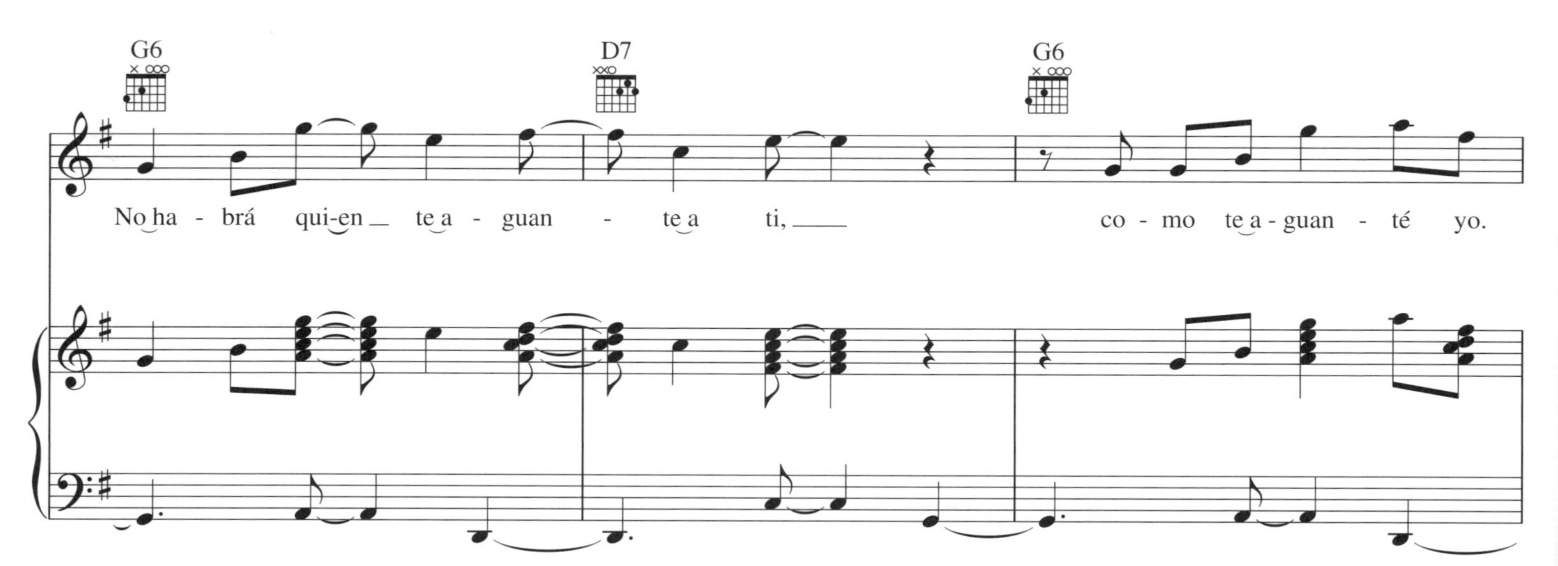
G6
D7
G6
No ha - brá qui-en te a - guan - te a ti,
co - mo te a - guan - té yo.

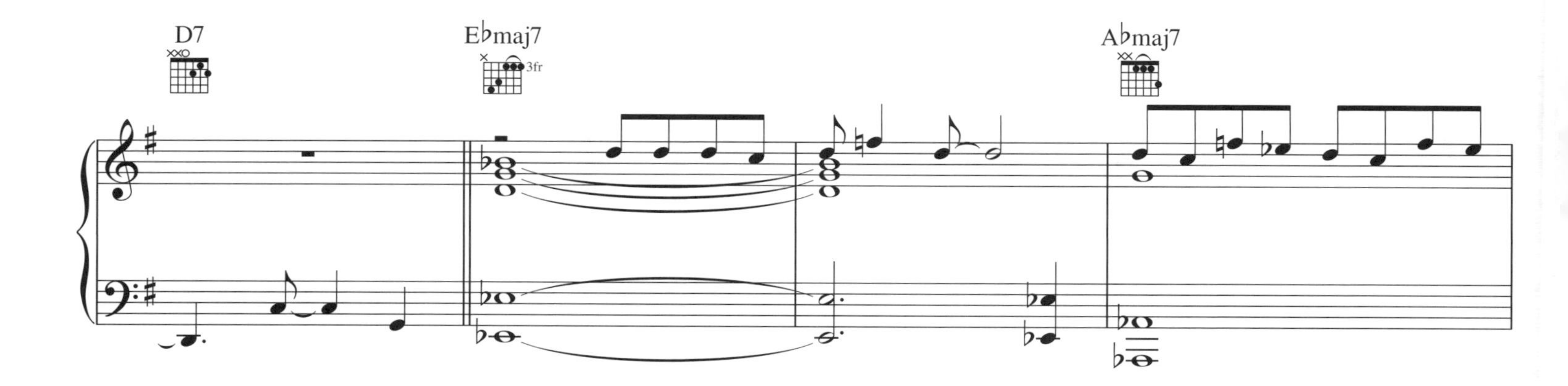
D7
E♭maj7
3fr
A♭maj7

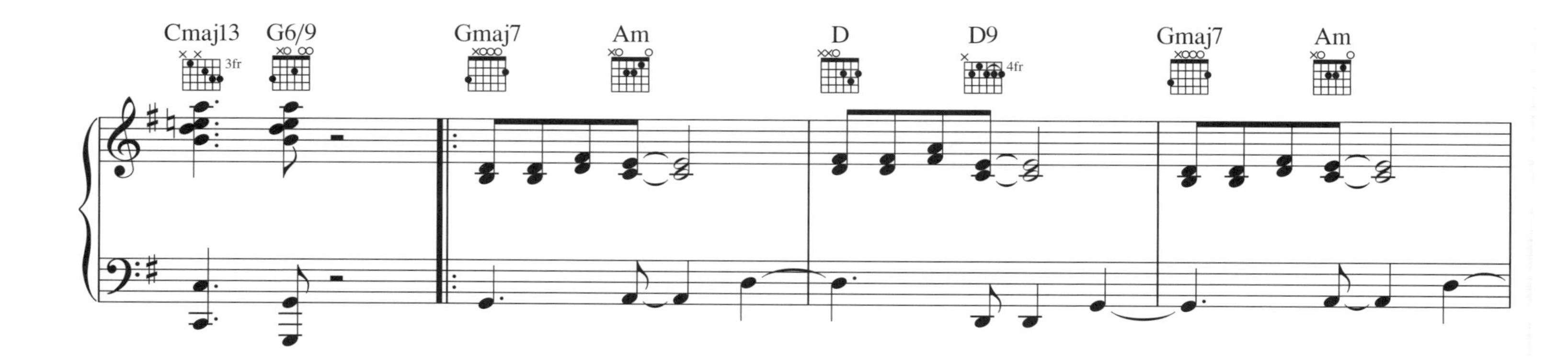
Cmaj13
3fr
G6/9
Gmaj7
Am
D
D9
4fr
Gmaj7
Am

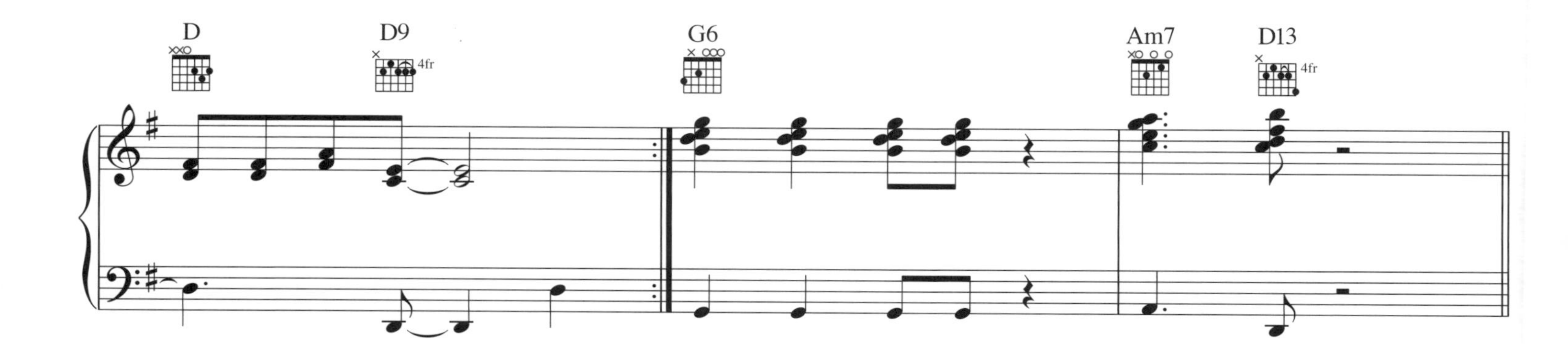
D
D9
4fr
G6
Am7
D13
4fr

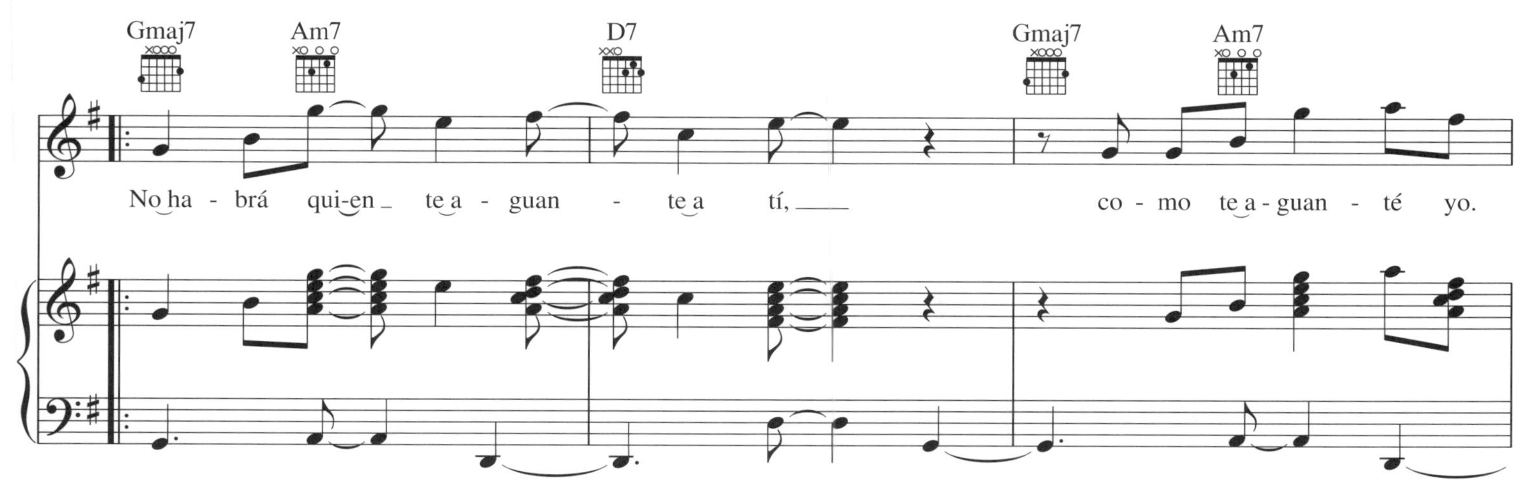
Gmaj7
Am7
D7
Gmaj7
Am7
No ha - brá qui-en te a - guan - te a tí,
co - mo te a - guan - té yo.

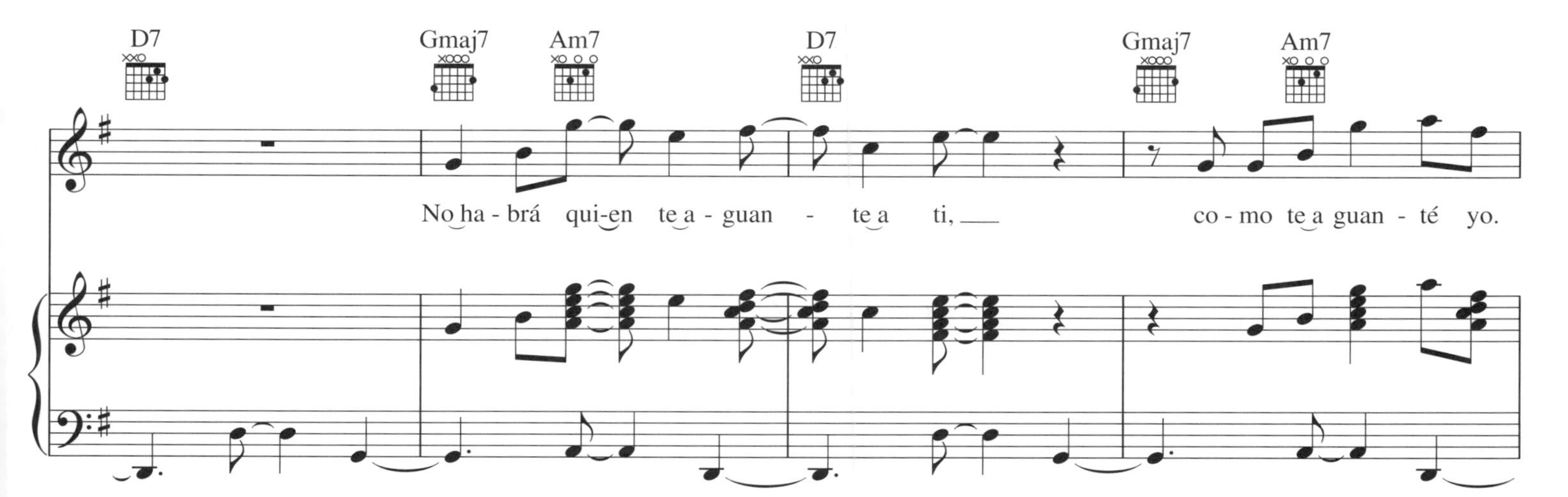
D7
Gmaj7
Am7
D7
Gmaj7
Am7
No ha - brá qui-en te a - guan - te a ti,
co - mo te a guan - té yo.

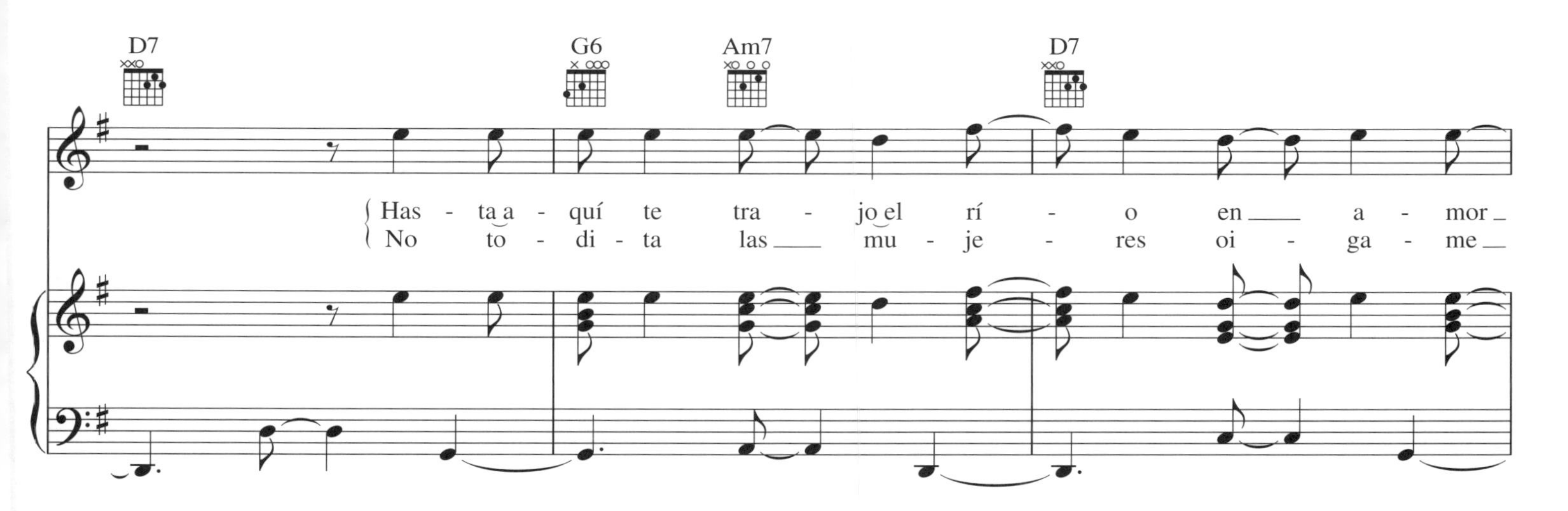
D7
G6
Am7
D7
Has - ta a - quí te tra - jo el rí - o en a - mor
No to - di - ta las mu - je - res oi - ga - me

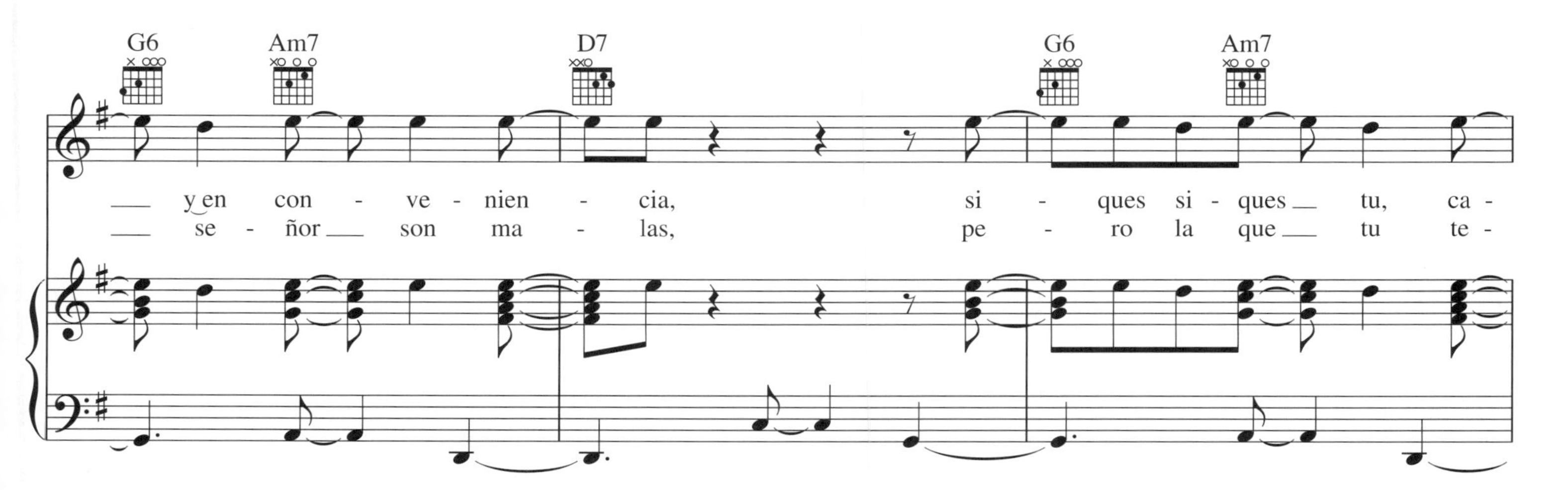
G6
Am7
D7
G6
Am7
y en con - ve - nien - cia, si - ques si - ques tu, ca -
se - ñor son ma - las, pe - ro la que tu te -

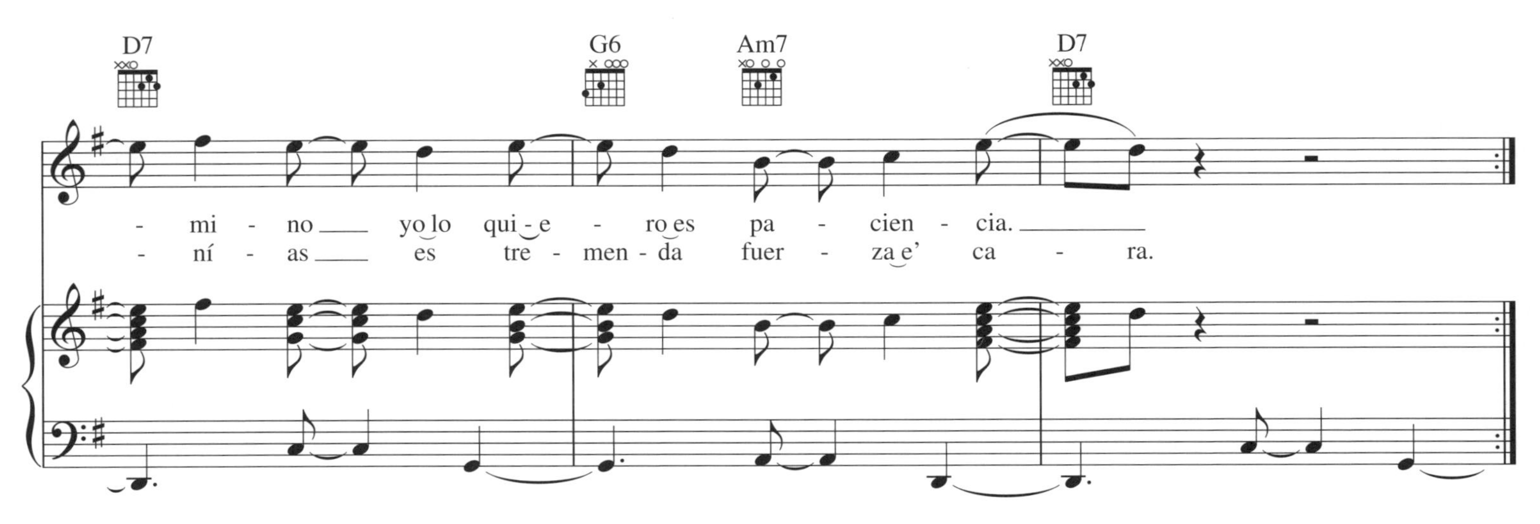
D7
G6
Am7
D7
- mi - no ___ yo‿lo qui‿e - ro‿es pa - cien - cia. ___
- ní - as ___ es tre - men - da fuer - za‿e' ca - ra.

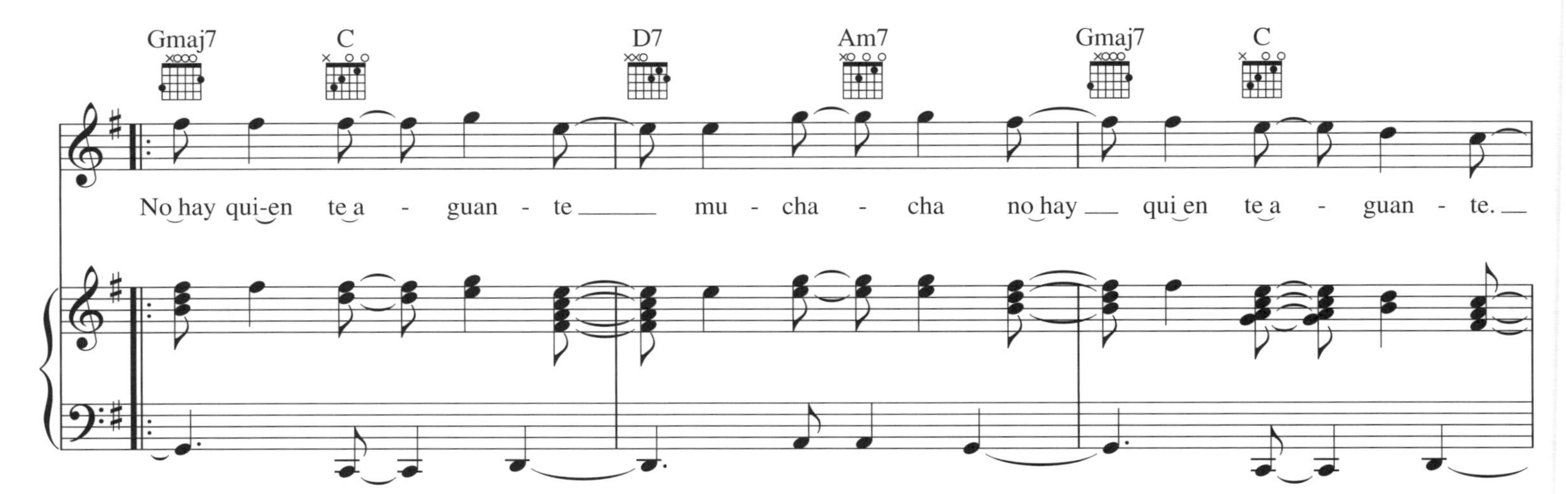
Gmaj7
C
D7
Am7
Gmaj7
C
No‿hay qui‿en te‿a - guan - te ___ mu - cha - cha no‿hay ___ qui‿en te‿a - guan - te. ___

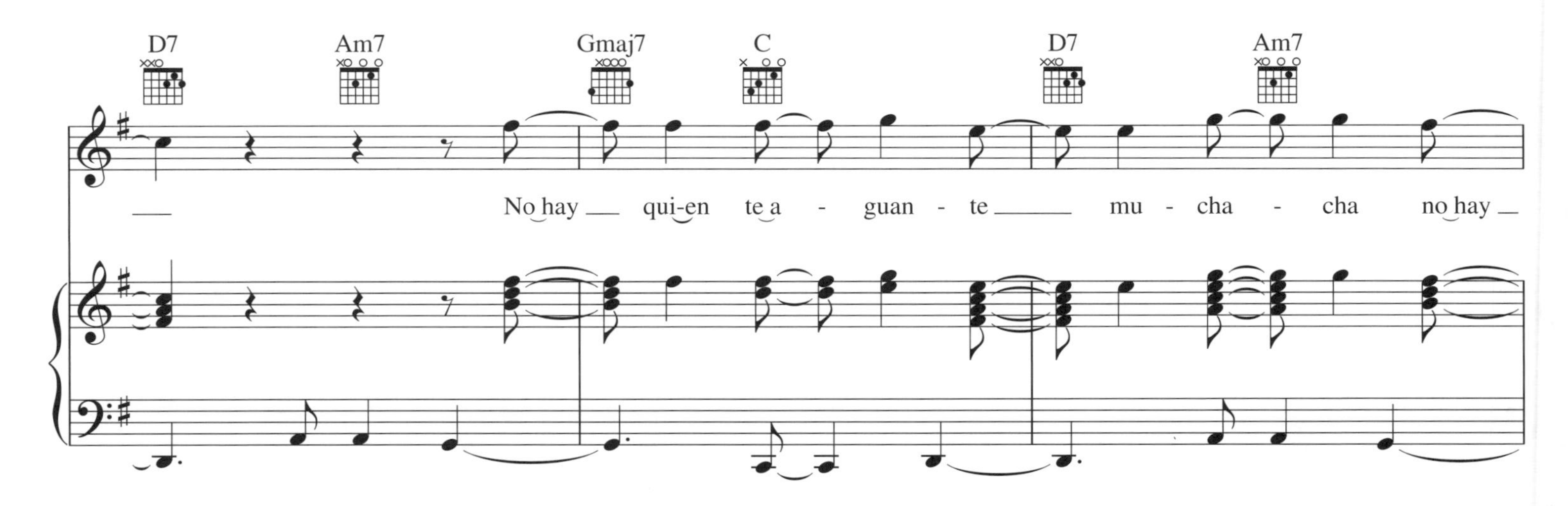
D7
Am7
Gmaj7
C
D7
Am7
___ No‿hay ___ qui‿en te‿a - guan - te ___ mu - cha - cha no‿hay ___

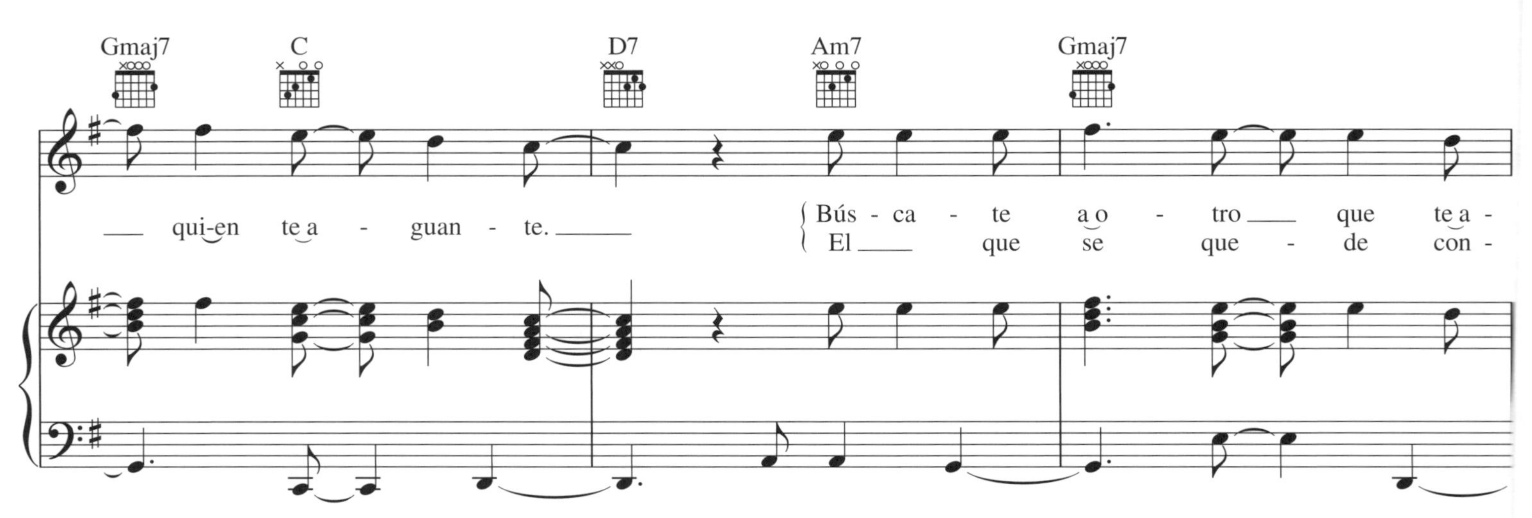
Gmaj7
C
D7
Am7
Gmaj7
___ qui‿en te‿a - guan - te. ___ Bús - ca - te a‿o - tro ___ que te‿a -
El ___ que se que - de con -

D7
G6
D7
G6
guan - te que e - se lo voy pa - gar yo, Por-que ya tú me can - sas -
ti - go se ga - na la lo - te - rí - a, Yo te bo - té al sa - fa - cón

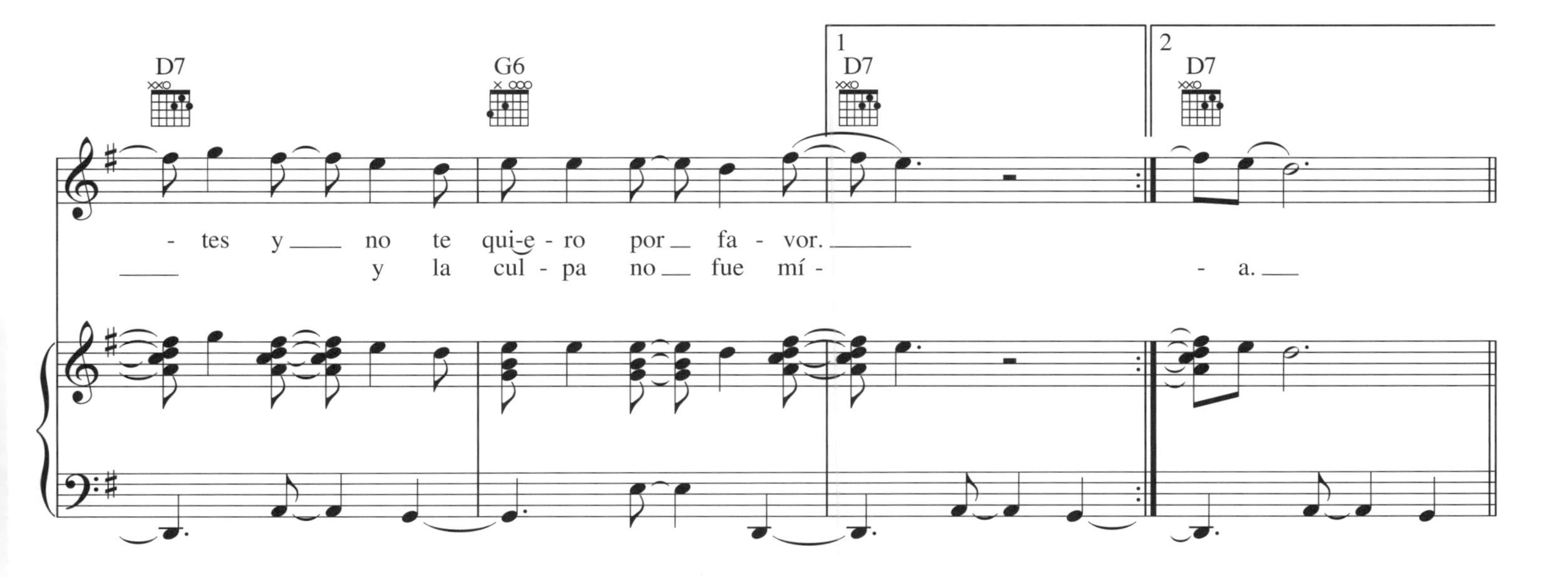
D7
G6
1
D7
2
D7
- tes y no te qui - e - ro por fa - vor.
y la cul - pa no fue mí - - a.

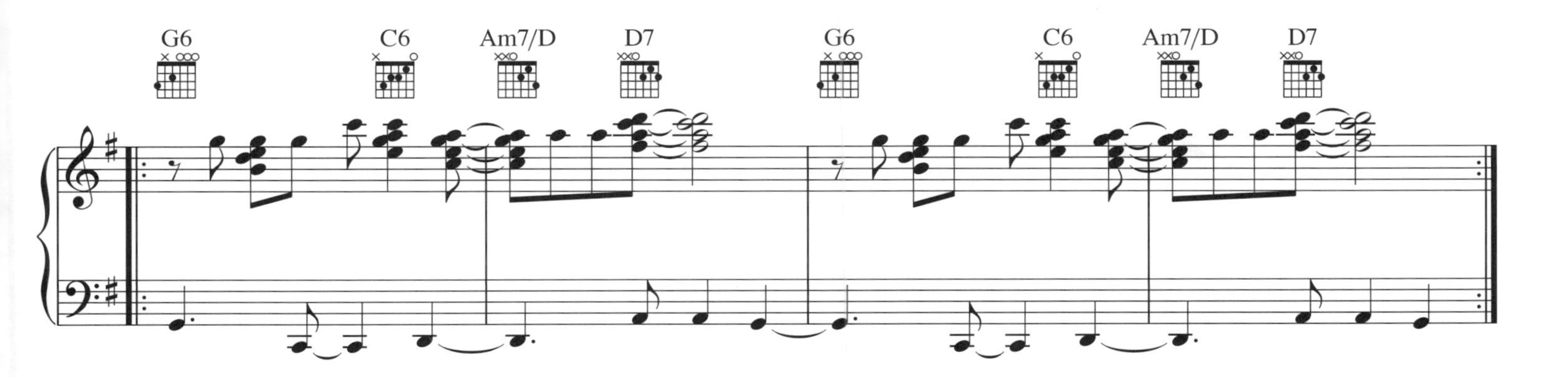
G6
C6
Am7/D
D7
G6
C6
Am7/D
D7

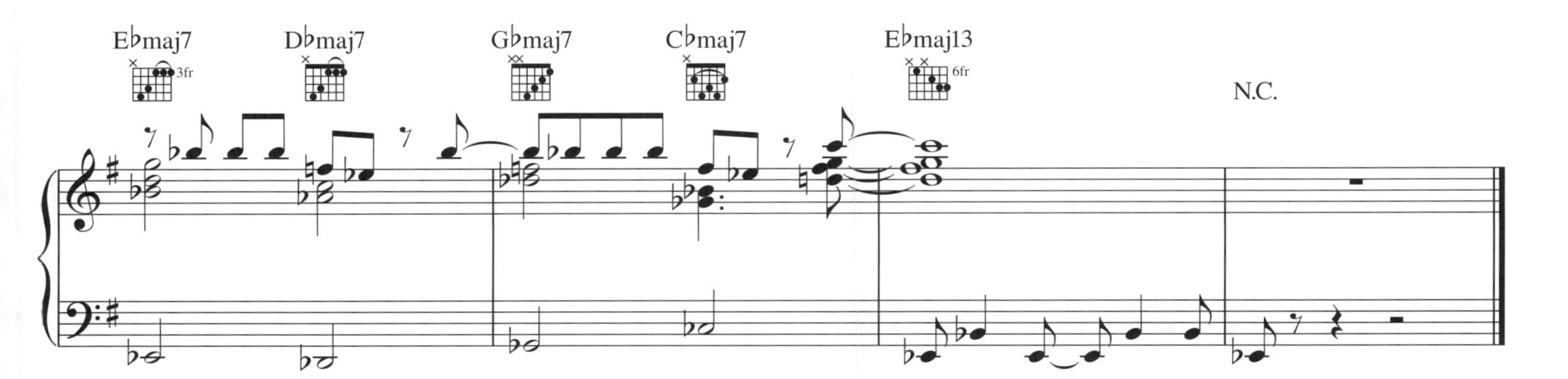
E♭maj7
D♭maj7
G♭maj7
C♭maj7
E♭maj13
N.C.

PARAÍSO DE DULZURA

Words and Music by
HÉCTOR LAVOE

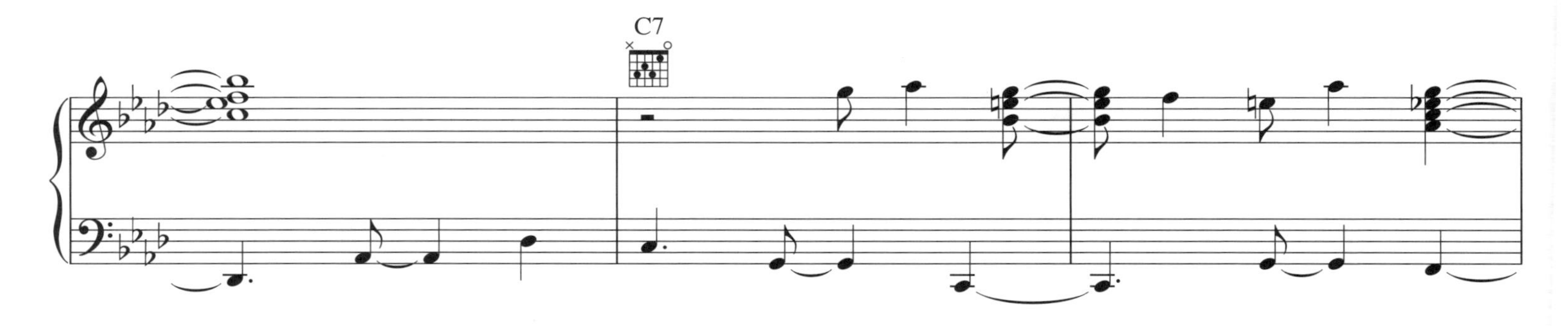

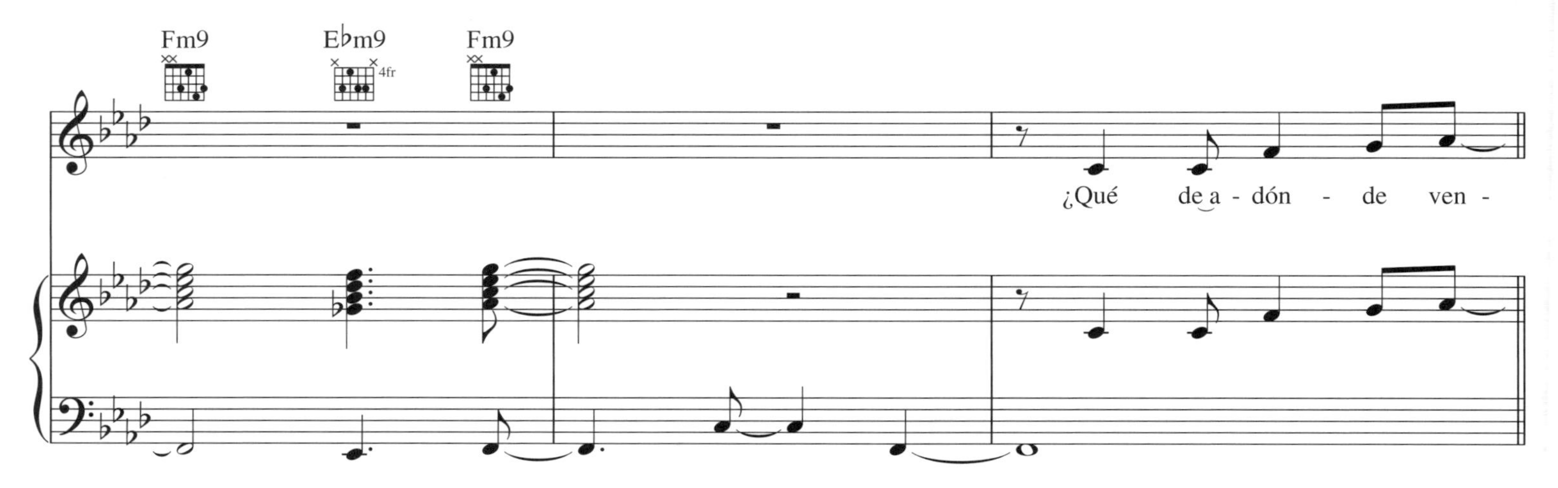

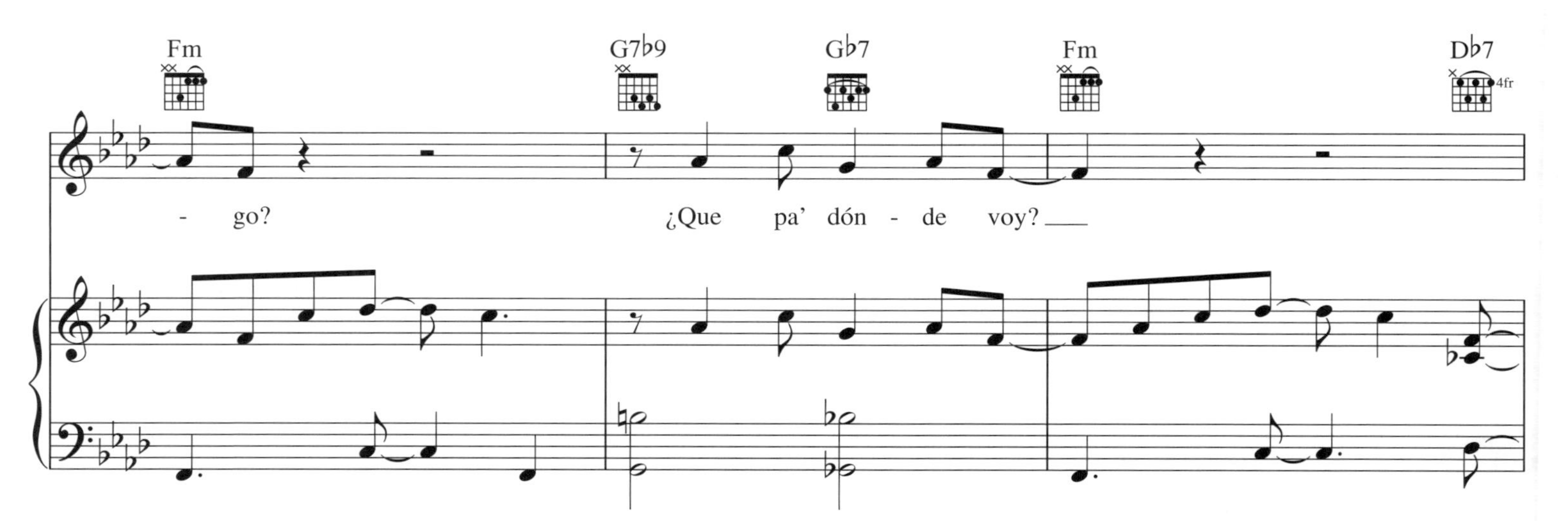

C7
Fm
G7♭9
G♭7
¿Qué de a - dón - de ven - go?
¿Que pa' dón - de voy?

Fm
E♭7
Ven - go de la tie - rra

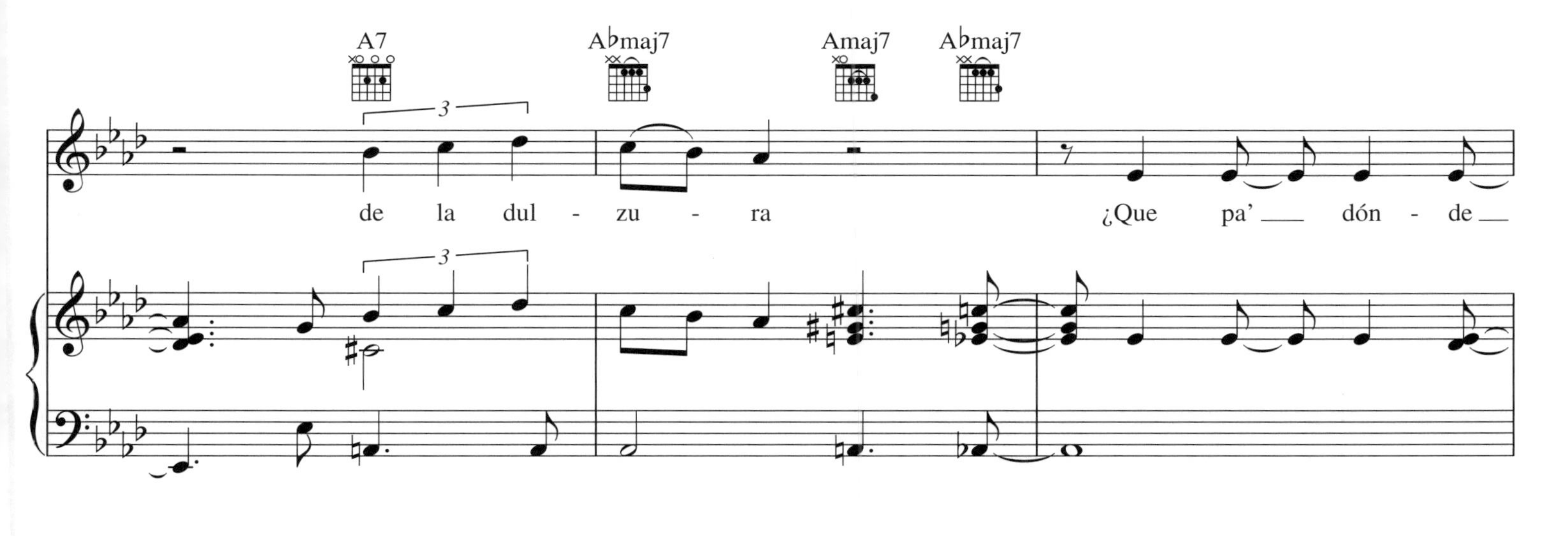
A7
A♭maj7
Amaj7
A♭maj7
3
de la dul - zu - ra
¿Que pa' dón - de

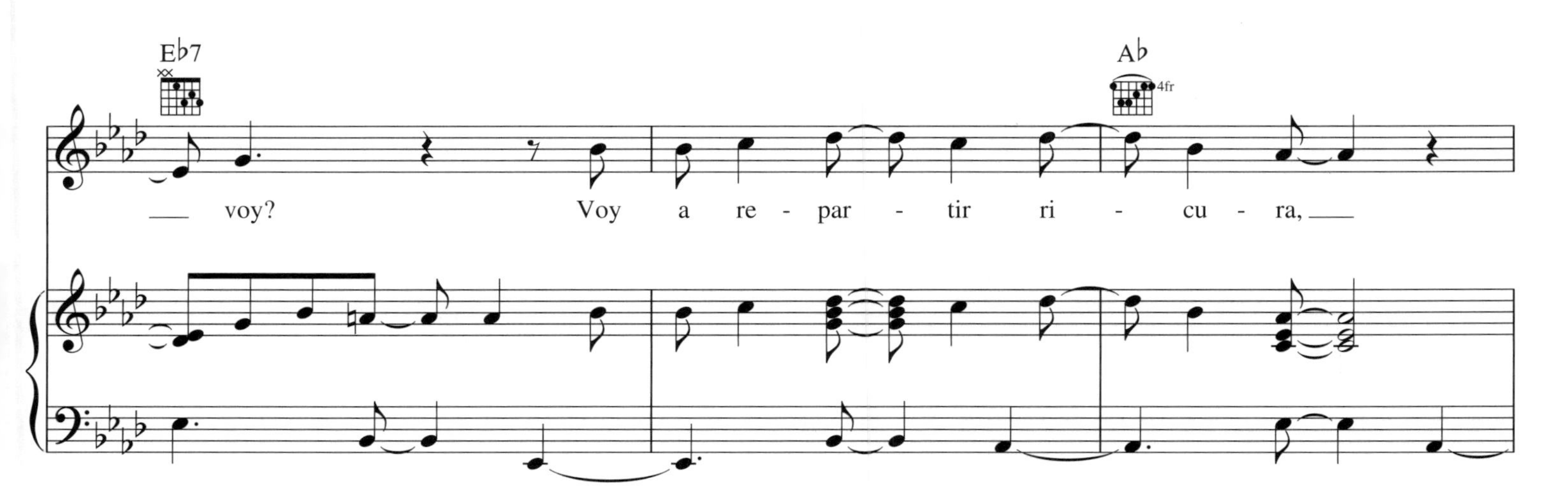
E♭7
A♭
4fr
voy?
Voy a re - par - tir ri - cu - ra,

C7♭9
la sa - bro - su - ra ri - ca y san - dun - gue -

Fm
D♭7
4fr
- ra que Puer - to

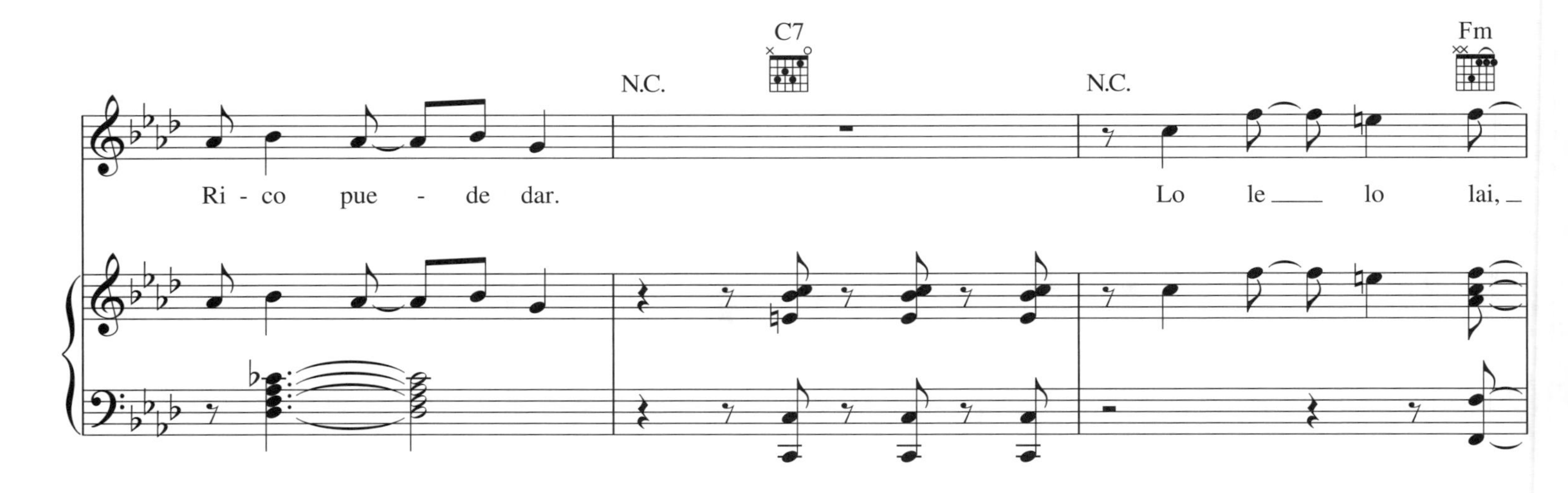
C7
N.C.
N.C.
Fm
Ri - co pue - de dar. Lo le lo lai,

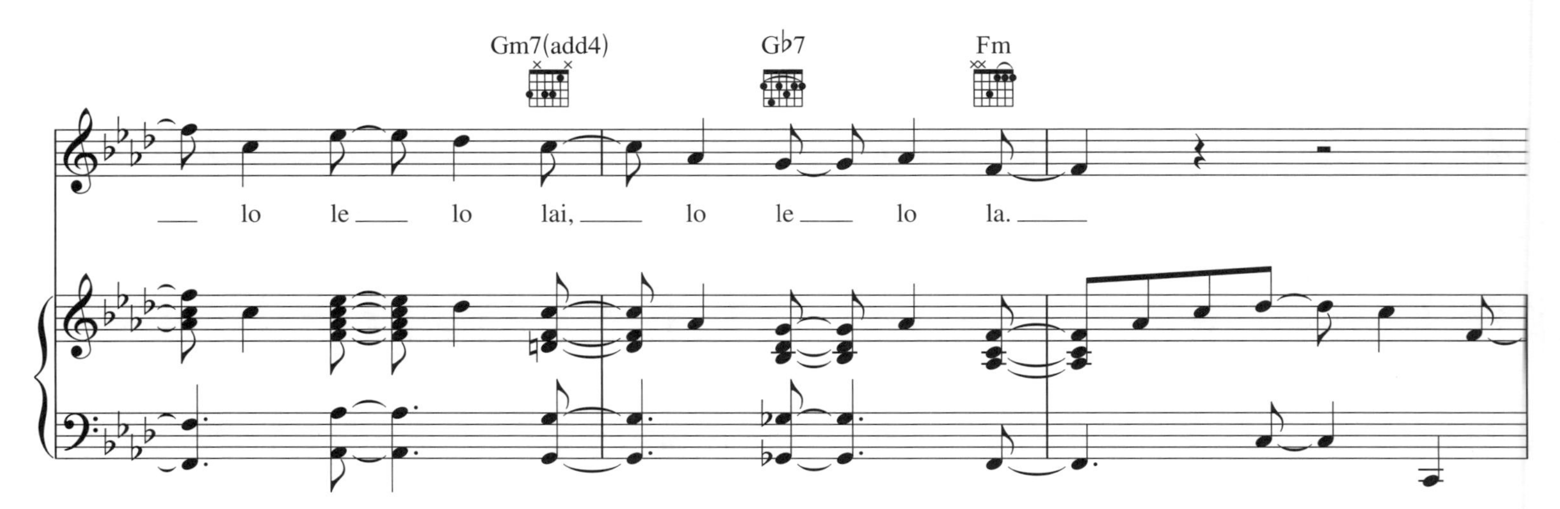
Gm7(add4)
G♭7
Fm
lo le lo lai, lo le lo la.

E♭7
A7
3
Yo la re - par - to por don - de
3

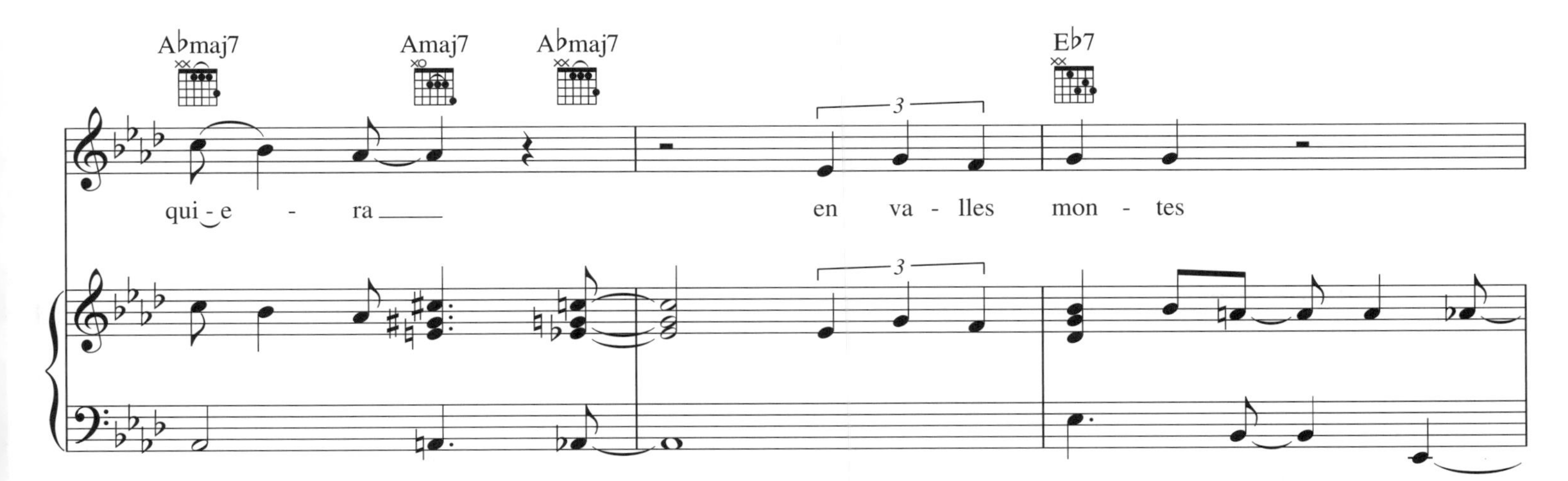
A♭maj7
Amaj7
A♭maj7
E♭7
3
qui - e - ra en va - lles mon - tes
3

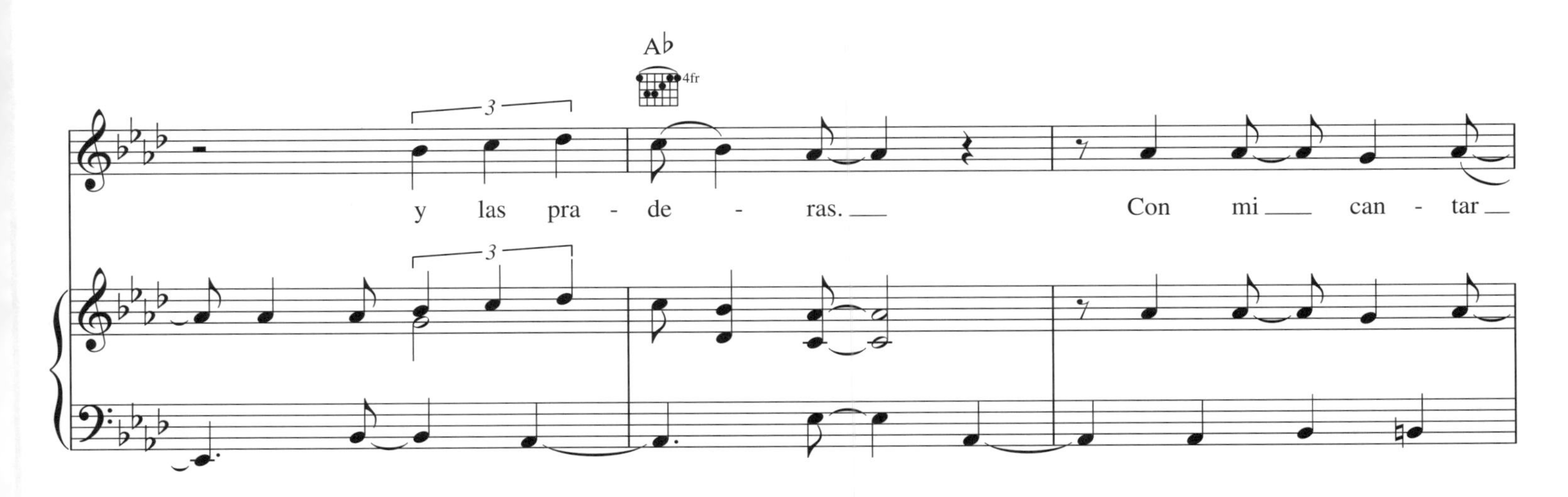
A♭
4fr
3
y las pra - de - ras. Con mi can - tar
3

C7♭9
Fm
ri - co y sin igual

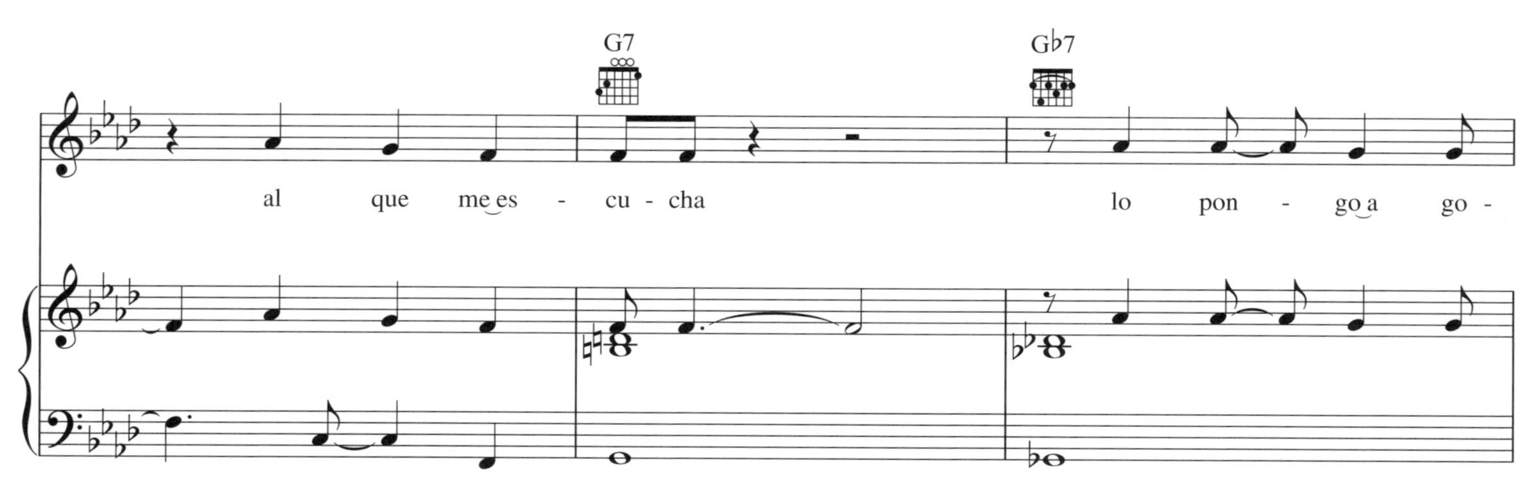
G7
G♭7
al que me es - cu - cha
lo pon - go a go -

Fm
G7
zar.
Al que me es - cu - cha lo pon -

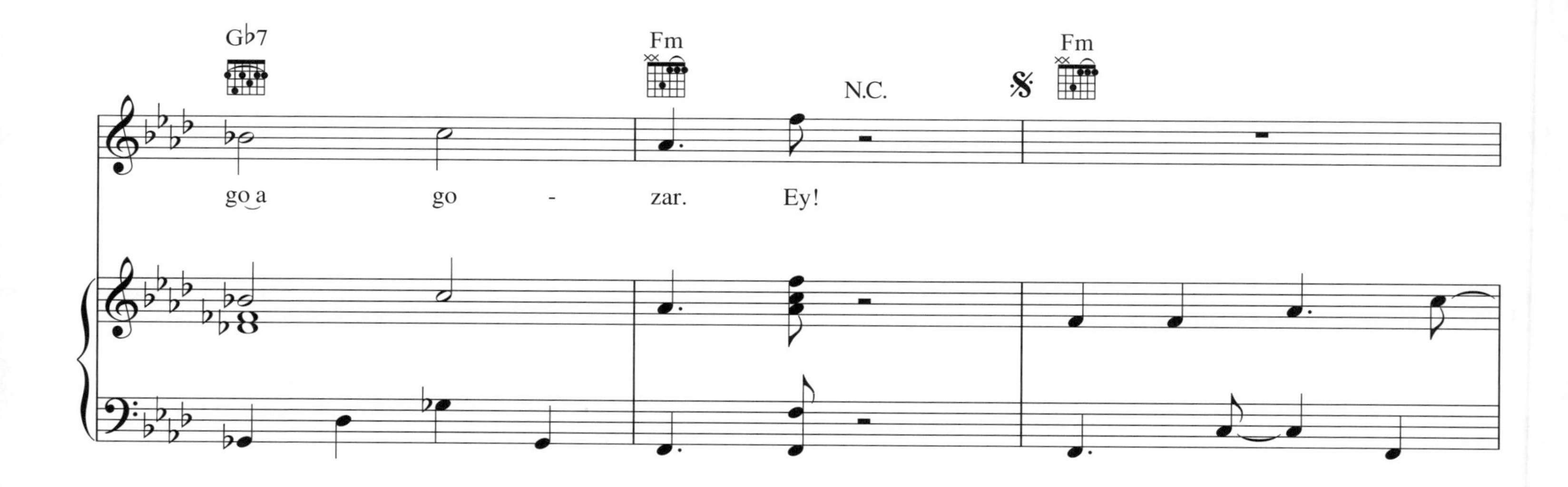
G♭7
Fm
N.C.
Fm
go a go - zar. Ey!

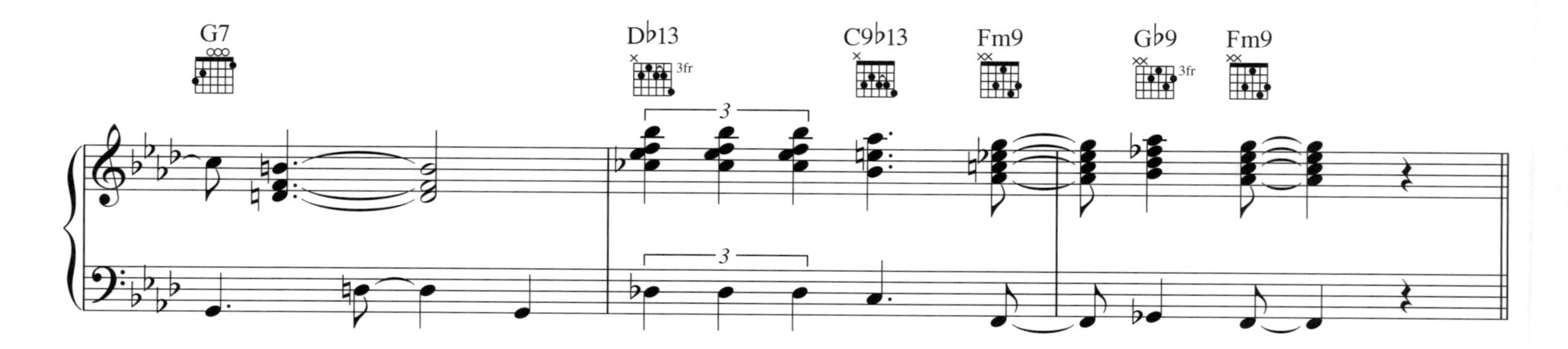
G7
D♭13
C9♭13
Fm9
G♭9
Fm9
3fr
3fr
3
3

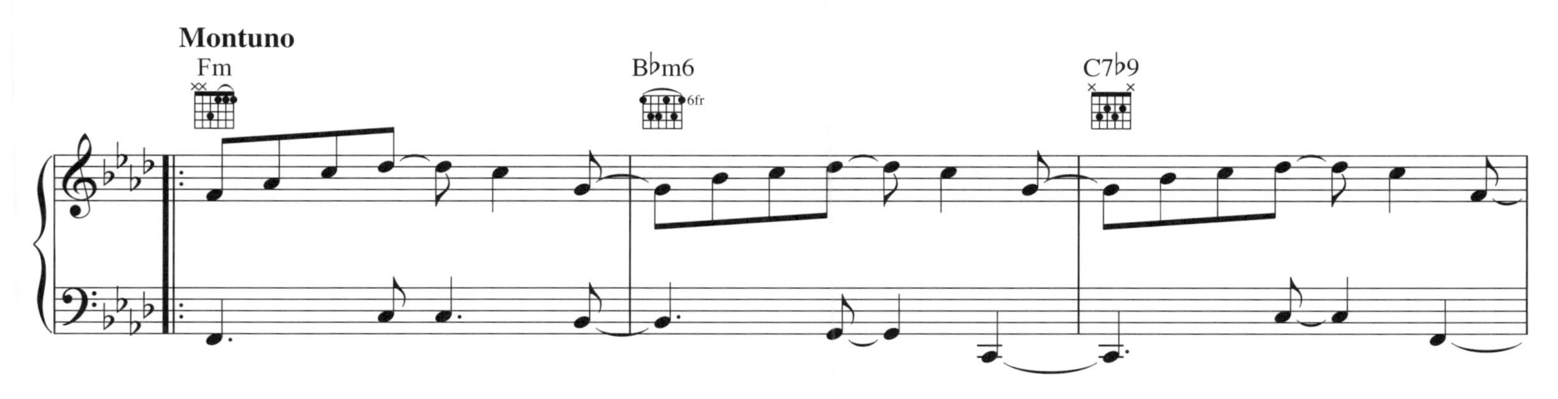
Montuno
Fm
B♭m6
6fr
C7♭9

Fm
G7
De a - dón - de ven - go es del ___ pa - ra -

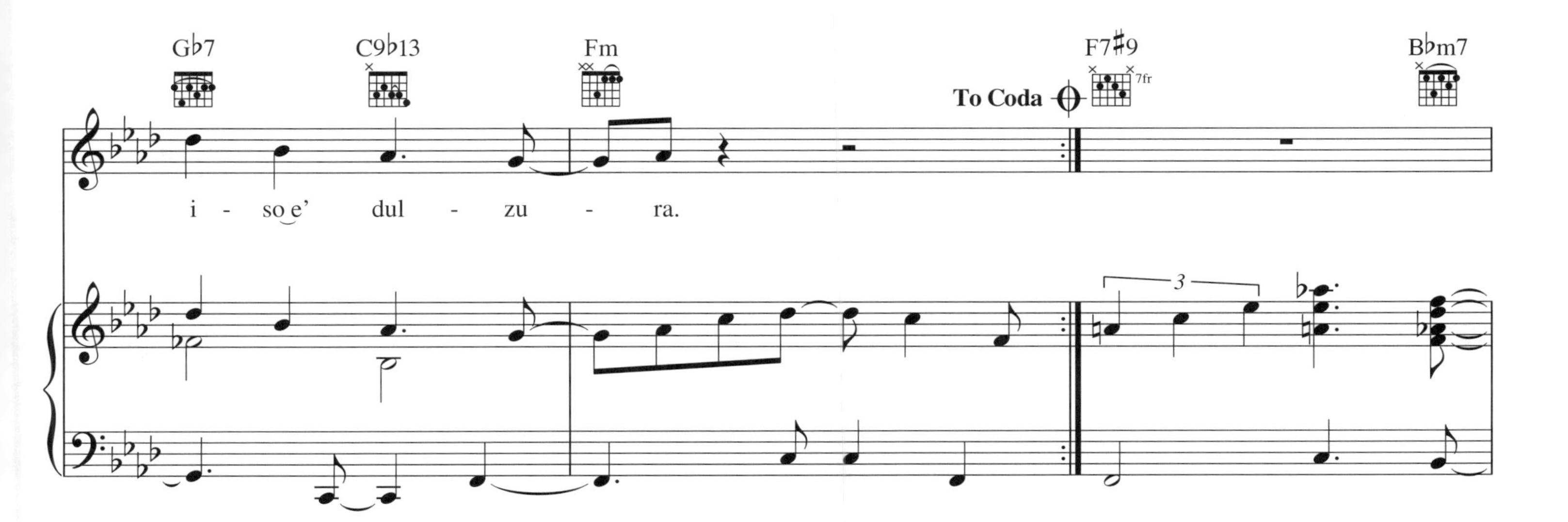
G♭7
C9♭13
Fm
F7♯9
7fr
B♭m7
To Coda
i - so e' dul - zu - ra.
3

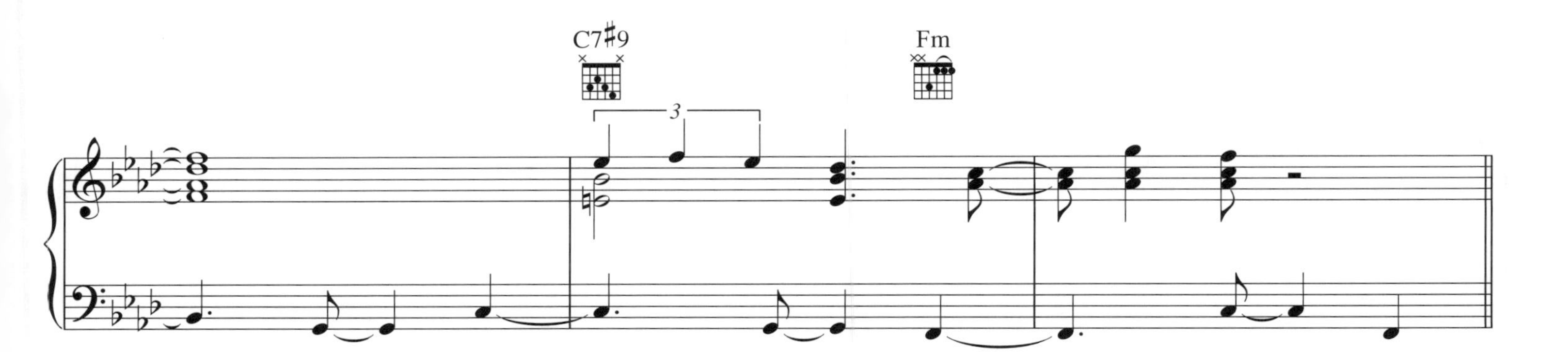
C7♯9
Fm
3

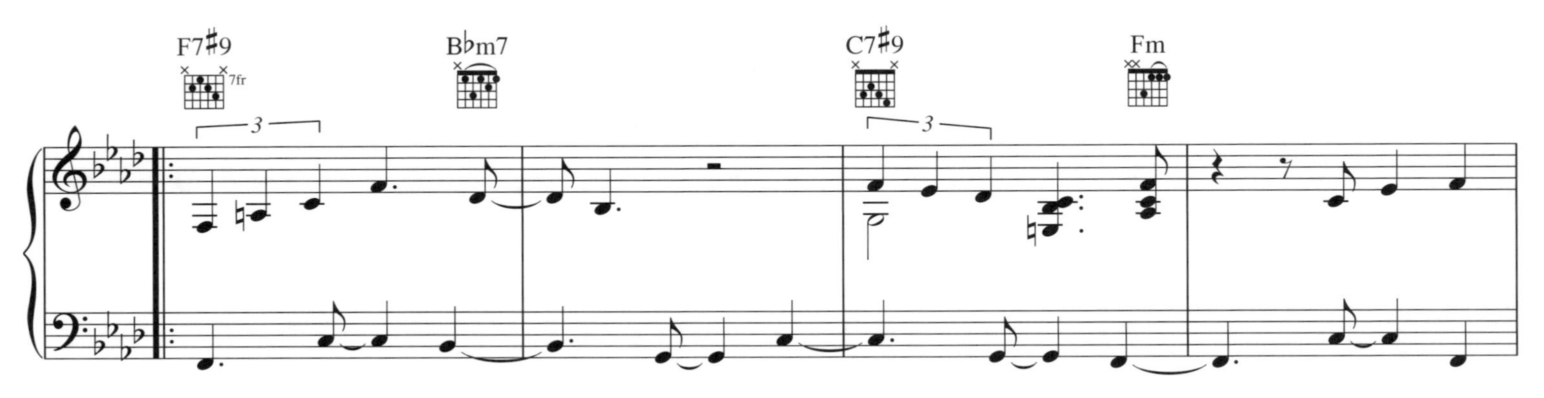
F7♯9
7fr
B♭m7
C7♯9
Fm
3
3

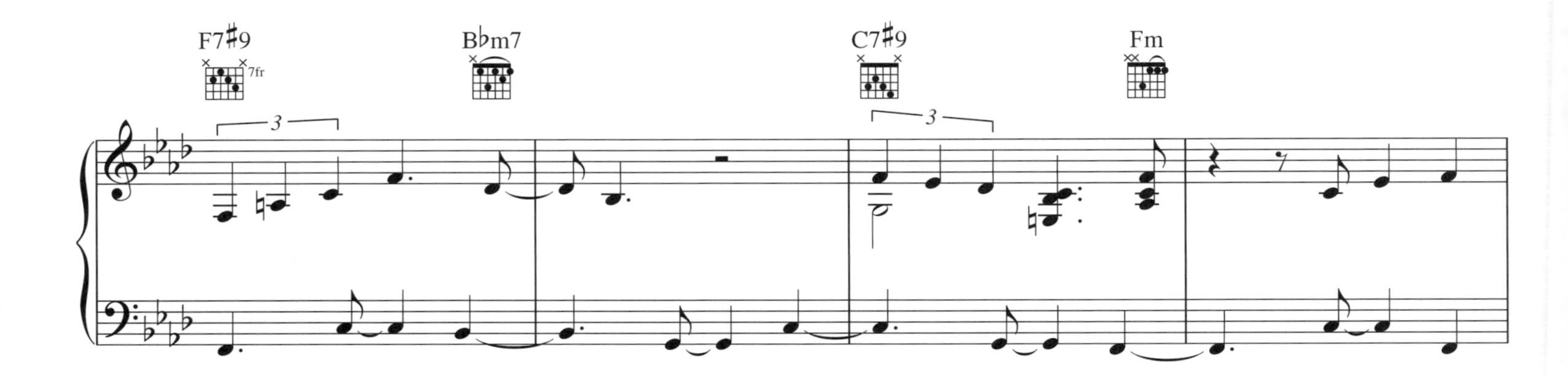
F7♯9
7fr
B♭m7
C7♯9
Fm
3
3

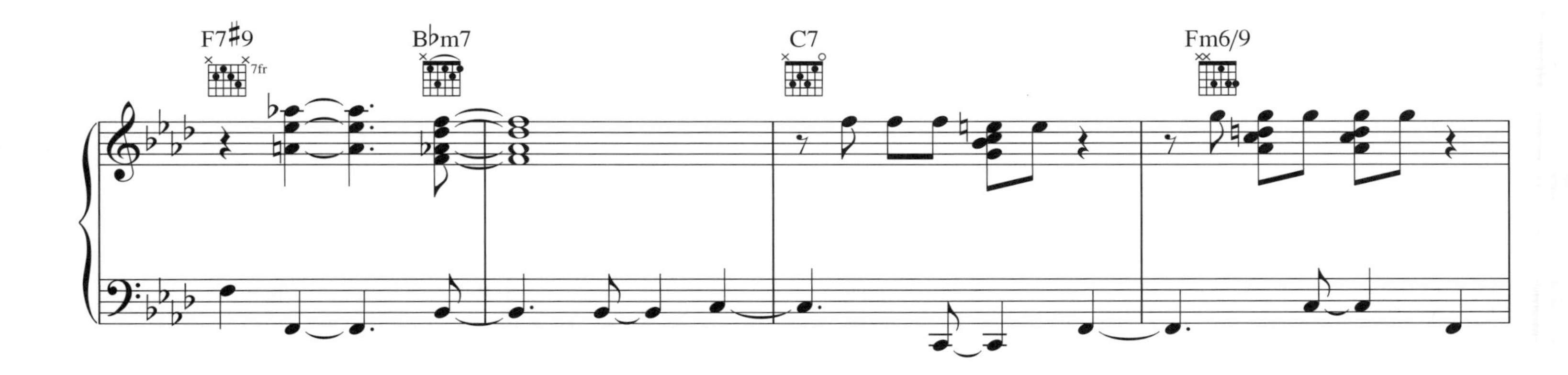
F7♯9
7fr
B♭m7
C7
Fm6/9

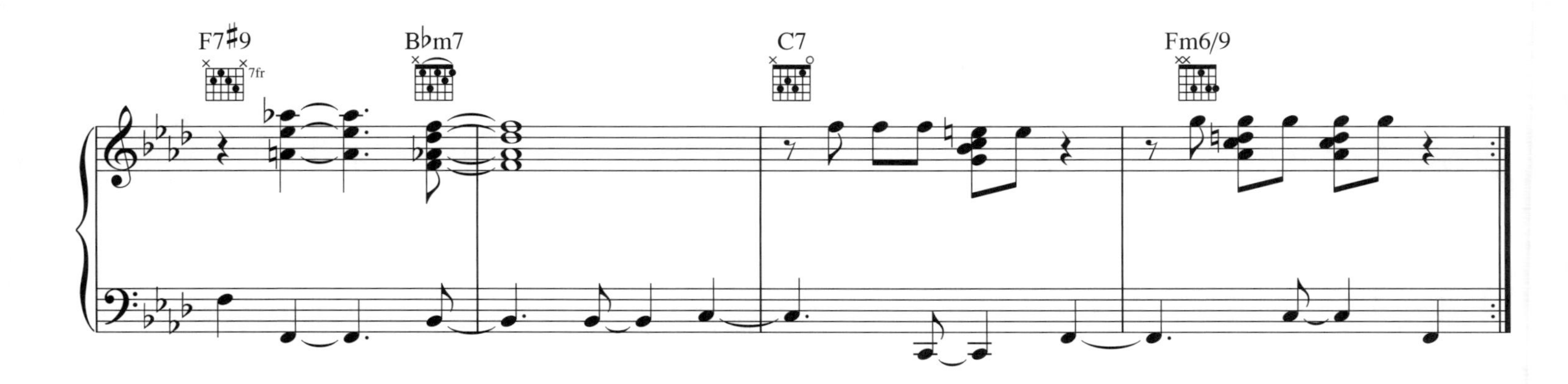
F7♯9
7fr
B♭m7
C7
Fm6/9

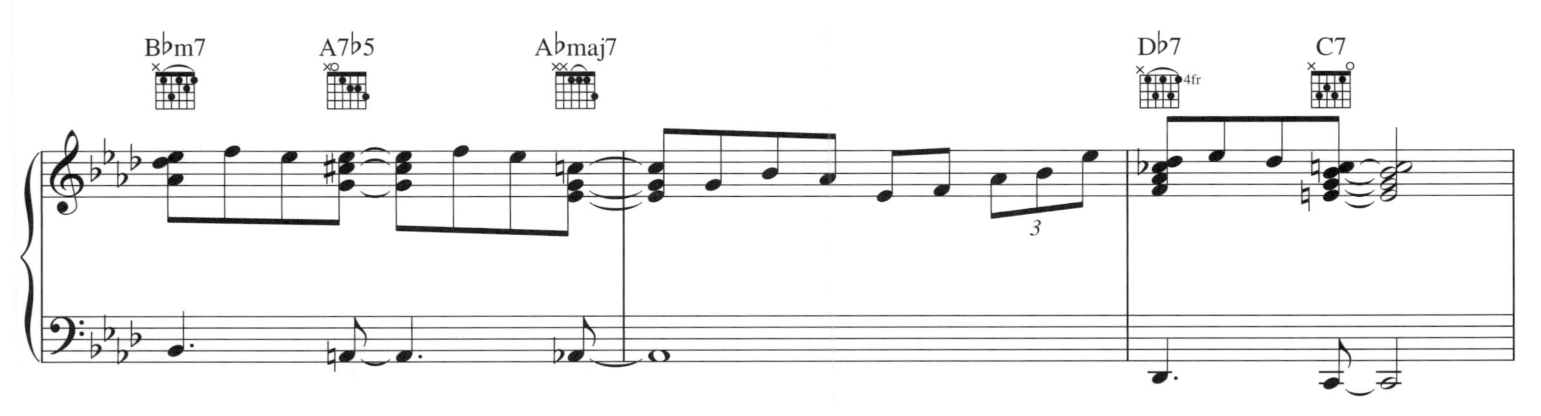
B♭m7
A7♭5
A♭maj7
D♭7
4fr
C7
3

Fm6/9
N.C.
D.S. al Coda
N.C.
CODA
3

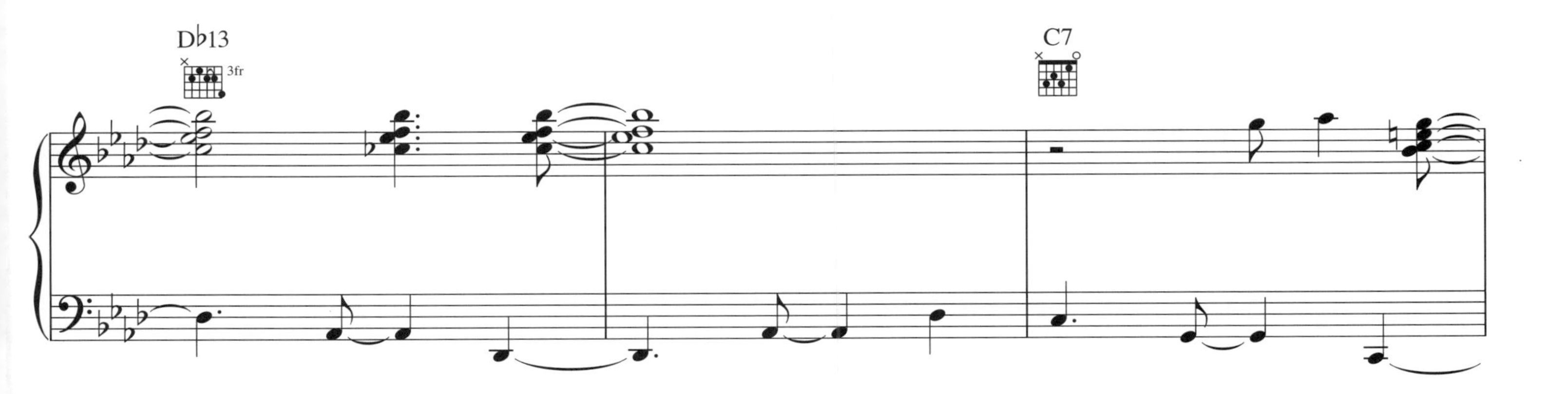
D♭13
3fr
C7

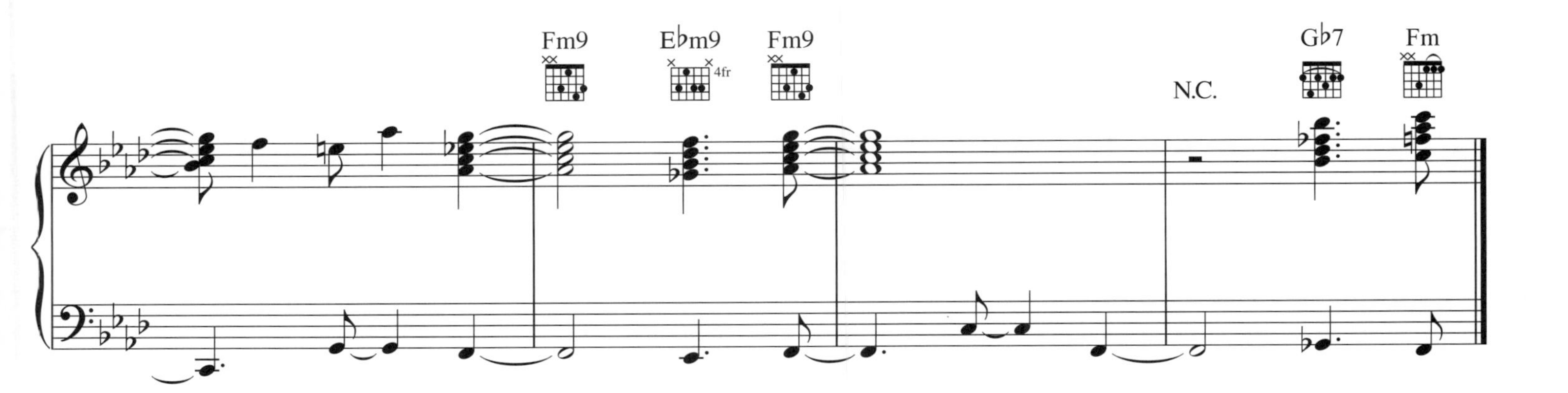
Fm9
E♭m9
4fr
Fm9
N.C.
G♭7
Fm

LLORÉ

Words and Music by
JOSE FEBLES

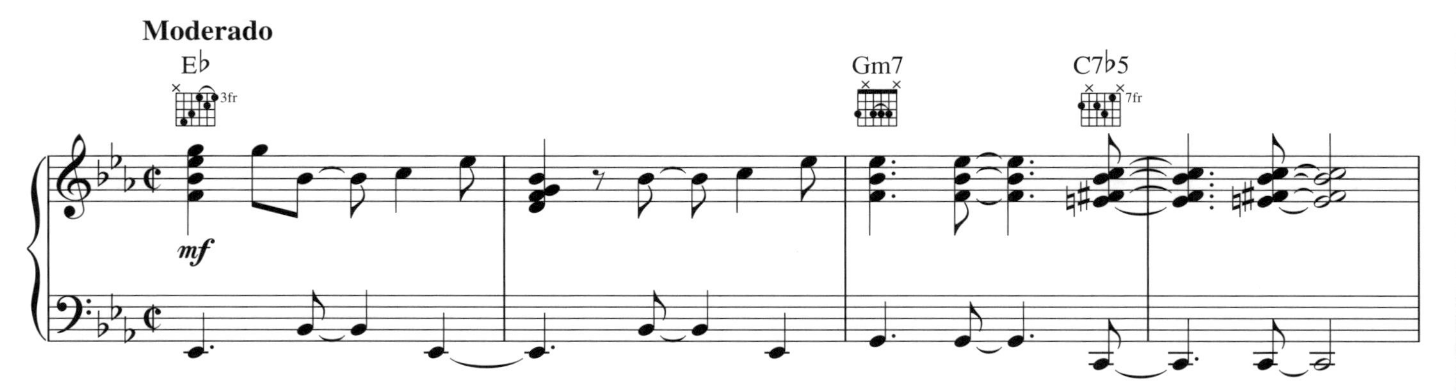

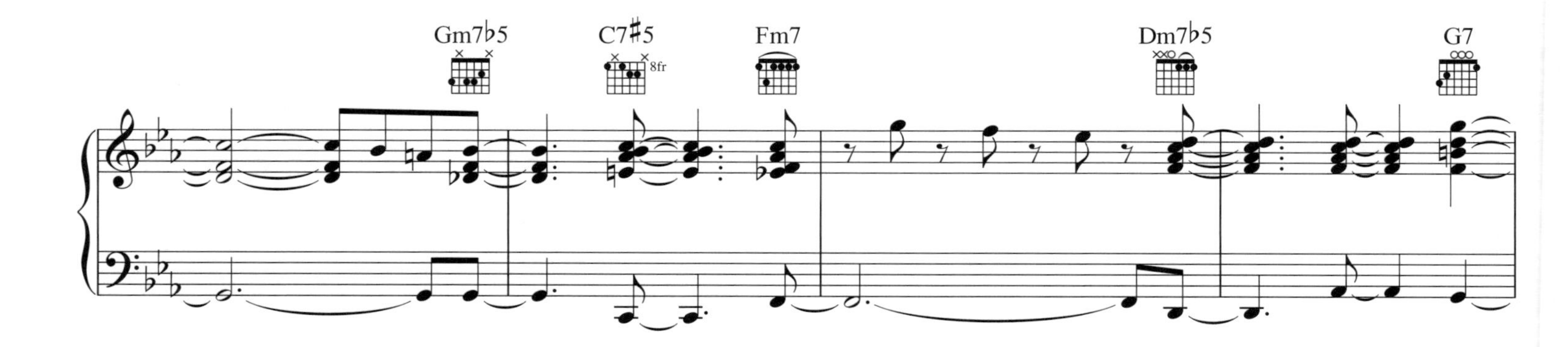

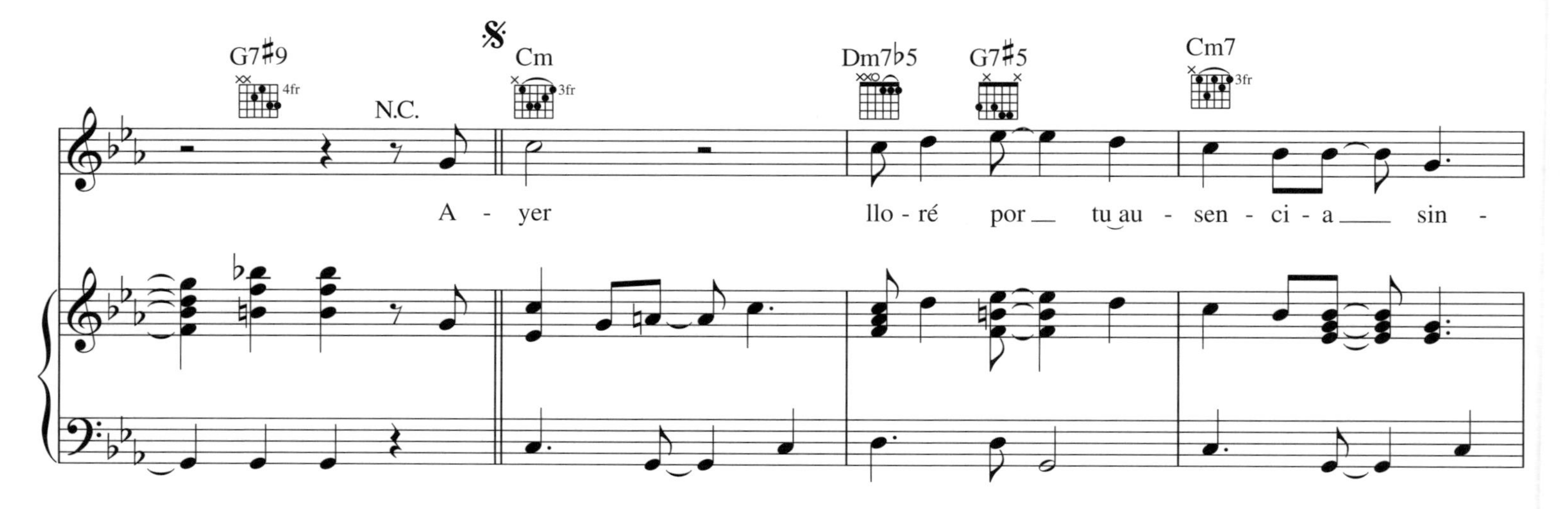

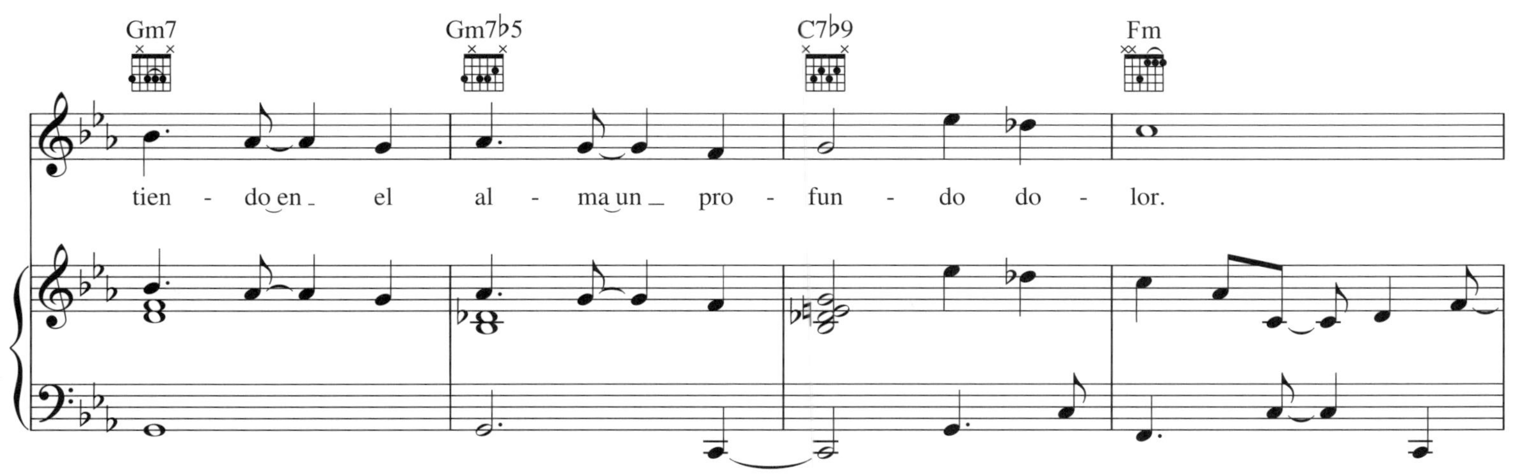

Gm7
Gm7♭5
C7♭9
Fm
tien - do en el al - ma un pro - fun - do do - lor.

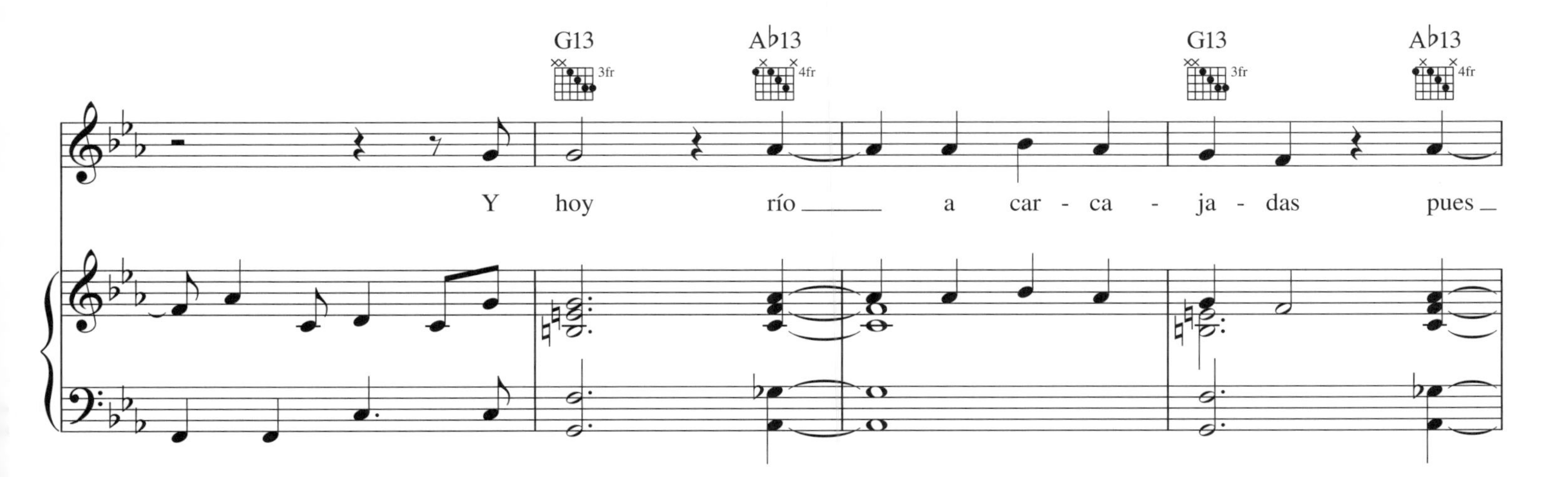

G13
A♭13
G13
A♭13
3fr
4fr
Y hoy río a car - ca - ja - das pues

To Coda
G7
D7♯9
G7♯9
Cm
E♭13
4fr
3fr
5fr
ya no te qui - e - ro ten - go un nue - vo a - mor.

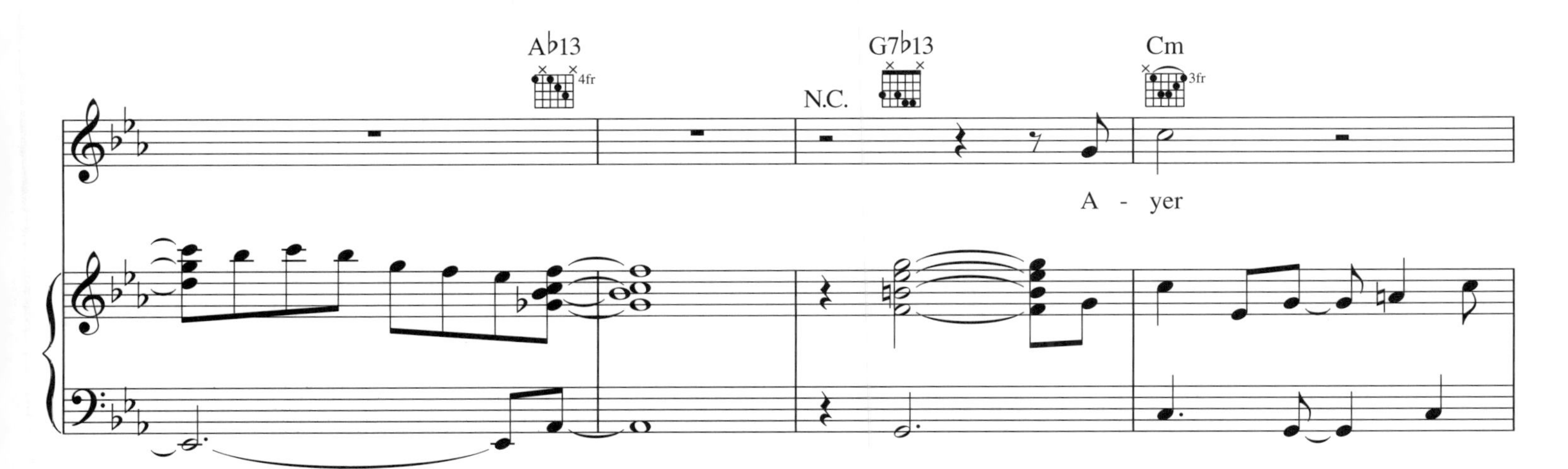

A♭13
G7♭13
Cm
N.C.
4fr
3fr
A - yer

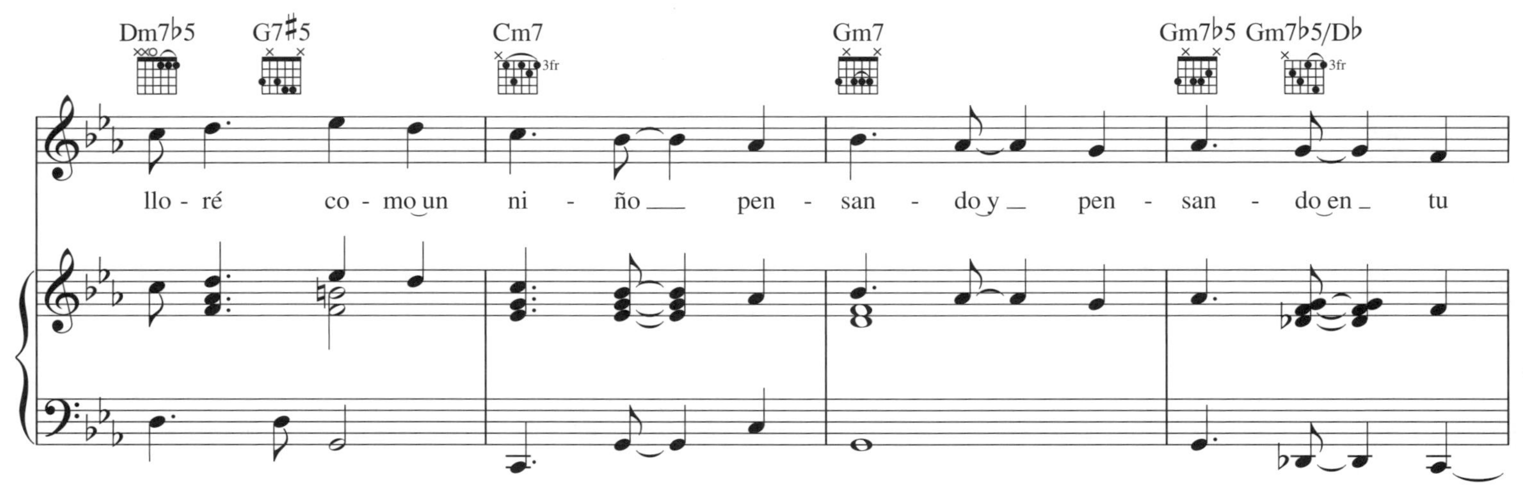
Dm7♭5 G7♯5 Cm7 Gm7 Gm7♭5 Gm7♭5/D♭
3fr
3fr
llo - ré co - mo un ni - ño pen - san - do y pen - san - do en tu

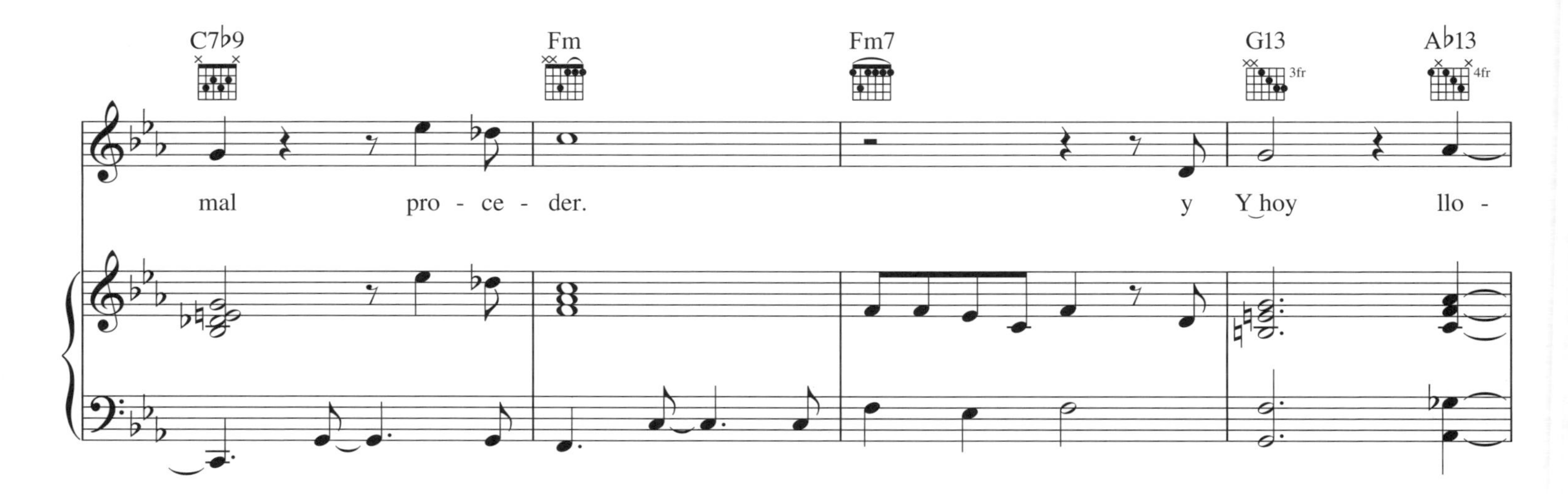
C7♭9 Fm Fm7 G13 A♭13
3fr
4fr
mal pro - ce - der. y Y hoy llo -

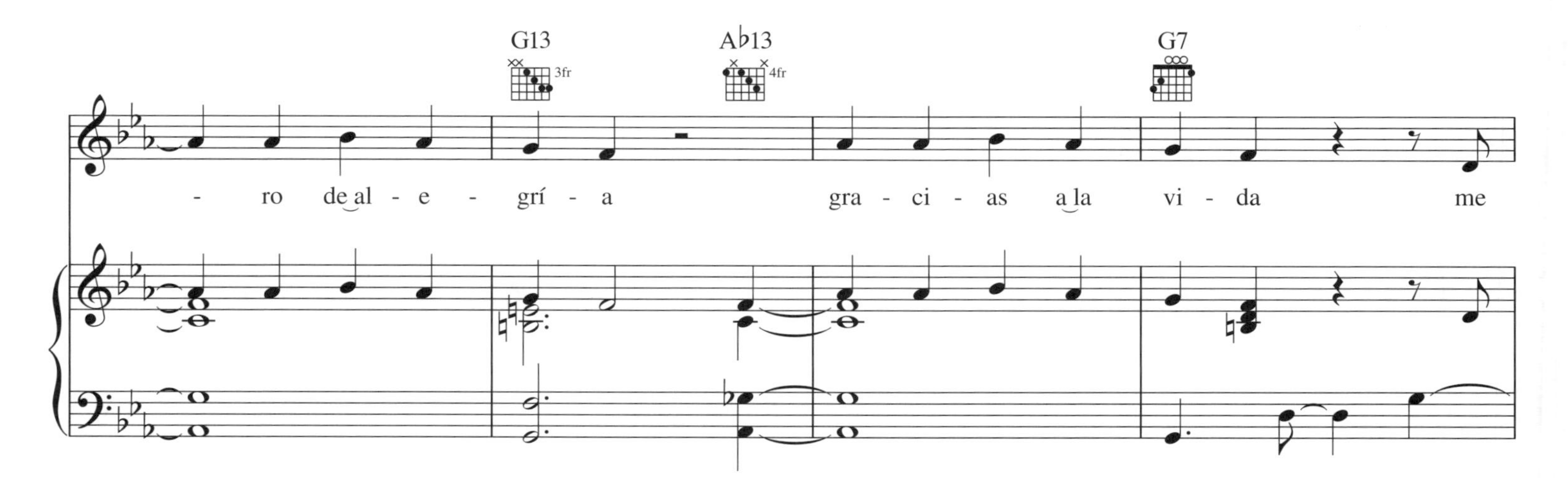
G13 A♭13 G7
3fr
4fr
- ro de al - e - grí - a gra - ci - as a la vi - da me

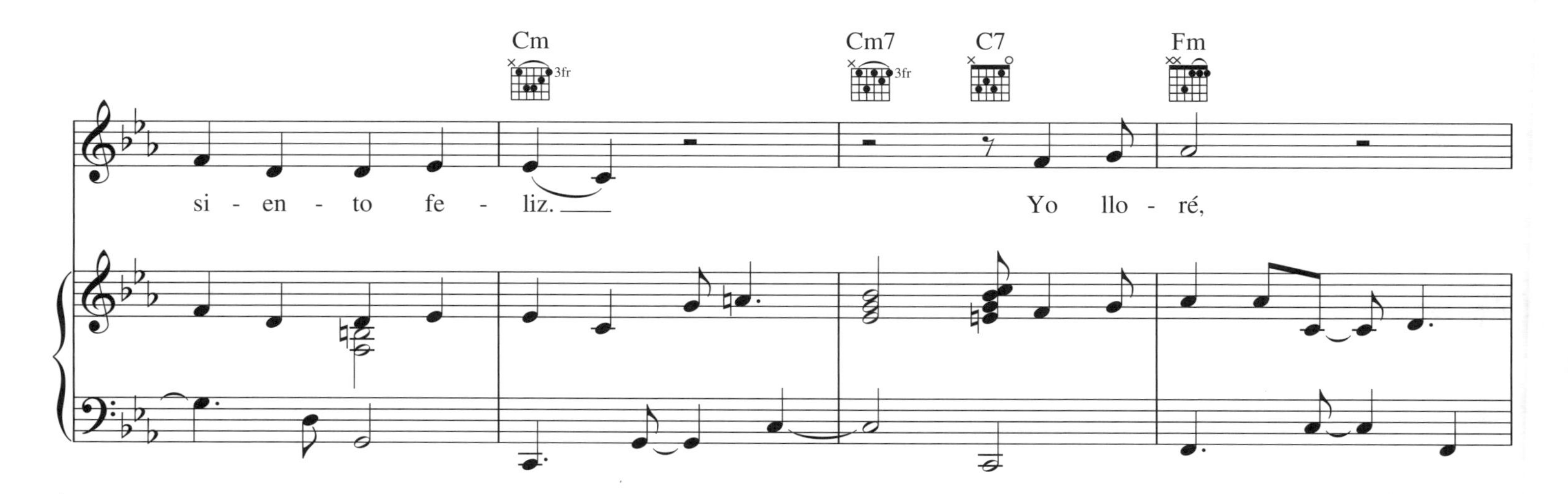
Cm Cm7 C7 Fm
3fr
3fr
si - en - to fe - liz. Yo llo - ré,

A♭13
G7♭13
Cm
D7♯9
4fr
3fr
4fr
yo llo - ré,
Llo - ré
no

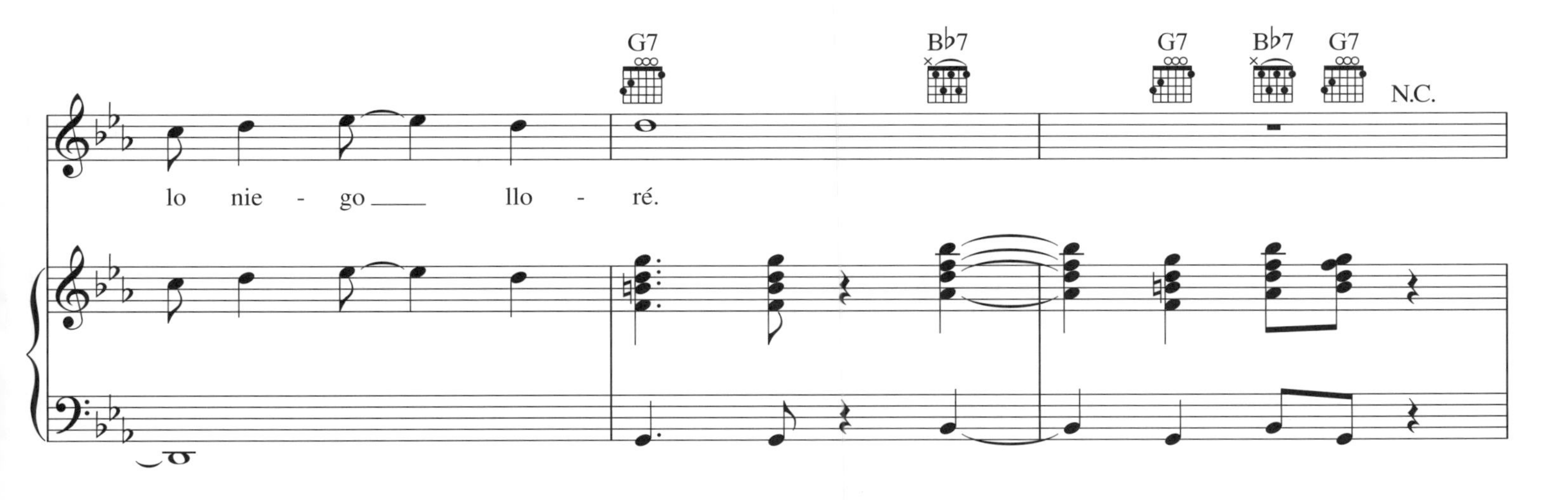
G7
B♭7
G7
B♭7
G7
N.C.
lo nie - go llo - ré.

G7♭13
D.S. al Coda
A -

CODA
G7
qui - e - ro

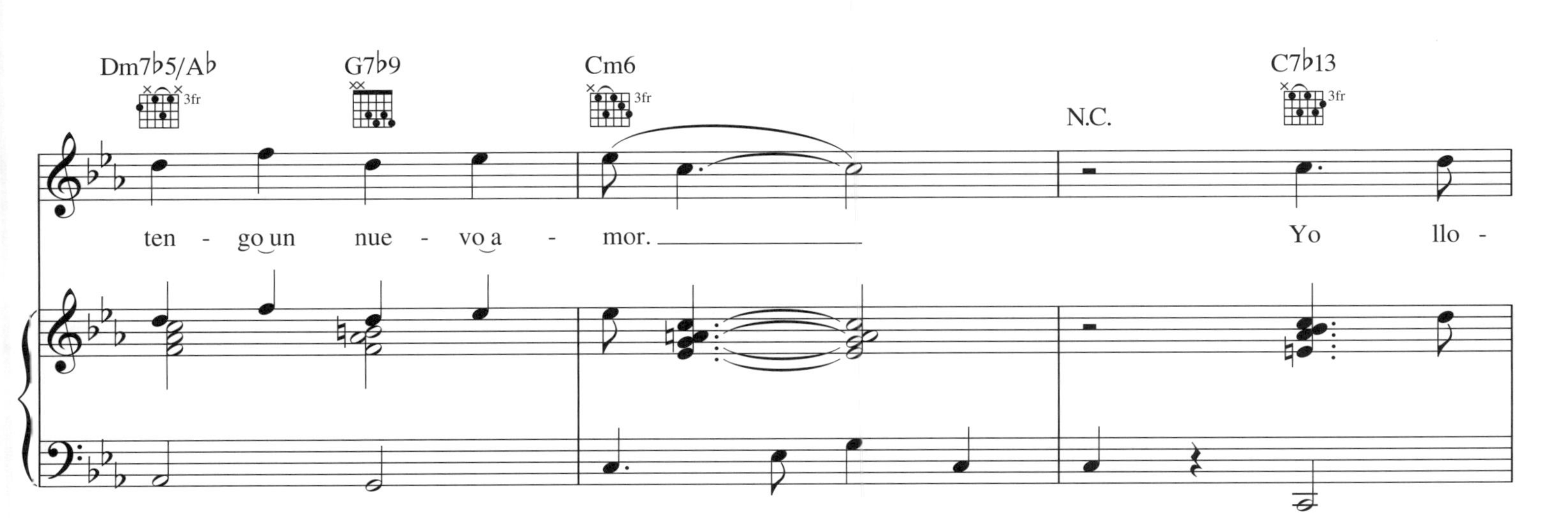
Dm7♭5/A♭
G7♭9
Cm6
C7♭13
3fr
3fr
3fr
N.C.
ten - go un nue - vo a - mor.
Yo llo -

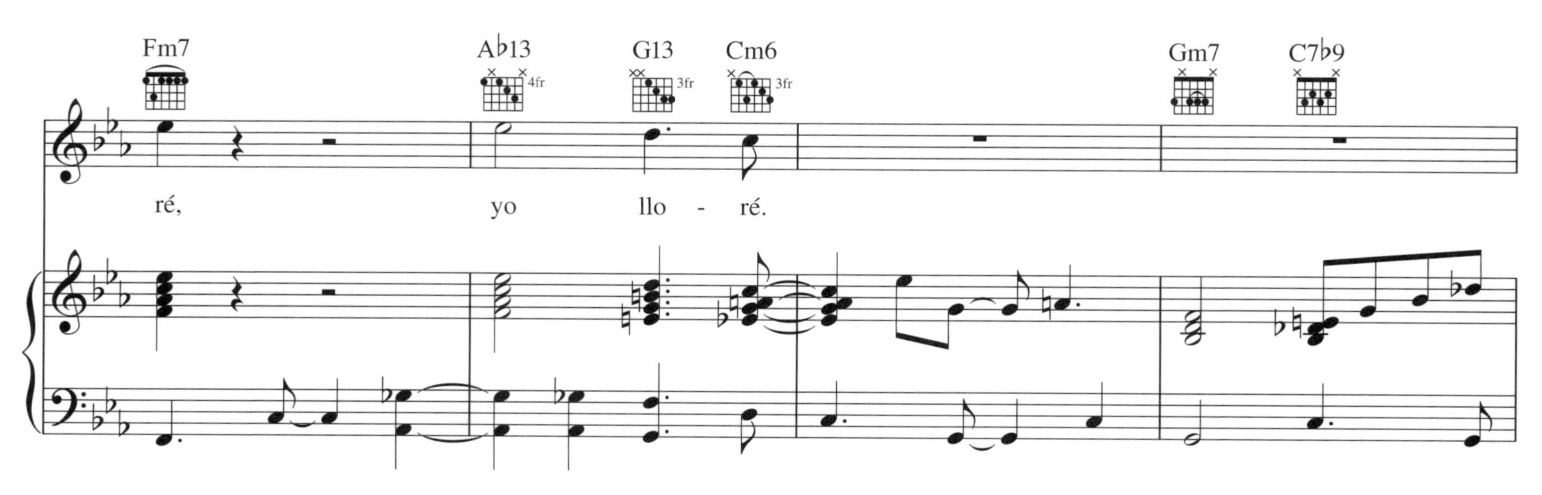
Fm7
A♭13
4fr
G13
3fr
Cm6
3fr
Gm7
C7♭9
ré,
yo
llo - ré.

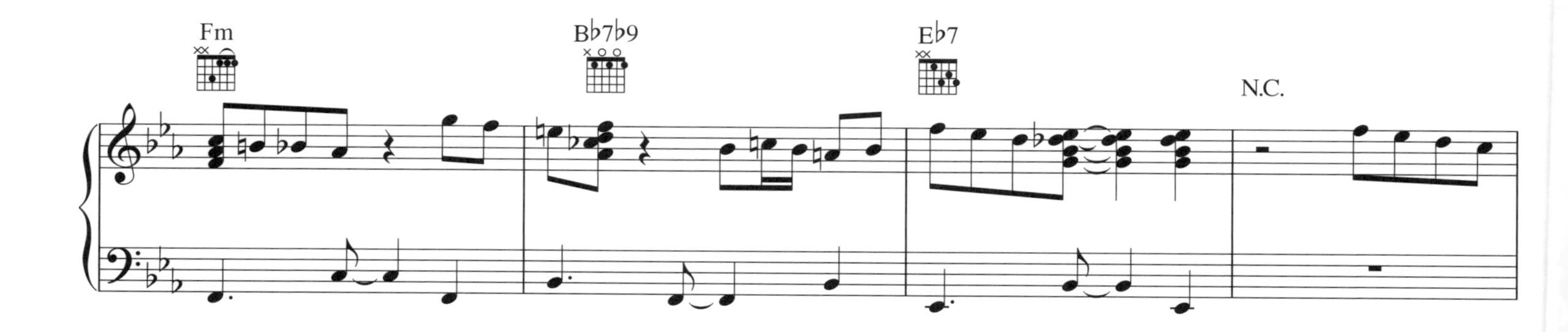
Fm
B♭7♭9
E♭7
N.C.

A♭7♯11
3fr
N.C.
G7♭13
C7♭13
3fr
Yo
llo -

Montuno
Fm7
A♭13
4fr
G13
3fr
Cm6
3fr
Fm
ré,
yo
llo - ré.

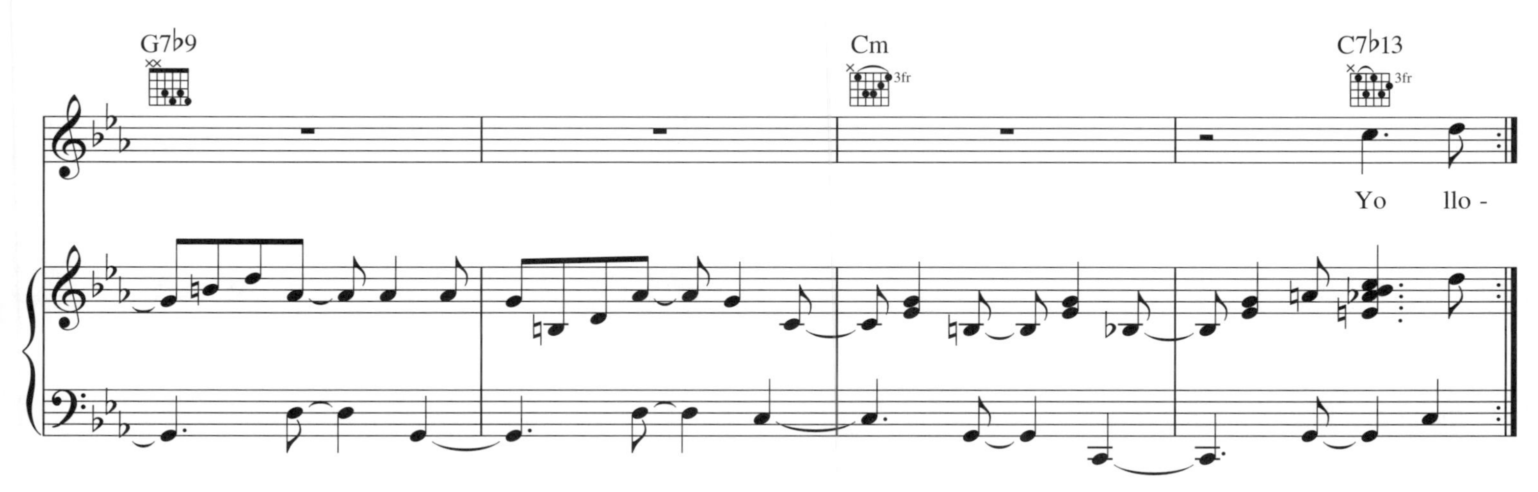
G7♭9
Cm
C7♭13
Yo llo -

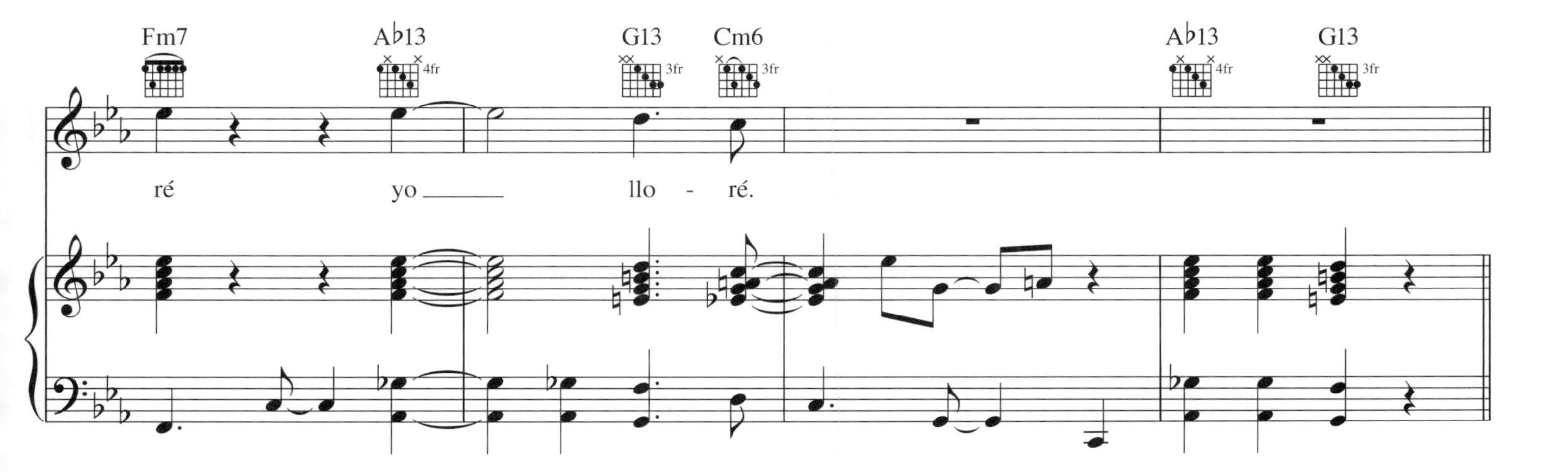
Fm7
A♭13
G13
Cm6
A♭13
G13
ré yo llo - ré.

N.C.
G13
N.C.
A♭13

N.C.
G13
A♭7

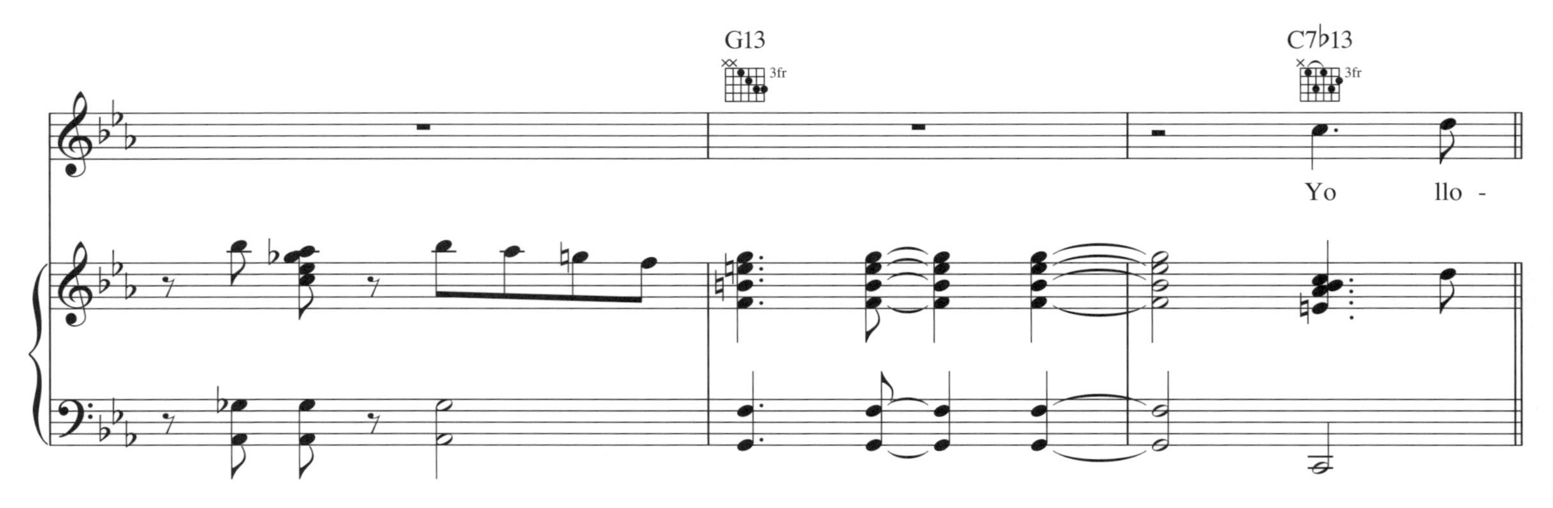
G13
3fr
C7♭13
3fr
Yo llo -

Fm7
A♭13
4fr
G13
3fr
Cm6
3fr
Fm
G7♭9
ré, yo llo - ré.

G7♭9
Cm
3fr

Fm
G7♭9
Cm
3fr

G7♭9

G7
Cm
Montuno
Fm
G7♭9
Yo llo - ré.

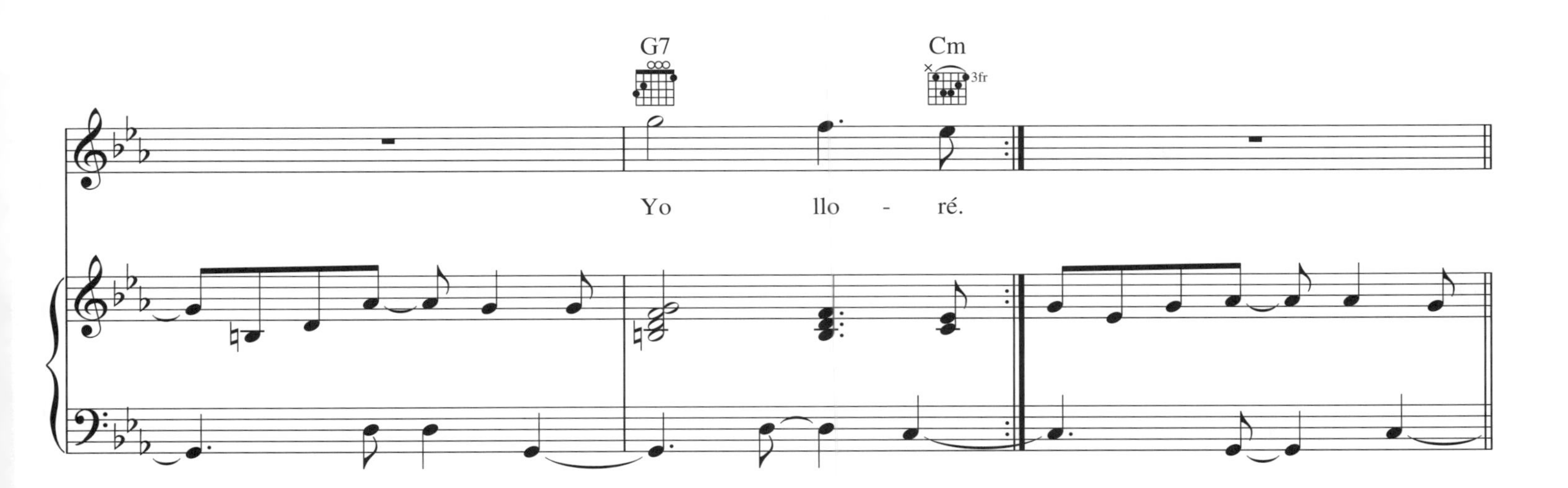

G7
Cm
Yo llo - ré.

Fm
G7
Cm

Montuno

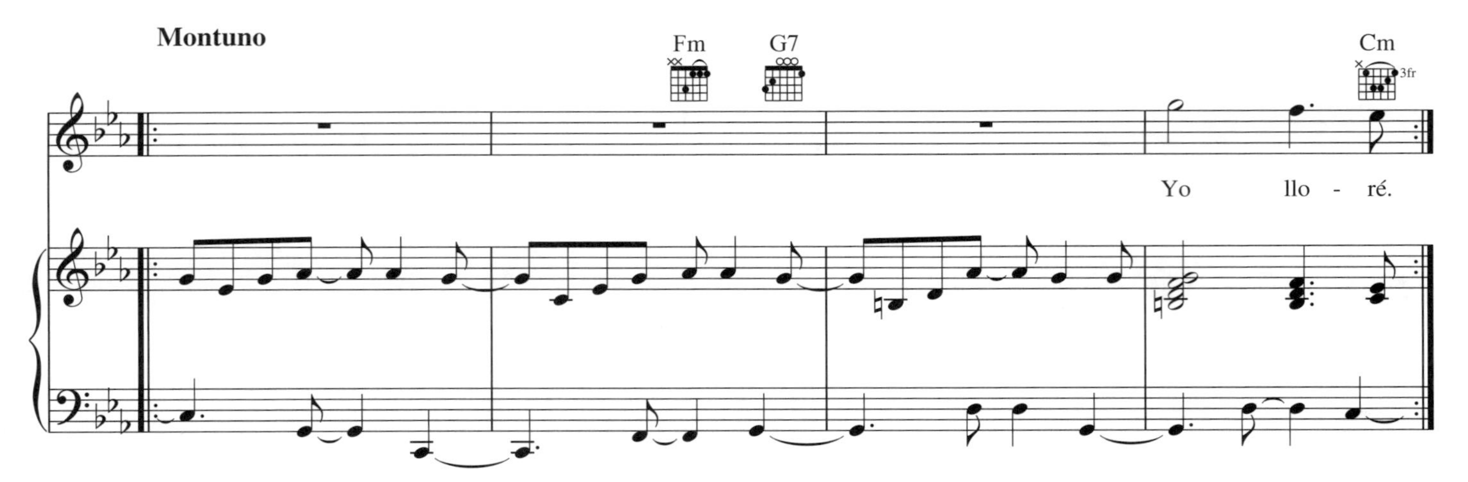

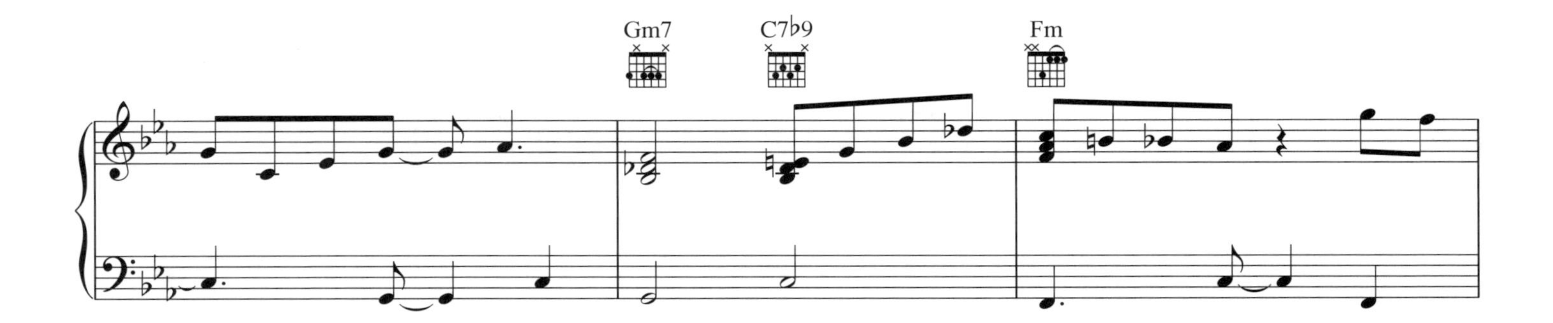

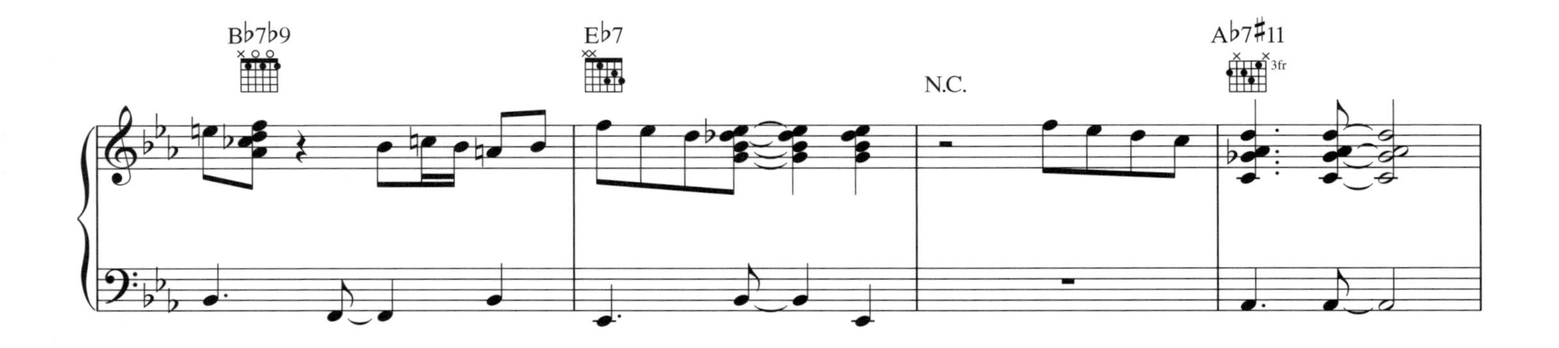

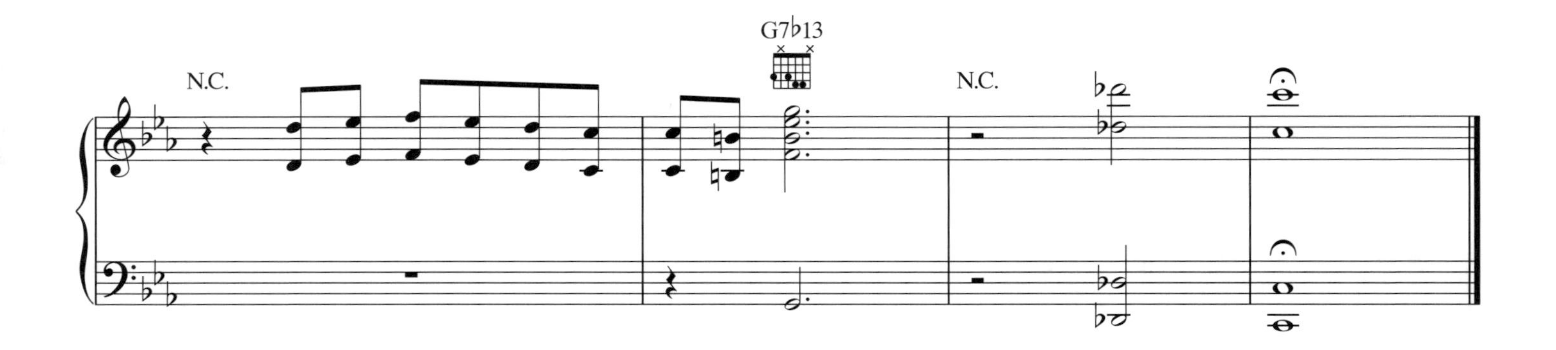